Julia for Data Science　Packt>

Julia
データサイエンス

［著］ **Anshul Joshi**

［翻訳］ 石井一夫　　岩中公紀
　　　　太田博三　　大前奈月
　　　　兼松正人　　古徳純一
　　　　菅野　剛　　高尾克也
　　　　中村和敬

Juliaを使って自分でゼロから作るデータサイエンス世界の探索

NTS

Copyright © Packt Publishing 2016

First published in the English language under the title Julia for Data Science – 9781785289699

Japanese translation rights arranged with Media Solutions

through Japan UNI Agency, Inc., Tokyo

Credits

Author	Anshul Joshi
Reviewer	Sébastien Celles
Commissioning Editor	Akram Hussain
Acquisition Editor	Sonali Vernekar
Content Development Editor	Aishwarya Pandere
Technical Editor	Vivek Arora
Copy Editor	Safis Editing
Project Coordinator	Nidhi Joshi
Proofreader	Safis Editing
Indexer	Mariammal Chettiyar
Graphics	Disha Haria
Production Coordinator	Arvindkumar Gupta

口絵

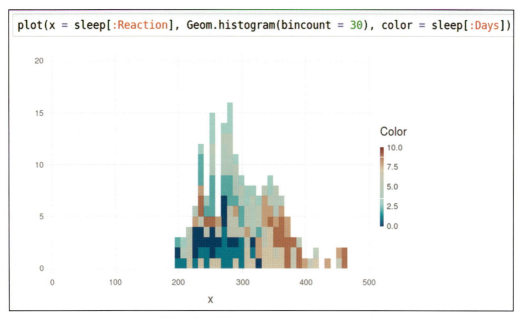

口絵①　本文掲載 p. 76（3.10　ヒストグラム）

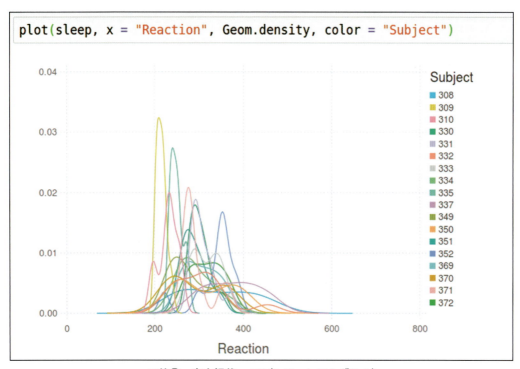

口絵②　本文掲載 p. 77（3.10　ヒストグラム）

口絵

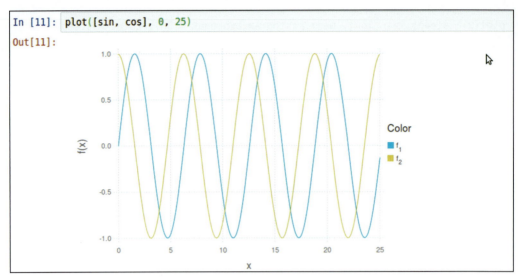

口絵③　本文掲載 p. 78（3.10　ヒストグラム）

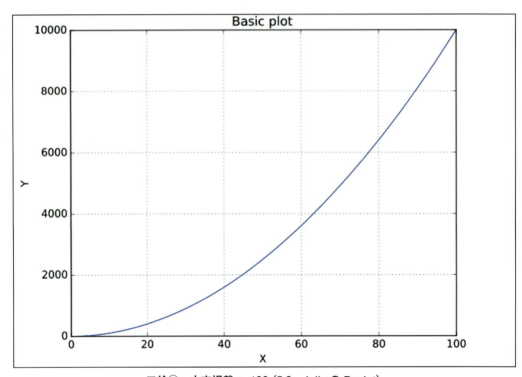

口絵④　本文掲載 p. 106（5.2　Julia の Pyplot）

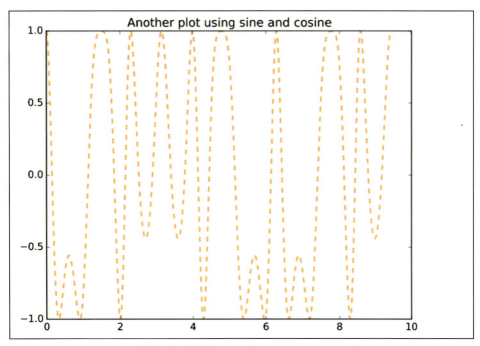

口絵⑤　本文掲載 p. 107（5.2　Julia の Pyplot）

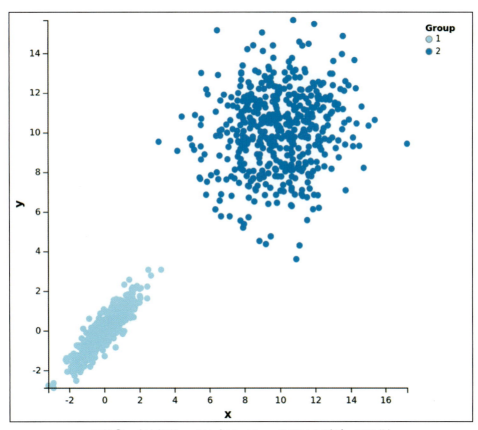

口絵⑥　本文掲載 p. 111（5.4　Vega を用いたビジュアル化）

口絵

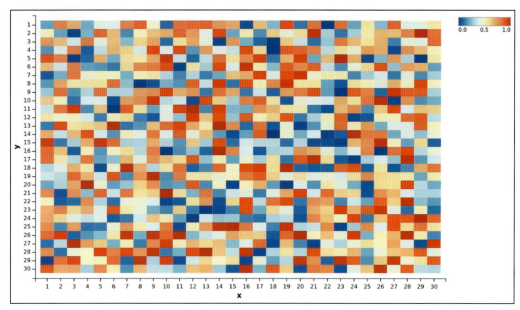

口絵⑦　本文掲載 p. 112（5.4　Vega を用いたビジュアル化）

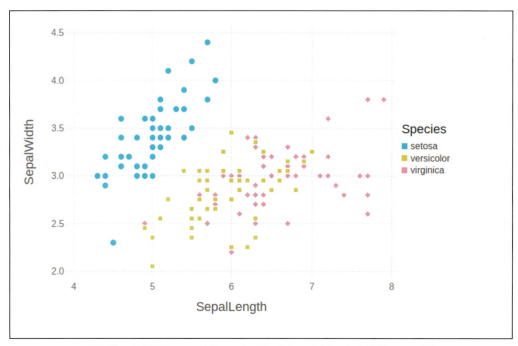

口絵⑧　本文掲載 p. 117（5.5　Gadfly を用いたデータのビジュアル化）

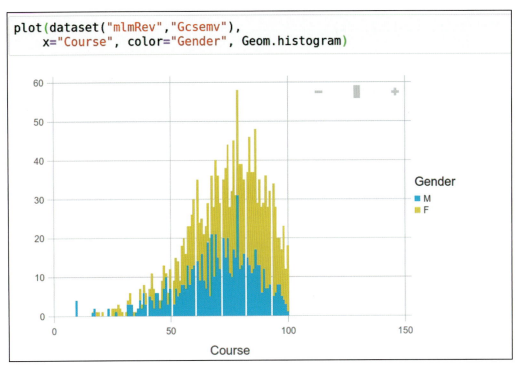

口絵⑨　本文掲載 p. 118、p. 125（5.5　Gadfly を用いたデータのビジュアル化）

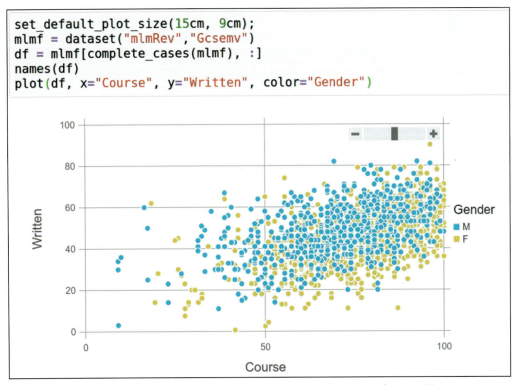

口絵⑩　本文掲載 p. 118（5.5　Gadfly を用いたデータのビジュアル化）

口絵

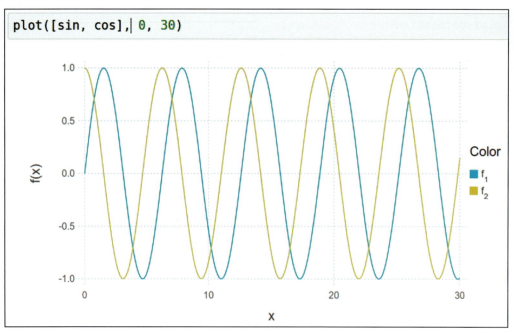

口絵⑪　本文掲載 p. 119（5.5　Gadfly を用いたデータのビジュアル化）

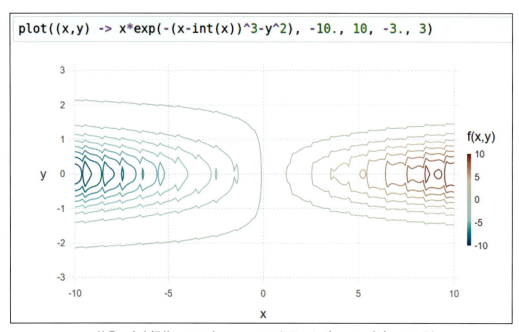

口絵⑫　本文掲載 p. 119（5.5　Gadfly を用いたデータのビジュアル化）

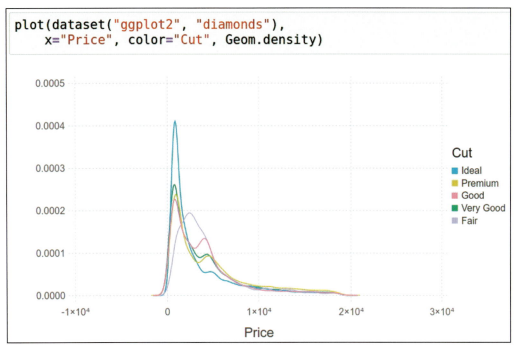

口絵⑬ 本文掲載 p. 124（5.5 Gadfly を用いたデータのビジュアル化）

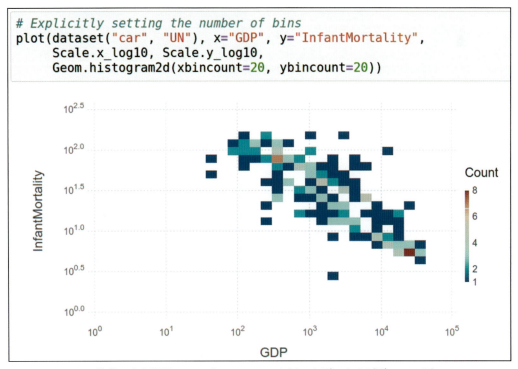

口絵⑭ 本文掲載 p. 127（5.5 Gadfly を用いたデータのビジュアル化）

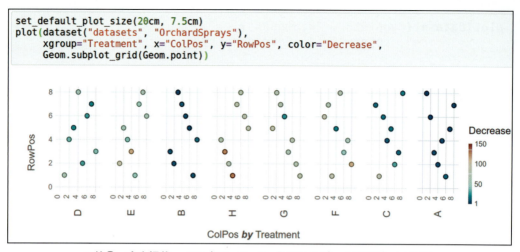

口絵⑮ 本文掲載 p. 129（5.5 Gadfly を用いたデータのビジュアル化）

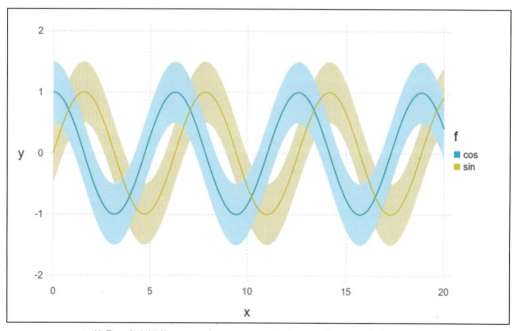

口絵⑯ 本文掲載 p. 132（5.5 Gadfly を用いたデータのビジュアル化）

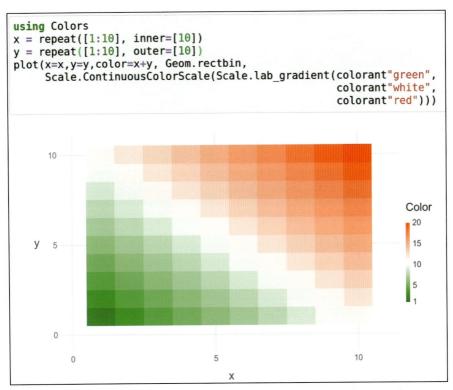

口絵⑰　本文掲載 p. 137（5.5　Gadfly を用いたデータのビジュアル化）

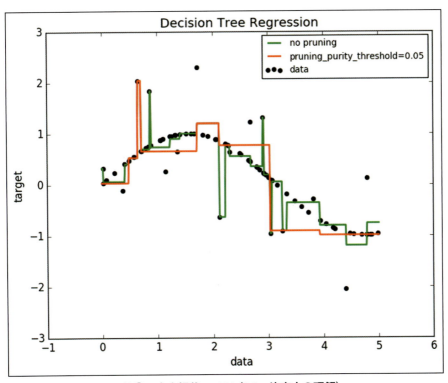

口絵⑱　本文掲載 p. 151（6.3　決定木の理解）

口絵

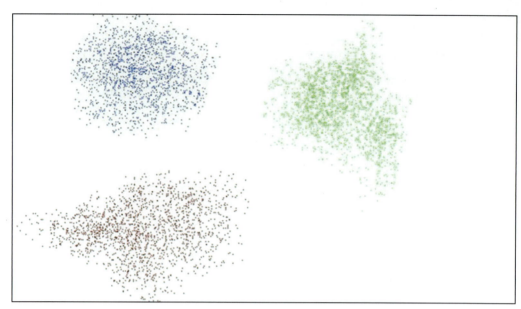

口絵⑲　本文掲載 p. 161（7.1　クラスタリングの理解）

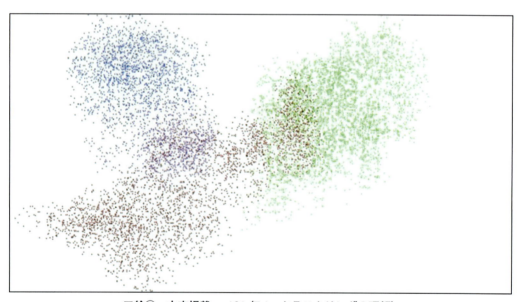

口絵⑳　本文掲載 p. 161（7.1　クラスタリングの理解）

口絵

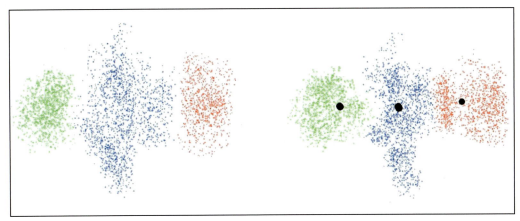

口絵㉑　本文掲載 p. 167（7.2　k-平均法クラスタリング）

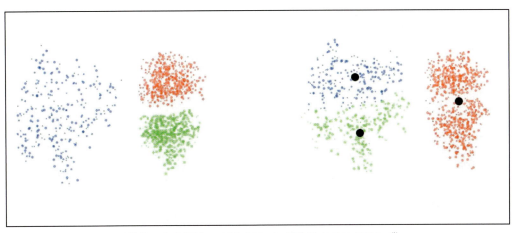

口絵㉒　本文掲載 p. 167（7.2　k-平均法クラスタリング）

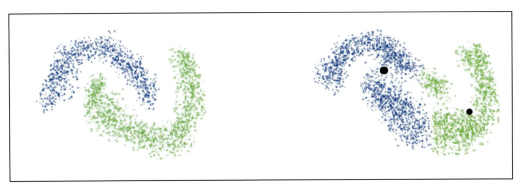

口絵㉓　本文掲載 p. 167（7.2　k-平均法クラスタリング）

口絵

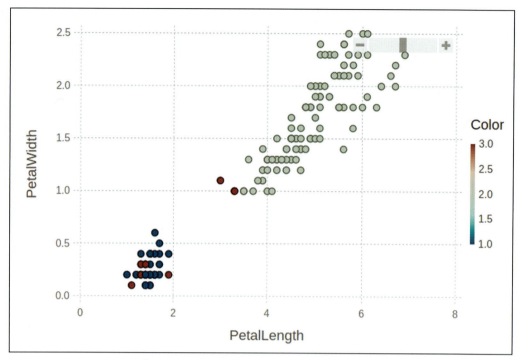

口絵㉔　本文掲載 p. 169（7.2　k-平均法クラスタリング）

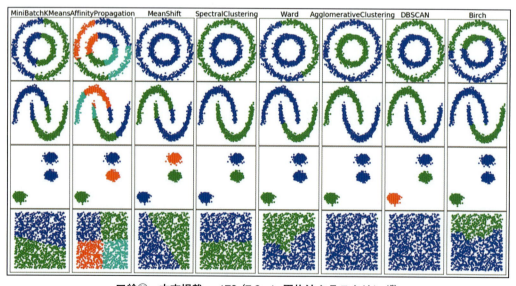

口絵㉕　本文掲載 p. 179（7.2　k-平均法クラスタリング）

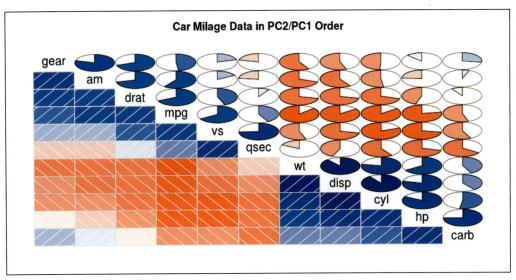

口絵㉖　本文掲載 p. 207（9.2　時系列とは何か？）

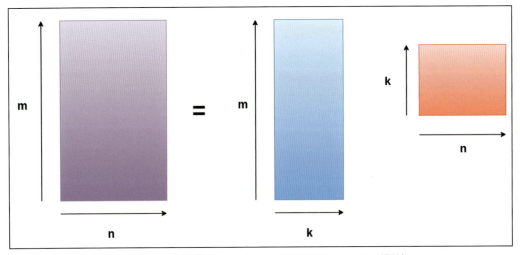

口絵㉗　本文掲載 p. 240（10.5　映画推薦システムの構築）

翻訳にあたって

　本書は、Anshul Joshi の "Julia for Data Science" の邦訳版である。Julia は、データサイエンスに特化した汎用プログラミング言語で、統計計算、科学技術計算から機械学習、ディープラーニングまで実施できる。『他の技術計算環境のユーザに馴染みのある構文を備えた、高レベル・高パフォーマンスな技術計算のための動的プログラミング言語』と説明されており、書きやすくて、しかも高速という言語である。2012 年 2 月にオープンソースとして MIT のグループがリリースして以来、発展してきている。Julia は、「LLVM コンパイラフレームワーク」を用いてコンパイルすることにより、高速の実行速度を達成している。

> https://www.ossnews.jp/oss_info/Julia
> https://julialang.org/

　本書は、データ分析の初心者に向けて書かれた Julia の入門書であり、本書を通して Jupyter Notebook を用いて、手を動かしながら Julia を習得できるようになっている。出版元の Packt 社の Mapt というサイトから、原文とソースコードを見ながら学習できるようになっている。

> https://www.packtpub.com/books/subscription/mapt

　本書の翻訳は、有志の IT 勉強会「マシンラーニングのら猫勉強会」の参加者により分担担当した。R や Python を用いて日常的にデータ分析をこなしているメンバーも含まれている。R や Python で、その実行速度の遅さが気になっている方、データ分析でさらなるワクワク感を味わいたい方には是非お奨めしたい。

翻訳者一同　2017 年 5 月

・・●翻訳者紹介●・・

石井　一夫
ISHII Kazuo
久留米大学バイオ統計センター准教授。2015年度情報処理学会優秀教育賞受賞。博士（医学）。

岩中　公紀
IWANAKA Kouki
2015年、名古屋工業大学工学部卒業。2017年、東京工業大学総合理工学研究科修士課程修了。専門：電気化学・計算材料学。

太田　博三
OTA Hiromitsu
データサイエンティスト。上智大学大学院地球環境学研究科後期課程単位取得満期退学。専門：自然言語処理（ディープラーニングを用いた文章生成や対話生成など）。

大前　奈月
OMAE Natsuki

兼松　正人
KANEMATSU Masato
1988年生まれ。徳島県鳴門市出身。2017年、東京大学大学院工学系研究科博士課程修了（電気系工学専攻）。博士（工学）。

古徳　純一
KOTOKU Jun'ichi
帝京大学大学院医療技術学研究科教授。2004年、東京大学大学院理学系研究科物理学専攻博士課程修了、博士（理学）。

菅野　剛
SUGANO Tsuyoshi
日本大学文理学部社会学科教授。2000年、大阪大学大学院人間科学研究科博士後期課程単位取得退学。修士（人間科学）。

高尾　克也
TAKAO Katsuya
1988年生まれ。アバナード株式会社。京都大学大学院文学研究科（科学哲学・科学史）修士課程修了。

中村　和敬
NAKAMURA Kazutaka
有限会社ユニバーサル・シェル・プログラミング研究所技術研究員。2012年、北陸先端科学技術大学院大学情報科学研究科後期博士課程単位取得満期退学。現職ではシェルスクリプトでいろいろ作っている。

序論
Preface

「データサイエンティスト：21 世紀で最もセクシーな職業」ハーバードビジネスレビューより：
なぜ Julia なのか？ C 言語に匹敵する大規模な科学コミュニティと性能を持つ高水準言語で、データサイエンスの次世代言語として宣伝されている Julia を用いることで、統計モデル、高性能機械学習システム、美しく魅力的なビジュアル化を作成できる。

本書籍の内容

第 1 章「基本原理：Julia の環境」：Julia の環境（コマンドライン（REPL）と Jupyter Notebook）を設定する方法を説明し、Julia のエコシステム、Julia が特別である理由、およびパッケージ管理について説明する。また、並列処理と多重ディスパッチについて紹介し、Julia がデータサイエンスにどのように適するかを説明する。

第 2 章「データマンジング」：データマンジングとも呼ばれるデータ整理の必要性とそのプロセスについて説明する。データマンジングは、データをある状態から他の状態に、明確に定義された可逆的ステップで変換することを意味する。それは、分析と視覚化に用いるデータを準備している。

第 3 章「データ探索」：統計がデータサイエンスのコアであることを説明し、Julia が様々な統計関数を提供していることを示す。この章では、ハイレベルな統計の概要を説明し、Julia の統計パッケージ（Stats.jl や Distributions.jl など）を用いてこれらの統計的概念を一般的な問題に適用するために必要な手法について説明する。

第 4 章「推測統計学に深く踏み込む」：連続型の統計はデータサイエンスのコアであり、Julia は様々な統計関数を提供している。この章では、高度な統計情報の概要を説明し、Stats.jl や Distributions.jl などの Julia の統計パッケージを用いて、一般的な問題に統計的概念を適用する方法について説明する。

第 5 章「ビジュアル化を使用したデータの理解」：データのビジュアル化がデータサイエンスの重要な部分である理由と、その結果をより効果的に伝達し、より多くの人々に公開する方法を説明する。この章では、データのビジュアル化に用いられる Julia の Vega、Asciiplot、および Gadfly パッケージについて説明する。

第 6 章「教師付き機械学習」：「性能測定法 P により測定された、あるクラスのタスク T における性能が経験 E で改善される場合、コンピュータプログラムは、あるクラスのタスク T と性能測定法 P に関して経験 E から学習すると言われる。」（Tom M. Mitchell による言葉）。機械学習は明示的にプログラムされることなく、コンピュータに学習し強化する能力を与える研究分野である。この章では、Julia が優れた性能を備えた高水準言語であり、機械学習に非常に適していることを説明する。この章では、ナイーブベイズ、回帰、決定木などの教師付き機械

学習アルゴリズムに焦点を当てる。

第7章「教師なし機械学習」：教師なし学習は教師付き学習とは少し異なり、より難しいことを説明する。その目的はシステムに何かを学ばせることだが、何を学ぶのかはわかっていない。この章では、クラスタリングなどの教師なし学習アルゴリズムに焦点を当てる。

第8章「アンサンブルモデルの作成」：特に群衆内のメンバーが偏見を持つときは、群衆が、個々の個人より優れた意思決定能力を持っていることを説明する。これは機械学習においても当てはまる。この章では、ランダムフォレストの例であるアンサンブル学習と呼ばれる機械学習技術に焦点を当てる。

第9章「時系列」：時系列が意思決定モデリングを実証し実行する能力を示し、試験が集中治療室の救急医療から軍事指令および制御フレームワークに渡って実行される、実世界の応用の重要な要素であることを説明している。この章では、Julia を用いた時系列データと予測に焦点を当てる。

第10章「協調フィルタリングとレコメンデーションシステム」：毎日我々が意思決定と選択に直面していることを説明する。これらは、衣服から鑑賞映画に至るまで、あるいはオンラインで注文する食べ物にまで及ぶ可能性がある。ビジネスにおいても意思決定が行われる。例えば、どの株式に投資すべきか？ 意思決定が自動化され、適切なレコメンデーションを与えることが可能な場合は、どうなるだろうか？ この章では、協調フィルタリングや相関ルールマイニングなどのレコメンデーションシステムと技術に焦点を当てる。

第11章「深層学習入門」：深層学習とは、非線形情報処理の多重層を用いて、教師なしまたは教師付き特徴抽出とパターン分析または分類を行う機械学習技術の1つである。この章では、Julia の深層学習を紹介する。深層学習は、1つの目標を持つ機械学習の新しい枝（人工知能）である。深層学習の実装を可能にする Julia のフレームワークである Julia の Mocha.jl についても学ぶことができる。

この本に必要なもの

読者は、インターネットに接続して Julia、Git、およびこの本で用られている様々なパッケージをインストールする権限を持つ、ごく最新のオペレーティングシステム（Linux、Windows 7以降、および Mac OS）を備えたシステム（64 ビット推奨）が必要である。

この本の対象者

標準的な層は、Julia 言語の基盤がほとんどないか、全くないデータ分析者およびデータサイエンティスト志望者であり、Julia のエコシステムパッケージを使ってデータサイエンスを行う方法を求めている人たちである。その上層には、データサイエンスを実施する能力の効率を高めるために Julia を活用しようとする有能な Python または R ユーザがいる。統計や計算数学を理解するバックグラウンドを持っていることが求められる。

表記

本書では、様々な種類の情報を区別する数多くのテキスト様式がある。これらの様式の例とその意味について説明する。

文字列、データベーステーブル名、フォルダ名、ファイル名、ファイル拡張子、パス名、ダミー URL、ユーザ入力、および Twitter ハンドルのコードの単語は次のように表現される。"また Julia は他の関数 summarystats() を提供する。"

コードのブロックは以下のような集合である。

```
ci(x::HypothesisTests.FisherExactTest)
ci(x::HypothesisTests.FisherExactTest, alpha::Float64)
ci(x::HypothesisTests.TTest)
ci(x::HypothesisTests.TTest, alpha::Float64)
```

任意のコマンド行の入出力は以下のように記す。

```
julia> Pkg.update()
julia> Pkg.add("StatsBase")
```

新規用語と**重要用語**は太字で示す。

注意事項と重要な記述は、このように示す。

コツと秘訣は、このように示す。

読者からのフィードバック[※1]

読者からのフィードバックはいつでも歓迎する。本書をどのように考えるか、好きか嫌いなものかを知らせてほしい。読者のフィードバックは、まさに最大限に活用する課題を構築するのに役立つので、我々にとって重要である。

一般的なフィードバックを送るには、feedback@packtpub.com 宛に、メッセージの件名にその書籍のタイトルを記載して送信してほしい。

あなたが専門知識を持つトピックスについて、書籍の執筆や寄稿に興味がある場合は、author guide (www.packtpub.com/authors) を参照してほしい。

顧客サポート[※2]

Packt 社の本を購入いただき光栄である。その購入が最大限に活用されるよう、様々なことを用意している。

<サンプルコードのダウンロード>

この本のサンプルコードのファイルは、http://www.packtpub.com にて、あなたのアカウントからダウンロードできる。本書を当社以外で購入した場合は、http://www.packtpub.com/support にアクセスして登録すると、ファイルが直接電子メールで送付される。

以下の手順でコードのファイルをダウンロードで

序論

きる。

1. Eメールアドレスとパスワードを使用して、当社のウェブサイトにログインまたは登録する。
2. 上部の SUPPORT タブにマウスポインタを置く。
3. Code Downloads & Errata をクリックする。
4. 検索ボックスに本の名前を入力する。
5. コードのファイルをダウンロードしたい本を選択する。
6. この本を購入したドロップダウンメニューから選択する。
7. **Code Download** をクリックする。

ファイルをダウンロードしたら、以下の最新バージョンを使用してフォルダを解凍または抽出できることを確認する。

- Windows：WinRAR/7-Zip
- Mac：Zipeg/iZip/UnRarX
- Linux：7-Zip/PeaZip

本書のコードの入手は、`https://github.com/PacktPublishing/Julia-for-data-science` の GitHub でも提供される。また、`https://github.com/PacktPublishing/` にある豊富な本やビデオのカタログから、他のコードも入手できる。それらを確認してほしい。

<本書のカラー画像のダウンロード>
また、本書で使用されているスクリーンショット/図のカラー画像付き PDF ファイルも提供している。カラー画像は、出力の変化をより良く理解するのに役立つ。このファイルは、`http://www.packtpub.com/sites/default/files/downloads/JuliaforDataScience_ColorImages.pdf` からダウンロードできる。

<正誤表>
コンテンツの正確性を保証するためにあらゆる努力を払っているが、間違いは起こる。我々の書籍の中に間違いを見つけた場合 (テキストやコードの誤りなど)、これを報告いただければ幸いである。そうすることで、他の読者を不満から救うことができ、本書の後継版を改善するのに役立つ。間違いが見つかった場合は、`http://www.packtpub.com/submit-errata` にアクセスして書籍を選択し、正誤表の提出フォーム (**Errata Submission Form**) のリンクをクリックして間違いの詳細を入力して報告してほしい。間違いが確認されると、あなたの提出が承認され、その正誤表は当社ウェブサイトにアップロードされるか、該当タイトルの正誤表セクションの既存の正誤表リストに追加される。

すでに提出された正誤表を閲覧するには、`https://www.packtpub.com/books/content/support` にアクセスして、検索フィールドに本の名前を入力する。必要な情報は Errata セクションに表示される。

海賊版[※3]

著作権で保護されたインターネット上の著作権侵害は、すべてのメディアでの継続的な問題である。Packt 社では、著作権とライセンスの保護を深刻に受け止めている。インターネット上のあらゆる形式の作品の違法コピーを見つけた場合は、直ちに URL またはウェブサイトの名前を教えてほしい。そうすることで、対策が立てられる。

`copyright@packtpub.com` まで、著作権侵害の疑いのある素材へのリンクをご連絡いただきたい。

著者と貴重なコンテンツを提供する能力の保護を援助いただき感謝する。

質問[※4]

本書について何かしらの点で問題がある場合は、`questions@packtpub.com` から問い合わせていただける。問題を解決するために最善を尽したい。

訳注※1～※4：原書購入者を対象とした Packt 社サポート案内。本書 (日本語翻訳本) は対象としない。

目次
Contents

口絵
翻訳にあたって・翻訳者紹介
序論
原書著者・Reviewer 紹介

第 1 章　基本原理：Julia の環境　　1

訳：高尾 克也

1.1　Julia は独特である　2

1.2　環境構築　3

    1.2.1　Julia のインストール（Linux）　4

    1.2.2　Julia のインストール（Mac）　5

    1.2.3　Julia のインストール（Windows）　5

    1.2.4　ソースコードの探索　6

1.3　REPL の使用　6

1.4　Jupyter Notebook の使用　7

1.5　パッケージ管理　10

    1.5.1　Pkg.status() パッケージのステータス　10

    1.5.2　Pkg.add() パッケージの追加　11

    1.5.3　登録されていないパッケージの使用　11

        （1）　Pkg.update() パッケージの更新　12

    1.5.4　METADATA リポジトリ　12

    1.5.5　パッケージの開発　12

    1.5.6　新規パッケージの作成　13

1.6　Julia を用いた並列計算　13

1.7　Julia の重要な特徴：多重ディスパッチ　15

    1.7.1　多重ディスパッチにおけるメソッド　15

    1.7.2　曖昧さ：メソッド定義　17

1.8　言語相互運用性の促進　17

    1.8.1　Julia での Python コードの呼び出し　18

1.9　まとめ　18

References　19

第 2 章　データマンジング　　21

訳：中村 和敬

2.1　データマンジングとは何か？　21

    2.1.1　データマンジングのプロセス　22

2.2　DataFrame とは何か？　22

    2.2.1　NA データ型とその重要性　23

    2.2.2　DataArray：シリーズ様のデータ構造　25

目次

2.2.3 DataFrame：表形式のテーブルデータ構造　26

2.2.4 DataFrames.jl のインストールと使用法　29

（1） データのファイルへの書き込み　33

2.2.5 DataFrame の操作　33

（1） DataFrame 結合操作の理解　33

2.2.6 分割－適用－統合戦略　39

2.2.7 データの再成形　40

2.2.8 データ集合のソート　47

2.2.9 formula：数式のための特別なデータ型　48

2.2.10 データのプール　49

2.2.11 Web スクレイピング　51

2.3 まとめ　53

References　54

第 3 章　データ探索
55

訳：岩中 公紀

3.1 サンプリング　56

3.1.1 母集団　56

3.1.2 重みベクトル　57

3.2 列型の推定　58

3.3 基本要約統計量　59

3.3.1 配列または DataFrame の平均値の計算　60

3.4 スカラー統計量　62

3.4.1 標準偏差と分散　62

3.5 変動の計量値　65

3.5.1 z スコア　66

3.5.2 エントロピー　67

3.5.3 四分位数　68

3.5.4 モード（最頻値）　70

3.5.5 データ集合の要約　70

3.6 散乱行列と共分散　71

3.7 偏差の計算　71

3.8 ランキング　71

3.9 計数を行う関数（カウント関数）　72

3.10 ヒストグラム　74

3.11 相関分析　78

3.12 まとめ　80

References　80

第 4 章　推測統計学に深く踏み込む
81

訳：菅野 剛

4.1 インストール　82

4.2 標本分布の理解　82

目次-ii

4.3 正規分布の理解 82
　　4.3.1 パラメータ推定 84
4.4 Distributions.jl の型ヒエラルキー 85
　　4.4.1 Sampleable の理解 85
　　　　（1）確率分布の表現 86
4.5 単変量分布 86
　　4.5.1 パラメータの抽出 87
　　4.5.2 統計関数 87
　　4.5.3 確率の評価 87
　　4.5.4 単変量分布での標本抽出 87
　　4.5.5 離散型単変量分布とその型の理解 87
　　　　（1）ベルヌーイ分布 88
　　　　（2）二項分布 88
　　4.5.6 連続型分布 88
　　　　（1）コーシー分布 89
　　　　（2）カイ分布 89
　　　　（3）カイ二乗分布 89
4.6 切断分布 90
　　4.6.1 切断正規分布 90
4.7 多変量分布の理解 91
　　4.7.1 多項分布 91
　　4.7.2 多変量正規分布 92
　　4.7.3 ディリクレ分布 93
4.8 行列変量分布の理解 94
　　4.8.1 ウィッシャート分布 94
　　4.8.2 逆ウィッシャート分布 94
4.9 分布の当てはめ 94
　　4.9.1 分布の選択 94
　　　　（1）対称な分布 95
　　　　（2）右に歪んだ分布 95
　　　　（3）左に歪んだ分布 95
　　4.9.2 最尤推定 95
　　4.9.3 十分統計量 97
　　4.9.4 最大事後確率（MAP）推定 97
4.10 信頼区間 98
　　4.10.1 信頼区間の解釈 98
　　　　（1）使用法 99
4.11 z スコアの理解 100
　　4.11.1 z スコアの解釈 100
4.12 p 値の有意性の理解 100
　　4.12.1 片側検定と両側検定 101
4.13 まとめ 101
References 101

目次

第 5 章　ビジュアル化を使用したデータの理解　103

訳：太田　博三

5.1　using と importall の違い　103

5.2　Julia の Pyplot　104

   5.2.1　マルチメディア I/O　104

   5.2.2　インストール　104

   5.2.3　基本的プロット　105

      （1）サインとコサインを用いたプロット　106

5.3　unicode プロット　107

   5.3.1　インストール　107

   5.3.2　例　107

      （1）unicode の散布図の作成　107

      （2）unicode の線プロットの作成　108

5.4　Vega を用いたビジュアル化　109

   5.4.1　インストール　109

   5.4.2　例　109

      （1）散布図　109

   5.4.3　Vega のヒートマップ　111

5.5　Gadfly を用いたデータのビジュアル化　112

   5.5.1　Gadfly のインストール　112

   5.5.2　plot 関数を使用した Gadfly によるインタラクティブな操作　113

      （1）例　114

   5.5.3　Gadfly を用いた DataFrame のプロット　116

   5.5.4　Gadfly を用いた関数と式のビジュアル化　119

   5.5.5　複数のレイヤを持つ画像の作成　120

   5.5.6　統計量を用いた様々な美的特性を持つプロットの作成　120

      （1）step 関数　120

      （2）Q-Q 関数　121

      （3）Gadfly の ticks　122

   5.5.7　ジオメトリを用いた様々な美的特性を持つプロットの作成　123

      （1）箱ひげ図　123

      （2）ジオメトリを用いた密度プロットの作成　124

      （3）ジオメトリを用いたヒストグラムの作成　125

      （4）棒グラフ　126

      （5）Histogram2d：二次元ヒストグラム　127

      （6）平滑線プロット　128

      （7）サブプロットなグリッド　129

      （8）水平線および垂直線　131

      （9）リボンのプロット　131

      （10）バイオリンプロット　133

      （11）ビースウォームプロット　134

   5.5.8　要素：スケール　134

      （1）x_countinuous および y_continuous　134

      （2）x_discrete および y_discrete　136

目次- iv

（3） 連続的カラースケール **137**

    5.5.9　要素：ガイド **138**

    5.5.10 Gadfly の動作の理解 **138**

5.6　まとめ 138

References 138

第6章　教師付き機械学習 139

訳：大前 奈月

6.1　機械学習とは何か？ 139

    6.1.1　機械学習の使用例 **140**

    6.1.2　機械学習と倫理 **141**

6.2　機械学習：処理工程 142

    6.2.1　様々なタイプの機械学習 **143**

    6.2.2　バイアス-バリアンスのトレードオフとは何か？ **143**

    6.2.3　モデルにおける過学習とアンダーフィッティングの影響 **144**

6.3　決定木の理解 144

    6.3.1　決定木の構築：分割統治 **145**

    6.3.2　決定木はどこに用いるべきか？ **146**

    6.3.3　決定木の長所 **146**

    6.3.4　決定木の短所 **147**

    6.3.5　決定木学習のアルゴリズム **147**

        （1）　決定木アルゴリズムはどのように動作するのか？ **148**

        （2）　純度の理解とノードの純度測定 **148**

    6.3.6　例 **149**

6.4　ナイーブベイズを用いた教師付き学習 152

    6.4.1　ナイーブベイズの長所 **152**

    6.4.2　ナイーブベイズの短所 **152**

    6.4.3　ナイーブベイズ分類器の使用例 **152**

    6.4.4　ベイズ法はどのように動作するのか？ **153**

        （1）　事後確率 **153**

        （2）　クラス条件付き確率 **154**

        （3）　事前確率 **155**

        （4）　エビデンス **155**

    6.4.5　bag-of-words モデル **155**

        （1）　ナイーブベイズのスパムフィルターを用いる利点 **155**

        （2）　ナイーブベイズフィルターの短所 **156**

    6.4.6　ナイーブベイズの例 **156**

6.5　まとめ 158

References 158

第7章　教師なし機械学習 159

訳：兼松 正人

7.1　クラスタリングの理解 160

目次

　　　7.1.1　クラスタ作成法　**160**
　　　7.1.2　クラスタリングの種類　**162**
　　　　（1）　階層的クラスタリング　**162**
　　　　（2）　重複、排他的、ファジィクラスタリング　**162**
　　　　（3）　部分クラスタリングと完全クラスタリングの違い　**163**
　7.2　**k-平均法クラスタリング　163**
　　　7.2.1　k-平均法アルゴリズム　**163**
　　　　（1）　k-平均法のアルゴリズム　**164**
　　　　（2）　データ点の最近傍重心への関連付け　**164**
　　　　（3）　初期重心の選択法　**164**
　　　　（4）　k-平均法アルゴリズムの時空間的複雑性　**165**
　　　7.2.2　k-平均法に関するいくつかの問題点　**165**
　　　　（1）　k-平均法における空クラスタ　**166**
　　　　（2）　データ集合の外れ値　**166**
　　　7.2.3　様々な種類のクラスタ　**166**
　　　　（1）　k-平均法：長所と短所　**168**
　　　7.2.4　二分割 k-平均法アルゴリズム　**168**
　　　7.2.5　階層的クラスタリングの詳細　**170**
　　　7.2.6　凝集型階層的クラスタリング　**170**
　　　　（1）　近接度の計算法　**171**
　　　　（2）　階層的クラスタリングの長所と短所　**173**
　　　7.2.7　DBSCAN テクニックの理解　**174**
　　　　（1）　では、密度とは何か？　**174**
　　　　（2）　中心に基づく密度を用いてデータ点を分類する方法　**174**
　　　　（3）　DBSCAN アルゴリズム　**174**
　　　　（4）　DBSCAN アルゴリズムの長所と短所　**174**
　　　7.2.8　クラスタの評価　**175**
　　　7.2.9　例　**175**
　7.3　**まとめ　179**
　References　**179**

第8章　アンサンブルモデルの作成　　　181

訳：石井 一夫

　8.1　**アンサンブル学習法とは何か？　181**
　　　8.1.1　アンサンブル学習法の理解　**182**
　　　8.1.2　アンサンブル学習器の作成法　**182**
　　　　（1）　組み合わせ法　**183**
　　　8.1.3　訓練データ集合の部分抽出法　**184**
　　　　（1）　バギング　**184**
　　　　　＜バギングの動作時＞　**185**
　　　　（2）　ブースティング　**185**
　　　　　＜ブースティング方法＞　**186**
　　　　　＜ブースティングアルゴリズム＞　**186**
　　　　（3）　AdaBoost：標本抽出によるブースティング　**186**

<ブースティングの動作内容＞ **187**

<バイアスとバリアンスの分解＞ **187**

8.1.4 入力特徴量の取り扱い **187**

8.1.5 ランダム性の導入 **188**

8.2 ランダムフォレスト **189**

8.2.1 ランダムフォレストの特徴量 **190**

8.2.2 ランダムフォレストの動作 **191**

8.2.3 out-of-bag（obb）エラーの推定 **191**

（1） ジニ重要度 **191**

（2） 近接度（proximity） **191**

8.3 Julia での実装 **192**

8.3.1 学習と予測 **193**

8.4 アンサンブル学習が優れている理由 **199**

8.4.1 アンサンブル学習の応用 **200**

8.5 まとめ **200**

References **200**

第 9 章　時系列 201

訳：石井 一夫

9.1 予測とは何か？ **201**

9.1.1 意思決定プロセス **202**

（1） システムのダイナミクス **202**

9.2 時系列とは何か？ **203**

9.2.1 傾向、季節性、周期、残差 **203**

（1） 標準線形回帰との違い **204**

（2） 分析の基本目的 **204**

（3） モデルの種類 **204**

（4） 最初に考慮すべき重要な特徴 **204**

（5） 系統的パターンとランダムノイズ **205**

（6） 時系列パターンの 2 つの一般的側面 **206**

9.2.2 傾向分析 **206**

（1） 平滑化 **206**

（2） 関数の当てはめ **207**

9.2.3 季節性の分析 **207**

（1） 自己相関 **207**

<コレログラムの試験＞ **207**

（2） 偏自己相関 **208**

（3） 連続依存性の除去 **208**

9.2.4 ARIMA モデル **208**

（1） 共通プロセス **208**

（2） ARIMA の方法論 **209**

<同定＞ **209**

<推定と予測＞ **209**

<ARIMA モデルの定数＞ **210**

目次

　　　　　　　　　＜同定フェーズ＞　**210**
　　　　　　　　　＜季節モデル＞　**211**
　　　　　（3）　パラメータ推定　**211**
　　　　　（4）　モデルの評価　**212**
　　　　　（5）　中断された時系列 ARIMA　**212**
　　　9.2.5　指数平滑法　**212**
　　　　　（1）　単純指数平滑法　**212**
　　　　　（2）　適合欠如（誤差）の指標　**213**
　9.3　**Julia での実装**　**214**
　　　9.3.1　TimeArray の時系列型　**214**
　　　9.3.2　時間制約の使用　**218**
　　　　　（1）　when メソッド　**218**
　　　　　（2）　from メソッド　**219**
　　　　　（3）　to メソッド　**219**
　　　　　（4）　findwhen メソッド　**220**
　　　　　（5）　find メソッド　**220**
　　　　　（6）　数学、比較、論理演算子　**221**
　　　　　（7）　TimeSeries 型へのメソッド適用　**221**
　　　　　　　＜lag メソッド＞　**222**
　　　　　　　＜lead メソッド＞　**222**
　　　　　　　＜percentage メソッド＞　**223**
　　　　　（8）　TimeSeries 型での統合法　**224**
　　　　　　　＜merge メソッド＞　**224**
　　　　　　　＜collapse メソッド＞　**224**
　　　　　　　＜map メソッド＞　**225**
　9.4　**まとめ**　**225**
　References　**226**

第 10 章　協調フィルタリングとレコメンデーションシステム　227

訳：石井 一夫

　10.1　**レコメンデーションシステムとは何か？**　**227**
　　　10.1.1　ユーティリティ行列　**229**
　10.2　**相関ルールマイニング**　**229**
　　　10.2.1　相関ルールの測定　**230**
　　　10.2.2　商品集合の作成法　**231**
　　　10.2.3　ルールの作成法　**231**
　10.3　**内容ベースフィルタリング**　**231**
　　　10.3.1　内容ベースフィルタリングに含まれる手順　**232**
　　　10.3.2　内容ベースフィルタリングの長所　**233**
　　　10.3.3　内容ベースフィルタリングの短所　**234**
　10.4　**協調フィルタリング**　**234**
　　　10.4.1　ベースライン予測法　**236**
　　　10.4.2　ユーザベース協調フィルタリング　**236**
　　　10.4.3　アイテムベース協調フィルタリング　**238**

　　　　　　(1)　アイテムベース協調フィルタリングのアルゴリズム　**238**

　　10.5　映画推薦システムの構築　239

　　10.6　まとめ　245

第 11 章　深層学習入門

247

訳：古徳 純一

　　11.1　線形代数の再考　249

　　　　11.1.1　スカラーの要点　**249**

　　　　11.1.2　ベクトルの概要　**250**

　　　　11.1.3　行列の重要性　**250**

　　　　11.1.4　テンソルとは何か？　**250**

　　11.2　確率論と情報理論　250

　　　　11.2.1　なぜ確率なのか？　**251**

　　11.3　機械学習と深層学習の違い　252

　　　　11.3.1　深層学習とは何か？　**252**

　　　　11.3.2　ディープフィードフォワードネットワーク　**254**

　　　　　　(1)　ニューラルネットワーク内の隠れ層の理解　**256**

　　　　　　(2)　ニューラルネットワークの動機付け　**256**

　　　　11.3.3　正則化の理解　**257**

　　　　11.3.4　深層学習モデルの最適化　**258**

　　　　　　(1)　最適化の例　**258**

　　11.4　Julia での実装　259

　　　　11.4.1　ネットワークアーキテクチャ　**259**

　　　　11.4.2　層の種類　**260**

　　　　11.4.3　ニューロン（活性化関数）　**260**

　　　　11.4.4　人工ニューラルネットワーク用正則化項の理解　**262**

　　　　11.4.5　ノルム拘束　**262**

　　　　11.4.6　ディープニューラルネットワークでのソルバーの使用　**262**

　　　　11.4.7　コーヒーブレイク　**263**

　　　　11.4.8　訓練済みの Imagenet CNN による画像分類　**263**

　　11.5　まとめ　268

　　References　268

索引

目次-ix

●・・●原書著者紹介●・・・

Anshul Joshi は、主にデータマンジング、レコメンデーションシステム、予測モデリング、および分散コンピューティングにおいて 2 年以上の経験を持つデータサイエンスの専門家である。ディープラーニングと AI のエンスージアスト（熱狂的な支持者）である。彼は、ほとんどの時間、GitHub を探索したり、取りかかることができる新規試作を実施したり、といったことに捉われている。ブログ：anshuljoshi.xyz

> 真に支援配慮をしてくれた両親、大学在学中の支援と現在の私の地位へと導いてくださった教授、ならびに理解ある友人たちに感謝したい。*Julia* のコミュニティに大変感謝する。この人たちは、驚嘆に値する我が世代のスーパースターである。
> また、*Packt Publishing* 社と編集者の全面的な援助に感謝する。*Sébastien Celles* 氏には特に感謝する。彼の専門知識とレビューによって、本書はより良いものとなった。

●・・●原書 Reviewer 紹介●・・・

Sébastien Celles 氏は、ポアティエ工科大学（Université de Poitiers-IUT de Poitiers-thermal science department）応用物理学の教授である。彼は物理学とコンピュータサイエンス（データ処理）を教えている。

2000 年代初頭から、数値シミュレーション、データプロット、データ予測、およびその他の様々な作業に Python を使用した。PyData のメンバーであり、pandas DataReader プロジェクトのコミット権を付与されている。また、科学的 Python エコシステムに関するいくつかのオープンソースプロジェクトにも携わっている。

PyPi で利用できるいくつかの Python パッケージの作成者でもある。

- openweathermap_requests：リクエストとリクエストのキャッシュを使用して、http://openweathe rmap.org/ からデータを取得し、気象履歴を持つ pandas DataFrame を取得するパッケージ
- pandas_degreedays：pandas の時系列気温から度日（ディグリーデー：加熱または冷却の尺度）を計算するパッケージ
- pandas_confusion：混同行列の管理、プロット、バイナリ化、全体統計量の計算、クラス統計量を出力するパッケージ

Python 3 にも貢献した（ユニットテスト、連続的統合、Python 3 ポートなど）。

- python-constraint：Python の制約解消問題（CSP）リゾルバ

Mastering Python for Data Science（Samir Madhavan 著、英国バーミンガム Packt Publishing 社、2015 年 8 月発刊）の Reviewer であり、Python を使ってデータサイエンスの世界を探索し、データを理解する方法を学んだ。

2 年前に Julia を学び始め、Julia を使ってデータマイニング、機械学習、予測に関する様々な作業を行ってきた。Julia パッケージのユーザであり、時には貢献者でもある（例えば、DataStructures.jl、CSV.jl、DataFrames.jl、TimeSeries.jl、NDSparseData.jl、JuliaTS.jl、MLBase.jl、Mocha.jl など）。

また、Julia のパッケージの一部を作っている。

- Pushover.jl：Pushover Notification Service を使用して通知を送信するパッケージ
- BulkSMS.jl：BulkSMS API を使用して SMS（Short Message Service）を送信する Julia パッケージ
- DataReaders.jl：Requests.jl 経由でリモートデータを取得して、DataFrames.jl によって DataFrames を取得するパッケージ
- RequestsCache.jl：要求の実行に Requests.jl ライブラリを使用し、ストレージバックエンドとして JLD.jl ライブラリを使用する透過的な永続キャッシュ
- PubSub.jl：publish-subscribe パターンの非常に基本的な実装
- SignalSlot.jl：シグナルスロットパターンの非常に基本的な実装
- TALib.jl：TA-Lib（Technical Analysis Library）の Julia ラッパ

Open Data に非常に関心があり、Open Knowledge Foundation のプロジェクトの一部に貢献している（特に DataPackage 形式）。

彼についてのより詳しい情報は、http://www.celles.net/wiki/Contact にて閲覧できる。

第1章
基本原理：Juliaの環境
The Groundwork — Julia's Environment

　Juliaはかなり若いプログラミング言語である。2009年、MITの3人の開発者 (Stefan Karpinski、Jeff Bezanson、Viral Shah) が、Alan Edelman教授の指導のもと、応用計算グループでJuliaへと繋がるプロジェクトに取りかかった。2012年2月にJuliaは公開され、オープンソース化された。ソースコードはGitHub (`https://github.com/JuliaLang/julia`) で手に入る。また、登録されたパッケージのソースも、GitHubで入手できる。初期の創設者4人全員が、世界中の開発者達と共に、今も活発にJuliaに貢献している。

現リリースのバージョンは0.4であり、いまだ1.0リリース候補版には遠い[※1]。

　その堅実な原理に基づき、科学技術計算、データサイエンス、高性能計算の分野で、Juliaの人気は着実に増している。

　本章では、Juliaに必要なすべての構成要素のダウンロードとインストールの手引きをする。本章で扱う内容は、以下のとおりである。

- Juliaはいかに独特なのか
- Julia環境の構築
- JuliaシェルとREPLの使用
- Jupyter Notebookの使用
- パッケージ管理
- 並列計算
- 多重ディスパッチ
- 言語相互運用性

訳注※1　翻訳時点におけるJuliaの最新リリースバージョンは0.5であり、原書のコードの一部は動作しないか、あるいは修正の必要がある。それについては、株式会社エヌ・ティー・エスのホームページ上でフォローアップ内容を掲載する予定である。

第 1 章　基本原理：Julia の環境

　伝統的に科学界では、最高の計算性能が必要とされるにもかかわらず、動作の遅い動的プログラミング言語を使ってアプリケーションを構築してきた。プログラミングの経験を持つ特定分野の専門家は、概して熟練した開発者ではなく、静的型付け言語よりも動的言語を常に好むのである。

1.1　Julia は独特である

　長年のコンパイラ技術と言語設計の進歩により、性能と動的プロトタイピングとの間のトレードオフを取り除くことが可能になった。そして、科学計算に求められるのは、C のような性能を持ちながら、Python のように優れた動的言語であった。そして Julia が現れた。Julia は、科学計算と技術計算の要求に従って設計された汎用プログラミング言語である。つまり、C や C++ に匹敵する性能を提供し、かつ高水準な動的言語である Python のように、プロトタイピングに十分な生産性のある環境である。Julia の性能の要となるのは、その設計と、**実行時 (Just-in-Time；JIT) コンパイラ**に基づく**低水準仮想マシン (Low Level Virtual Machine；LLVM)** である。これが、C や Fortran の性能に近づくことを可能にする。

　Julia の提供する重要な特徴は、以下である。

- 数値計算や科学計算で効果を発揮するように設計された、汎用的で高水準な動的プログラミング言語。
- 実行時コンパイラ (JIT コンパイラ) に基づいた低水準仮想マシン (LLVM)。これが、C および C++ のような静的コンパイル済み言語の性能に、Julia が近づくことを可能にする。

　以下に引用しているのは、Julia 開発チームの Jeff Bezanson、Stefan Karpinski、Viral Shah、および Alan Edelman の言葉である。

私たちは貪欲だ。欲張りなんだ。
私たちは、自由なライセンスのオープンソース言語が欲しい。Ruby の動的さを備えた、C の速さが欲しい。Lisp のような真のマクロを備えているうえに、Matlab のようなわかりやすくて、親しみやすい数学表記を備えた、同図像性 (homoiconic) のある言語が欲しい。Python のように汎用プログラミングに使えて、R のように統計に使いやすく、Perl のように文字列処理に長けていて、Matlab のように線形代数に強く、シェルのようにプログラムの糊づけが得意な、そういうものが欲しい。それはとても学びやすく、最もまじめなハッカー達を幸せにし続けるだろう。そしてこの言語は、対話的であって欲しいし、コンパイルもできて欲しい。
（C くらい速い必要があるっていうのは言ったかな？）

　Julia は、Python、R、MATLAB、Octave とよく比べられる。これらの言語はかなり前か

ら存在しているし、Julia も大きな影響を受けている。特に、数値計算や科学計算については
そうである。Julia は科学計算が非常に得意だが、それに限らず、Web プログラミングや汎用
プログラミングにも使える。

Julia の開発チームは、単一の言語の使いやすさを損なわずに、今までになかった驚くべき
能力と効率の組み合わせを作ることを目指している。Julia のコアのほとんどは、C および
C++ で実装されている。Julia のパーサは Scheme で書かれている。Julia の効率的なクロス
プラットフォームの I/O は、Node.js の libuv で提供されている。

Julia の特徴と長所は、次のようにまとめられる。

- 分散並列計算のために設計されている。
- Julia は、高い数値解析精度の数学関数を備えた広範なライブラリを提供する。
- 多重ディスパッチの機能性を与える。多重ディスパッチは、関数の動作を決定するために、
  引数型の多くの組み合わせを参照する。
- Pycall パッケージによって、Julia は Python の関数を呼び出せるようになり、Matlab.jl
  で Matlab パッケージも使える。また、C で記述された関数やライブラリも、API やラッ
  パーを必要とせずに直接呼び出すことができる。
- Julia は、システム内の他の処理を管理するための強力なシェルのような機能を持ってい
  る。
- 他の言語とは異なり、Julia のユーザ定義型はコンパクトで、組み込み型のように非常に
  速い。
- データ分析は、ベクトル化されたコードを活用して性能を高めている。Julia は、性能の
  ためにベクトル化されたコードを必要とはしない。Julia で記述されたベクトル化されて
  いないコードは、ベクトル化されたコードと同じくらいに速い。
- タスクやコルーチン、協調的マルチタスク、ワンショット継続などとして知られる軽量な
  "グリーン" スレッディングを用いる。
- Julia は、強力な型システムを持っている。その変換は、エレガントで拡張性がある。
- Unicode を効率的にサポートする。
- メタプログラミングと Lisp のようなマクロを備えている。
- 組み込みのパッケージマネージャ（Pkg）を持っている。
- Julia は異なる引数型に対して、効率的で特殊化された自動生成のコードを提供する。
- MIT ライセンスの無料のオープンソースである。

1.2　環境構築

Julia は無料で使えて、`http://julialang.org/downloads/` からダウンロードできる。
また、この Web サイトには充実したドキュメント、サンプル、チュートリアルへのリンク、コ
ミュニティへのリンクも用意されている。ドキュメントは一般的なフォーマットでダウンロー
ドできる。

1.2.1 Julia のインストール(Linux)

最も有名な Linux ディストリビューションの 1 つである Ubuntu および Linux Mint には、Julia の deb パッケージが提供されている。32bit と 64bit の両方に対応している。

Julia をインストールするために、**PPA (personal package archive)** を追加する。Ubuntu ユーザは、PPA の取得に恵まれている。この PPA は、Ubuntu のソースパッケージをビルドして公開する apt リポジトリとして扱われる。ターミナルから、次のコマンドを実行する。

```
sudo apt-add-repository ppa:staticfloat/juliareleases
sudo apt-get update
```

これで PPA を追加して、リポジトリ内のパッケージのインデックスを更新できる。
続いて、Julia をインストールする。

```
sudo apt-get install julia
```

これでインストールは完了となる。インストールが成功したか確認するために、ターミナルから次のコマンドを実行する。

```
julia --version
```

これでインストールされた Julia のバージョンが表示される。

Julia の対話型シェルを起動するには、ターミナルから `julia` と実行する。また、アンインストールする場合は、apt を使って簡単にできる。

```
sudo apt-get remove julia
```

Fedora、RHEL、CentOS、またはこれらに基づくディストリビューションでは、そのディストリビューションのバージョンの EPEL リポジトリを有効にする。そして、与えられたリンクをクリックする。Julia のリポジトリを有効にするには、次のコマンドを実行する。

```
dnf copr enable nalimilan/julia
```

もしくは、適当な .repo ファイルを次の場所にコピーする。

```
/etc/yum.repos.d/
```

最後に、ターミナルで次のコマンドを実行する。

```
yum install julia
```

1.2.2　Julia のインストール（Mac）

Mac OS X のユーザは、ダウンロードしてきた .dmg ファイルをクリックしてディスクイメージを読み込み、アプリアイコンをアプリケーションフォルダにドラッグする。すると、インターネットからダウンロードしてきたソースであるため安全性が保障されていないが、操作を継続するか尋ねられる。Julia の公式 Web サイトからダウンロードしたものであるなら、続けるをクリックする。

Julia は、Mac の Homebrew を使ってインストールすることもできる。

```
brew update
brew tap staticfloat/julia
brew install julia
```

これでインストールは完了である。インストールが成功したかを確認するには、ターミナルから次のコマンドを実行する。

```
julia --version
```

インストールされた Julia のバージョンが表示される。

1.2.3　Julia のインストール（Windows）

ダウンロードページに提供されている .exe ファイルを、使用するシステム（32bit か 64bit か）に応じてダウンロードする。ダウンロードした .exe ファイルを実行すれば、Julia がフォ

第1章　基本原理：Julia の環境

ルダに抽出されて、Windows にインストールされる。このフォルダにある `Julia.bat` というバッチファイルを使って、Julia コンソールを起動できる。

　アンインストールするには、`Julia` フォルダを削除すればよい。

1.2.4　ソースコードの探索

　熱心なユーザ向けには、Julia のソースコードが公開されていて、機能の追加やバグの修正に協力することが推奨されている。ディレクトリ構造は、以下のようになっている。

`base/`	**Julia 標準ライブラリのソースコード**
`contrib/`	Julia ソースのエディタサポート、種々のスクリプト
`deps/`	外部依存関係
`doc/manual`	ユーザマニュアルのソース
`doc/stdlib`	標準ライブラリのヘルプテキストのソース
`examples/`	Julia プログラムのサンプル
`src/`	Julia の中心部のソース
`test/`	テスト関連
`test/perf`	ベンチマーク関連
`ui/`	さまざまなフロントエンドのソース
`usr/`	Julia の標準ライブラリからロードされる、共有ライブラリとバイナリ

1.3　REPL の使用

　REPL（対話型実行環境）は、コードの一部を実際に試す機能を与えてくれる対話型シェルもしくは言語シェルである。Julia は実行時コンパイラをバックエンドとする対話型シェルを備えている。コードを 1 行入力すると、コンパイルして評価し、結果を次の行に表示する。

```
julia> a=10; b=20
20

julia> a+b
30

julia> function hello()
           println("Hello World!")
           end
hello (generic function with 1 method)

julia> hello()
Hello World!

julia>
```

　REPL を使用する利点は、エラーを見つけるためにコードを実施に試せることである。またこのことは、初心者にとっても良い環境である。式を入力してエンターを押せば、値を求める

ことができる。

　Julia のライブラリ、もしくは作成した Julia プログラムは、`include` コマンドを使用して、REPL に読み込むことができる。例えば、`hello.jl` というファイルを持っている場合、次のコマンドを実行すれば、REPL に読み込むことができる。

```
julia> include ("hello.jl")
```

　また、Julia は REPL で書かれたすべてのコマンドを、`.julia_history` に格納している。このファイルは、Ubuntu なら `/home/$USER`、Windows なら `C:¥Users¥username`、OS X なら `~/.julia_history` にある。

　Linux のターミナルのように、Julia シェルで Ctrl+R を押せばリバースサーチを使用できる。これはコマンドの履歴をさかのぼることができる、非常に良い機能である。

　言語シェルで「?」とタイプすると、プロンプトが以下のように変わる。

```
help?>
```

```
help?> +
search: + .+

  +(x, y...)

  Addition operator. x+y+z+... calls this function with all arguments, i.e.
  +(x, y, z, ...).

julia>
```

　スクリーンをクリアするには Ctrl+L を、REPL を終了するには Ctrl+D もしくは以下のコマンドを入力する。

```
julia> exit()
```

1.4　Jupyter Notebook の使用

　データサイエンスや科学技術計算では、素晴らしい対話型ツールの Jupyter Notebook を使えるという恩恵がある。Jupyter Notebook では、対話型の Web 環境でコードを書いて実行することができ、ビジュアル化や画像・動画を扱うこともできる。これは式をテストできるし、プロトタイピングをとても簡単にする。40 以上のプログラミング言語に対応していて、完全にオープンソースとなっている。

　GitHub は Jupyter Notebook に対応している。計算の記録を含む Notebook として、

第1章 基本原理：Julia の環境

Jupyter Notebook Viewer か他のクラウドストレージから共有できる。Jupyter の Notebook は、機械学習アルゴリズムや統計モデリング、数値シミュレーション、データマンジングなどのコーディングに広く使われている。

Jupyter Notebook は Python で実装されているが、カーネルを使って 40 以上のプログラミング言語を実行することができる。Python がインストールされているかどうかは、次のコマンドをターミナルから実行して確認できる。

```
python --version
```

このコマンドは、Python がインストールされていれば、Python のバージョンを返す。Python 2.7.x か 3.5.x、もしくはそれ以降のバージョンがインストールされているのが好ましい。

もし Python がインストールされていなければ、Windows なら公式 Web サイトからダウンロードしてきてインストールすればよい。Linux ならば、次のコマンドが使える。

```
sudo apt-get install python
```

新たに Python やデータサイエンスを始めるのであれば、Anaconda をインストールすることを強く薦める。Jupyter Notebook も含め、データサイエンスや数値計算、科学技術計算でよく使われるパッケージが、適切な環境設定をして Anaconda にバンドルされている。インストール手順は、https://www.continuum.io/downloads にある。

Jupyter は Anaconda パッケージに含まれているが、Jupyter パッケージが最新のものかどうかは、次のコマンドで確認できる。

```
conda install jupyter
```

pip を使って Jupyter をインストールすることもできる。

```
pip install jupyter
```

Jupyter が適切にインストールされたかを確認するには、次のコマンドを実行する。

```
jupyter --version
```

Jupyter がインストールされていれば、Jupyter のバージョンを返す。

Julia を Jupyter から使用するには、IJulia パッケージが必要になる。これは Julia のパッケージマネージャからインストールできる。

IJulia をインストールしたら、Notebooks の項目から Julia を選択して新規の Notebook を作成できるようになる。

－8－

1.4 Jupyter Notebook の使用

インストールされているすべてのパッケージを最新にするために、Julia のシェルから次のコマンドを実行する。

```
julia> Pkg.update()
```

続いて、IJulia パッケージを追加する。

```
julia> Pkg.add("IJulia")
```

Linux では、いくつかのエラーが発生するかも知れない。その場合は、次のコマンドでパッケージをビルドする。

```
julia> Pkg.build("IJulia")
```

IJulia がインストールされたら、ターミナルに戻って Jupyter Notebook を起動する。

```
jupyter notebook
```

そうするとブラウザのウィンドウが開く。**New** の下に、インストールしたカーネルを使用して新規 Notebook を作成するオプションが見つかるはずだ。Julia の Notebook を起動したい場合は、**Julia0.4.2**（訳注：または、適当なバージョンの Julia）を選択する。これで新規の Julia Notebook が作成される。簡単な例を試してみよう。

この例では、乱数のヒストグラムを作成する。これは単に、以降の章で使う構成要素を試すためのものだ。

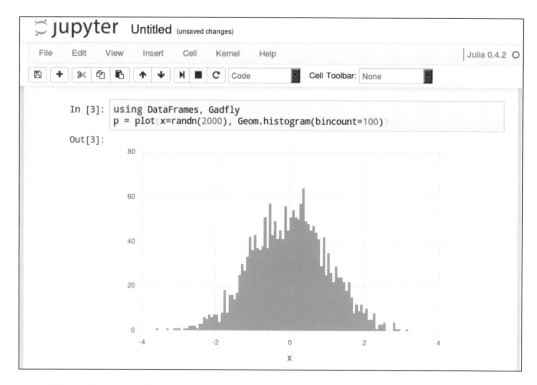

　人気のエディタである Atom や Sublime には、Julia のプラグインが用意されている。Atom には language-julia が、Sublime には Sublime-IJulia があり、どちらもそれぞれのパッケージマネージャからダウンロードできる。

1.5　パッケージ管理

　Julia には、組み込みのパッケージマネージャが用意されている。Pkg を使って、Julia で書かれたパッケージをインストールできる。外部ライブラリについては、ソースをコンパイルするか、OS 標準のパッケージマネージャを使用することになる。登録されたパッケージは、`http://pkg.julialang.org/` に維持されている。

　Pkg は基本のインストールに含まれている。Pkg モジュールには、すべてのパッケージマネージャのコマンドが含まれている。

1.5.1　Pkg.status() パッケージのステータス

　`Pkg.status()` は、現在インストールされているパッケージの一覧を表示する関数である。欲しいパッケージがすでにインストールされているかを確認する際には便利である。

　`Pkg` コマンドを初めて実行するときに、パッケージディレクトリが自動で作成される。これは、インストールされたパッケージの一覧を、`Pkg.status()` が正しく表示するために必要となる。`Pkg.status()` で与えられたパッケージの一覧は、登録されたバージョンである。これらは Pkg で管理されている。

　`Pkg.installed()` もまた、インストールされたすべてのパッケージとそのバージョンを表

示するために使われる。

```
julia> Pkg.installed()
Dict{ASCIIString,VersionNumber} with 43 entries:
  "ImmutableArrays"  => v"0.0.11"
  "ZMQ"              => v"0.3.1"
  "ArrayViews"       => v"0.6.4"
  "DataStructures"   => v"0.4.0"
  "Compat"           => v"0.7.8"
  "Calculus"         => v"0.1.14"
  "GZip"             => v"0.2.18"
  "Measures"         => v"0.0.1"
  "StatsFuns"        => v"0.2.0"
  "DataFrames"       => v"0.6.10"
```

1.5.2 Pkg.add() パッケージの追加

Julia のパッケージマネージャは、宣言型でインテリジェントである。単に何が欲しいか伝えさえすれば、どのバージョンが必要かを探し出し、依存関係があればそれを解消してくれる。したがって、必要なもののリストを追加しさえすれば、どのパッケージのどのバージョンをインストールする必要があるかを決めてくれる。

~/.julia/v0.4/REQUIRE ファイルはパッケージの要件を格納している。vi や atom などのテキストエディタで開くか、Julia のシェルから Pkg.edit() で編集することができる。ファイルを編集した後に Pkg.resolve() を実行して、パッケージをインストールしたり削除したりする。

また、Pkg.add(package_name) でパッケージを追加、Pkg.rm(package_name) でパッケージを削除できる。すでに我々は、Pkg.add("IJulia") を使って IJulia パッケージをインストールしている。

インストール済みのパッケージが必要なくなったときは、Pkg.rm() を使って REQUIRE ファイルから削除できる。Pkg.add() と同様に、Pkg.rm() でもまずは REQUIRE ファイルからパッケージ要件を削除し、次に Pkg.resolve() を実行することで、インストールされたパッケージの一覧を更新する。

1.5.3 登録されていないパッケージの使用

Pkg に登録されていないパッケージ、例えばチームメンバーの作成したパッケージや、Git に誰かが公開したパッケージを使用したい場合もあるだろう。Julia では、clone を使ってこれらのパッケージを使用できる。Julia パッケージは Git リポジトリにホストされていて、Git の仕組みを使ってクローンできる。登録されたパッケージのインデックスは、METADATA.jl で管理されている。非公式のパッケージには、次のコマンドが使える。

```
Pkg.clone("git://example.com/path/unofficialPackage/Package.jl.
git")
```

第 1 章　基本原理：Julia の環境

　未登録のパッケージでは、使用前に解消の必要な依存関係がある場合もある。そのときは、未登録パッケージのソースツリーのトップに、REQUIRE ファイルが必要となる。未登録パッケージの、登録済みパッケージとの依存関係は、この REQUIRE ファイルで決定される。Pkg.clone(url) を実行するとき、これらの依存関係は自動的にインストールされる。

(1)　Pkg.update() パッケージの更新

　更新されたパッケージを維持することは良い習慣である。活発な開発の最中にある Julia のパッケージは、頻繁に更新されたり、新たな機能が追加されたりすることがある。
　すべてのパッケージを更新するには、次のコマンドを実行する。

```
Pkg.update()
```

　内部的には、新たな変更は ~/.julia/v0.4/ にある METADATA ファイルに反映され、最後の更新以降に公開されている登録済みパッケージの新しいバージョンがないかを確認する。もし登録済みパッケージの新しいバージョンがあれば、Pkg.update() で、ダーティでなく、ブランチにチェックアウトされたパッケージの更新を試みる。この更新プロセスは、インストールすべき最適なパッケージバージョンのセットを見積もることで、トップレベルの要求を満たしてくれる。インストールすべき特定のバージョンのパッケージは、Julia ディレクトリ (~/.julia/v0.4/) の REQUIRE ファイルに定義されている。

1.5.4　METADATA リポジトリ

　登録されているパッケージは、公式の METADATA.jl リポジトリを使ってダウンロードしてインストールできる。他の METADATA リポジトリも、必要に応じて提供される。

```
julia> Pkg.init("https://julia.customrepo.com/METADATA.jl.git",
"branch")
```

1.5.5　パッケージの開発

　Julia のソースは Git で管理されていて、誰でも見ることができる。インストールされたパッケージの、開発の履歴をすべて見ることができるのである。そして、望ましい変更を加えて、それを自身のリポジトリにコミットしたり、上流の機能強化に貢献したりすることもできる。
　また、自分でパッケージを作り、ある時点で公開したいということもあるかもしれない。Julia のパッケージマネージャは、これも可能にしてくれる。
　それは、システムに Git がインストールされていることと、開発者が選択したホスティング・プロバイダー (GitHub、Bitbucket など) のアカウントを持っていることが要件となる。ホスティング・プロバイダーに SSH の公開鍵をアップロード可能にするため、SSH で通信をできる状態であることが好ましい。

1.5.6 新規パッケージの作成

パッケージリポジトリ内に REQUIRE ファイルがあることが望ましい。ここには必要最低限の Julia バージョンの記述があるべきだ。

例えば、HelloWorld という名前の新しい Julia パッケージを作りたいとしたら、次のコマンドを使う。

```
Pkg.generate("HelloWorld", "MIT")
```

ここで、HelloWorld は作りたいパッケージ名で、MIT はライセンスである。このライセンスは、パッケージジェネレータが認知する必要がある。

このコマンドで、~/.julia/v0.4/HelloWorld というディレクトリが作られる。このディレクトリは、Git リポジトリとして初期化される。また、パッケージに必要なすべてのファイルは、このディレクトリに保管される。このディレクトリが、リポジトリにコミットされる。

こうして、パッケージをリモートリポジトリにプッシュして、世界中から使えるようにすることができる。

1.6 Julia を用いた並列計算

現代のコンピュータ技術の進歩により、システムはマルチコア CPU を持つようになった。そして、単一のシステムでは扱いきれなかったり、時間がかかり過ぎたりするタスクを実行するために、複数のシステムをクラスタとして結合させることがある。Julia の並列処理環境は、メッセージ・パッシングに基づいている。分割されたメモリ領域のプログラムに対して、複数のプロセスが許可されている。

Julia のメッセージ・パッシングは、MPI のような他の一般的な環境とは異なった実装がされている。Julia では一方向通信となっているため、プログラマーは、2 つのプロセスの操作に対して、1 つのプロセスのみを明示的に管理すればよい。

Julia の並列プログラミングの枠組みは、以下のものの上に構築されている。

- リモート・リファレンス
- リモート・コール

リモート・コールとは、他のプロセス上で関数を実行するように要求することである。リモート・リファレンスとは、あるオブジェクトへの参照を、特定のプロセス上の他のオブジェクトから行うことである。リモート・リファレンスは、ほとんどの分散オブジェクトシステムで使われている。したがって、あるプロセスのオブジェクトから、別のプロセス上のオブジェクトへの、いくつかの特定の引数を含むコールは、一般にリモート・コールと呼ばれる。そしてこれが、リモート・リファレンスと呼ばれるリモート・オブジェクトへの参照を返すのである。

リモート・コールは、その結果として直ちにリモート・リファレンスを返す。このプロセス

第 1 章　基本原理：Julia の環境

は、次の操作へと続く。その間に、リモート・コールは他のどこかで起こる。リモート・リファレンスでの wait() のコールは、リモート・コールの終了を待つ。結果の全部の値は fetch() で得られ、put!() はリモート・リファレンスへ結果を格納するのに使われる。

　Julia はデフォルトでシングル・プロセスを使用する。マルチ・プロセスで Julia を起動するには、次のコマンドを使う。

```
julia -p n
```

　ここで n はワーカー・プロセスの数である。あるいは、addproc(n) を使用して、実行中のシステムからプロセッサを作成することも可能である。n はシステムの CPU のコア数にしておくことをお奨めする。

　pmap と @parallel の 2 つは、最もよく使われる有用な関数である。

　Julia の parallel for ループは、複数のプロセスを並列に実行するために使い、次のように使われる。

　parallel for ループでは、複数プロセスに反復処理が割り当てられ、縮減させた結果を得る（この場合は (+)）。これはマップ・リデュース（MapReduce）のコンセプトと似ている。反復処理は、別々のプロセスで独立に実行され、これらのプロセスから得られた結果を最後に結合する（マップ・リデュースのように）。あるループの結果が、他のループへの供給として使われることもある。その答えは、このループ全体の結果となる。

　反復が特定のシーケンスで行われるわけではないという点で、標準的な反復ループとは全く異なっている。別々のプロセスで反復処理を実行しているため、変数や配列への書き込みは、他のプロセスからは見ることができない。使用される変数はコピーされて、parallel for ループの各プロセスに配布される。

例：　arr = zeros(500000)
　　　@parallel for i=1:500000
　　　　arr[i] = i
　　　end

　この例では、各プロセスで arr の別々のコピーを取得するため、望ましい結果は得られない。このベクトルには、期待したとおりに i が入ってはくれない。このような parallel for ループは避けなければならない。

　pmap は、パラレル・マップ（parallel map）を意味する。例えば次のように使う。

```
julia> nheads = @parallel (+) for i=1:100000000
           Int(rand(Bool))
       end
50001992
```

- 14 -

1.7 Julia の重要な特徴：多重ディスパッチ

　ランダムな大きな行列がいくつもあり、かつ単一の値を得ることが求められるという問題を、このコードは並列処理で解決する。

　Julia の pmap() は独特な設計がされている。@parallel が小さな処理を数多く反復することに適しているのに対して、pmap() は各関数の呼び出しが大量の処理を伴うケースに適している。pmap() も @parallel も、ワーカーノードの並列計算に適するようになっているが、@parallel の最終的な縮減計算は呼び出し元のノードが行う。

1.7　Julia の重要な特徴：多重ディスパッチ

　関数とはオブジェクトであり、複数の式を使って引数の組み合わせを戻り値にマッピングする。もしこの関数オブジェクトが戻り値を返せない場合は、例外をスローすることになる。同じ関数であっても、異なる型の引数に対しては、異なる実装を持つことができる。例えば、2つの浮動小数の足し算をする関数とは別に、2つの整数の足し算をする関数を持つことができる。しかし、概念的にはどちらも2つの数を足しているに過ぎない。Julia は、このような共通の概念についての異なる実装を、簡単に実現できる機能を持っている。この関数は、すべてのことを一度に定義してしまう必要はない。わずかの要約のみで定義されている。このわずかの要約は、異なる引数型の組み合わせであり、それに関連付いた動作が異なっている。これらの動作1つひとつが、メソッドと呼ばれる。

　メソッドの定義が受け付ける型と引数の数は、シグネチャのアノテーションで示される。したがって、引数の組み合わせを指定して関数が呼び出されたときには、常に最も適切なメソッドが適用される。関数が呼び出されたときにメソッドが適用されることは、ディスパッチと呼ばれる。伝統的に、オブジェクト指向言語は、ディスパッチで最初の引数のみを考慮する。それとは違い、Julia では関数のすべての引数を考慮して（最初の引数のみではない）、呼び出すべきメソッドを選択するのである。これが多重ディスパッチと呼ばれるものだ。

　多重ディスパッチは、数学や科学のコードで特に役立つ。ある処理が、特定の引数に属していると考えるべきではないからだ。数学の演算子を実装する際には、すべての引数型が考慮されるべきである。多重ディスパッチは、数学の式に限定されるものではない。現実世界の多くのシナリオで使用できるし、プログラムを構成するための強力なパラダイムでもある。

1.7.1　多重ディスパッチにおけるメソッド

　「+」は多重ディスパッチを使う Julia の関数である。多重ディスパッチは、すべての Julia 標準の関数と演算子で使われている。引数の型と数の様々な組み合わせについて、それらのすべてが、その動作を定義する多くのメソッドを持っている。メソッドは、特定の引数型を取るように、型アサーション演算子「::」を用いて限定される。

```
julia> f(x::Float64, y::Float64) = x + y
```

　この関数の定義は、x と y が共に Float64 のときにのみ呼び出される。

－ 15 －

第 1 章　基本原理：Julia の環境

```
julia> f(10.0, 14.0)
24.0
```

この定義を他の引数型に適用しようとすると、メソッドエラーが発生する。

```
julia> M = {rand(500,500) for i=1:10}; pmap(svd, M)
```

引数は、関数で定義されている型と全く同じでなければならない。

　関数オブジェクトは、最初のメソッド定義によって作成される。新たなメソッド定義によって、既存の関数オブジェクトに新たな動作が付加される。そして、関数が呼び出されると、引数の数と型が最も適合するメソッドが実行される。

　次の例では、2 つのメソッドを持つ関数を作成する。1 つめのメソッド定義は、2 個の Float64 型の引数の足し算をする。2 つめのメソッド定義は、2 個の Number 型の引数それぞれを 2 倍してから足し算をする。この関数を Float64 の引数で呼び出した場合には、1 つめの定義が適用される。整数の引数で呼び出した場合には、Number には任意の数値を取ることができるので、2 つめの定義が適用される。次の例では、浮動小数と整数を使って、多重ディスパッチを試している。

```
julia> f(x::Float64, y::Float64)= x+y
f (generic function with 1 method)

julia> f(10.0,14.0)
24.0

julia> f(2,10.0)
ERROR: MethodError: `f` has no method matching f(::Int64, ::Float64)
Closest candidates are:
  f(::Float64, ::Float64)
```

　Julia では、すべての値が抽象型 "Any" のインスタンスである。「::」で型が宣言されていないときは、引数型を特に指定していないことを意味する。そして、メソッドパラメータのデフォルトの型が Any であるため、取り得る値についての制限がないことになる。一般に、1 つのメソッドはこのように書いておき、他のメソッド定義が適用されない引数に対して、このメソッドが適用されるようにしておく。以上が Julia 言語の最も強力な特徴の 1 つである。

　Julia の多重ディスパッチと柔軟なパラメータの型システムを使うことは、下位のレベルの実装をあまり気にすることなく、特殊化されたコードの作成や、複雑なアルゴリズムの実装を非常に簡単にしてくれるので効率的である。

1.7.2 曖昧さ：メソッド定義

関数の動作は、特定の引数の組み合わせに対して、単一のメソッドが存在するようには定義されないことがある。このような曖昧さについて、Julia はエラーをスローするが、任意にメソッドを選択することで処理は進む。このようなケースを扱うメソッドを定義することで、曖昧さを回避する必要がある。

次の例では、1 つめのメソッドで、1 個の Any 型の引数と、もう 1 個の Float64 型の引数を定義している。2 つめのメソッドでは、引数の順序を入れ替えただけの定義になっているが、これは 1 つめの定義と区別されない。この場合、Julia はメソッド定義の曖昧さについての警告を発するが、処理は進める。

```julia
julia> f(x::Float64, y::Float64)= x+y
f (generic function with 1 method)

julia> f(x::Number, y::Number)=2x+2y
f (generic function with 2 methods)

julia> f(24.0,4.0)
28.0

julia> f(10,11)
42
```

1.8 言語相互運用性の促進

Julia を使えばほとんどどのようなコードでも書けるのだが、C や Fortran、Python などには、数値計算や科学計算のための成熟したライブラリが存在する。Julia では、Python や C、Fortran で書かれた既存のコードを簡単に使うことができる。C や Fortran、Python の関数を呼び出して、シンプルかつ効率的に、Julia に実行させることができる。

Julia では、C と Fortran のライブラリが利用できる。平凡だが有効な呼び出しである ccall を使う。これは、コードが共有ライブラリとして利用可能な場合に使用できる。Julia の JIT は、ネイティブの C の呼び出しと同じ機械語命令を生成する。そのため、最小限のオーバーヘッドで C のコードを呼び出すのと変わりない。

Python は機械学習や統計関数の実装に関する網羅的なライブラリをすでに持っているため、Python のコードをインポートすることは、特にデータサイエンスにおいては有益であり、ときに必須となることもある。例えば、scikit-learn や pandas といったライブラリがそれに当たる。Julia で Python を使うには、PyCall.jl が必要になる。PyCall.jl を追加するには、次のコードを実行する。

```
Pkg.add("PyCall")
```

第 1 章　基本原理：Julia の環境

　PyCall には、Python パッケージのインポートを容易にするマクロである @pyimport が含まれており、Julia と Python の間での型の自動変換を含む、すべての関数と定数に対する Julia ラッパーを提供している。

　また、PyCall は、Python オブジェクトの下位レベルでの操作のための機能も提供する。これには、曖昧な Python オブジェクトのための PyObject 型も含む。pycall 関数（ccall 関数と似ている）というものもあり、Julia から Python の関数を、型変換をして呼び出すことができる。PyCall は、Python プログラムを使用せずに、直接 libpython ライブラリにリンクする。Pkg.build をしている間に Python を実行することによって、libpython の場所を探し出すのである。

1.8.1　Julia での Python コードの呼び出し

　@pyimport マクロは、Python オブジェクトのランタイムによる検証に基づいて、ほとんどの状況で自動的に Julia の型へ適切な変換を行う。これらの型変換は、下位のレベルの関数を使うことによって、より適切に制御することができる。戻り値の型が判明している状況で PyCall を使用すると、ランタイムの型推論のオーバーヘッドをなくして、Julia コンパイラにさらなる型情報を提供することで、パフォーマンスを向上させることができる。

- pycall(function::PyObject, returntype::Type, args...)：与えられた args...（これは標準の Julia の型であり、可能であれば対応する Python の型に自動で変換される）により、与えられた Python 関数（典型的にはモジュールから探し出される）を呼び出して、戻り値を returntype（PyObject の returntype を使って、変換されていない Python オブジェクトの参照を返すか、PyAny で自動変換を要求するか）に変換する。
- pyimport(s)：Python モジュール（文字列かシンボル）をインポートして、ポインタ（PyObject）を返す。モジュールの関数や他のシンボルは、文字列（未処理の PyObject）かシンボル（自動型変換）である s [name] で探し出すことができる。@pyimport マクロとは異なり、これは s.name でアクセスできない Julia のモジュールやメンバを定義しない。

1.9　まとめ

　本章では、Julia がいかに独特なものであり、そして LLVM に基づく JIT コンパイラが、Julia が C や C++ のパフォーマンスに迫ることをどのように可能にしているのかを学んだ。Julia のダウンロード、インストール、ソースからのビルドの方法についても説明した。注目すべき特徴は、この言語がエレガントで、簡潔で、強力で、そして数値計算と科学計算のための驚異的な機能を持っているということだ。

　Julia のコマンドライン（REPL）を使ういくつかの例を通して、言語シェルがどれだけの機能を備えているかを見てきた。タブ補完やリバースサーチ、関数ヘルプなどがある。また、な

－ 18 －

ぜ Jupyter Notebook を使うべきなのかを検討し、続いて IJulia パッケージを使って Jupyter をセットアップした。Jupyter Notebook と、Julia のビジュアル化パッケージ Gadfly を使用する簡単な例も取り上げた。

さらに、Julia の強力な組み込みパッケージの管理と、モジュールの追加、更新、削除の方法を学んだ。また、独自のパッケージを作成して、コミュニティに公開するプロセスも見てきた。そして、Julia の最も強力な特徴の 1 つである多重ディスパッチを紹介して、この多重ディスパッチを実装するためのメソッド定義を作成する方法について取り上げた。

さらに、並列計算について紹介して、従来のメッセージ・パッシングとの違いや、使用可能なコンピュータリソースをどのように活用するのかを説明した。また、Julia の言語相互運用性の特徴と、Julia プログラムから Python モジュールを呼び出す方法についても学んだ。

References

- http://julialang.org/
- https://github.com/JuliaLang
- https://github.com/JuliaStats

第2章
データマンジング
Data Munging

データサイエンティストの作業時間の 50% は、生データを利用可能な形式に変換することだと言われている。生データは様々な形式、様々なサイズをしている。RDBMS のように構造化されているもの、CSV のように半分構造化されているもの、または通常のテキストファイルのようにまったく構造化されていないものもある。これらのデータには、いくらかの価値ある情報が格納されている。そしてその情報を抽出するために、アルゴリズムが価値ある洞察を見つけられるようなデータ構造や使用に適した形式に、データを変換する必要がある。したがって、使用に適した形式とは、データサイエンスのプロセスで使用されるモデルにおけるデータのことを指す。使用に適した形式は、用途によって異なる。

本章ではデータマンジング、すなわちデータの準備のプロセスについて一通り説明する。本章は、以下の内容を含む。

- データマンジングとは何か？
- DataFrames.jl
- ファイルからのデータのアップロード
- 必要なデータの検索
- 結合と索引付け
- 分割－適用－統合戦略
- データの再成形
- Formula 型（Model Frame と Model Matrix）
- PooledDataArray
- Web スクレイピング

2.1　データマンジングとは何か？

マンジングとは「munge」という言葉に由来し、アメリカの MIT の学生の創作である。それは、データサイエンスのプロセスのなかの最も重要なものの 1 つと考えられており、アルゴリズムに使用されるデータを収集し、集約し、洗浄し、組織化するといった処理を含む。このアルゴリズムは発見を行ったり、モデルを作成するように設計されている。データマンジングには、データソースからのデータ抽出、あらかじめ定義されたデータ構造のパースもしくは変換

第 2 章　データマンジング

など、いくつものステップがある。データマンジングはデータラングリングと呼ばれることもある。

2.1.1　データマンジングのプロセス

さて、データマンジングのプロセスとはいったい何だろう？　すでに述べたように、データは様々な形式で存在し、データサイエンスのプロセスでは複数のデータソースからのデータが必要となる。このデータ集約段階には、Web サイトからのデータのスクレイピング、多くの .txt や .log ファイルのダウンロード、あるいは RDBMS や NoSQL からのデータの収集などがある。

データサイエンスのプロセスでそのまま用いることができる形式のデータが見つかることは、非常にまれである。取得したデータは大抵の場合、モデリングや分析には適さない形式である。また大抵の場合、アルゴリズムは、データが表形式や行列形式で格納されることを必要とする。収集した生データを要求し合う形式に変換するこの段階は、とても複雑で時間を要するものになり得る。しかし、この段階は、これから実行するデータ分析の基盤となる。

あらかじめアルゴリズムを与えることは、データ構造を決定するのに都合が良い。このデータ構造は、その解決課題の特性に基づいて決定される。設計した、もしくはこれから設計するアルゴリズムは、このデータ構造のみしか受け付けないものであってはならない。しかし一方で、簡単にパターンを同定したり、外れ値を見つけたり、発見を行ったり、期待されたものが何であろうとも、それに見合わなくてはならない。

どのようにデータを構造化するかを決めた後は、それを達成するプロセスを決める。これはパイプラインのようなもので、いくつかのデータ形式を受理し、あらかじめ定義された形式で意味のあるデータを出力する。この段階はいくつもの手順で構成される。これらの手順には、データのある形式から別の形式への変換（この変換は文字列操作や正規表現が必要だったり、そうでない場合もある）や、欠損値や外れ値の検出が含まれる。

一般的に、データサイエンスの問題は 2 種類のデータを中心に展開する。これら 2 種類のデータは、カテゴリカルデータか数値データである。これらはラベルを伴い、いくつかのグループで作られる。例えば、天気はカテゴリカルな特徴量を持つものとして扱うことができる。天気には、晴れ、曇り、雨、霧、雪などがある。背景の値がデータの群の 1 つに関連付けられたときに（データはラベルの下に割り当てられる）、ラベルが形成される。これらのラベルはユニークな特徴を持ち、算術演算には適用することができない。

数値データはより一般的で、例えば、気温などがある。気温は浮動小数点型の数値で表現されており、当然、算術演算を行うことができる。すべての値は、データ集合内の他の値と比較可能で、相互に直接関係にあると言える。

2.2　DataFrame とは何か？

DataFrame はデータ構造の一種で、ラベルを持つ列からなるデータ構造である。この列は、それぞれ個別に異なるデータ型を持つことができる。SQL のテーブルやスプレッドシートのよ

うに、二次元のデータである。それは辞書のリストと考えることもできるが、根本的にはそれとは異なる。

DataFrame は統計分析用に推奨されているデータ構造である。Julia は `DataFrames.jl` と呼ばれるパッケージを提供しており、これは DataFrame を扱うのに必要なすべての関数が含まれている。

Julia の DataFrame パッケージは、以下の 3 種類のデータ型を提供する。

- `NA`：Juila における欠損値は、特殊なデータ型である NA で表現される。
- `DataArray`：Julia の標準のライブラリで定義されているこの配列型は、多数の機能を持つ。しかし、データ分析で用いる特殊な機能は提供していない。`DataFrames.jl` で提供される DataArray は、いくつかの欠損値を配列に保存するなどの機能を提示する。
- `DataFrame`：DataFrame は、スプレッドシートと同様の二次元のデータ構造である。R や pandas の DataFrame と非常に類似しており、データの表現や分析に用いる多くの機能を提示する。

2.2.1　NA データ型とその重要性

現実世界では、欠損値を持つデータによく遭遇する。データに欠損値が存在することは一般的なことであるが、欠損値を扱う機能は Julia のデフォルトの設定では提供されていない。この機能は `DataFrames.jl` パッケージで追加される。DataFrames パッケージは DataArray パッケージとともに使われ、DataArray パッケージが NA データ型を提供する。多重ディスパッチは Julia の最も強力な機能であり、NA はその 1 つである。Julia は NA データ型を持っており、これはシングルトンオブジェクト（訳注：そのクラスのインスタンスが 1 つしか生成されないことを保証するオブジェクト）である NA を提供し、欠損値を表現するために用いる。

なぜ NA データ型が必要なのだろうか？

例えば、以下のような浮動小数点数のデータ集合を持っていると仮定する。

```
julia> x = [1.1, 2.2, 3.3, 4.4, 5.5, 6.6]
```

これは 6 個の要素の `Array{Float64,1}` を作成する。

さらに、ここでこのデータ集合の [1] の位置に欠損値が格納されているとしよう。すなわち、`1.1` のあった場所に、値が存在しない。これは Julia の配列型によって表現できない。NA 値を代入しようとすると、以下のようなエラーが起きるだろう。

```
julia> x[1] = NA
LoadError: UndefVarError: NA not defined
while loading In[2], in expression starting on line 1
```

したがって、そのままでは NA 値を今作成した配列に加えることはできない。

第2章　データマンジング

　そこで、NA 値を含む配列にデータを入れるために、DataArray を用いる。これはデータ集合内に NA 値を格納することを可能にする。

```julia
julia> using DataArrays
julia> x = DataArray([1.1, 2.2, 3.3, 4.4, 5.5, 6.6])
```

　これは、DataArrays.DataArray{Float64,1} の 6 個の要素を生成する。NA 値を配列に入れようとすると、以下のような出力が得られる。

```julia
julia> X[1] = NA
NA
julia> x
6-element DataArrays.DataArray{Float64,1}:
NA
2.2
3.3
4.4
5.5
6.6
```

　このように、DataArray によって欠損値 NA を扱うことができる。もう 1 つの特徴は、そのデータ集合に適用された関数に、NA が常に影響を与えるわけではない点である。そのため、処理に NA 値を含めない、あるいは NA 値に影響を受けないメソッドは、NA 値を持ったデータ集合に適用できる。もしそのメソッドが NA 値を含めて処理する場合は、結果に NA 値を返す。
　次の例では、x に平均関数と true || x を適用している。mean 関数は NA 値も含めて処理するので、うまく機能しない。しかし、true || x は期待どおりに動作する。

```julia
julia> true || x
True

julia> true && x[1]
NA

julia> mean(x)
NA

julia> mean(x[2:6])
4.4
```

-24-

2.2.2 DataArray：シリーズ[※1]様のデータ構造

Julia の標準の Array 型では欠損値（NA）を持ったデータ集合を扱えない。前節で、どのように DataArray 型が欠損値を持ったデータ集合を扱うかを議論した。

Julia の Array 型に類似する他のしくみが存在する。DataArray は、Vector（ベクトル）型（一次元 Array 型）の変型版である DataVector と、Matrix（行列）型（二次元 Array 型）の変型版である DataMatrix を提供する。

一次元の DataArray の作成は Array の作成と同様である。

```
julia> using DataArrays
julia> dvector = data([10,20,30,40,50])
5-element DataArrays.DataArray{Int64,1}:
10
20
30
40
50
```

ここでは Array の場合と異なり、欠損値を持つことができる。同様に、二次元の DataArray を作成でき、これは DataMatrix となる。

```
julia> dmatrix = data([10 20 30; 40 50 60])
2x3 DataArrays.DataArray{Int64,2}:
10 20 30
40 50 60
julia> dmatrix[2,3]
60
```

前の例では、平均の計算にスライシングを用いた。これは関数を適用する際に欠損値を除去したり、欠損値を考慮しないようにするための便利な方法ではない。より上手い方法は以下のように dropna を用いることである。

```
julia> dropna(x)
5-element Array{Float64,1}:
2.2
3.3
4.4
```

訳注※1　ここでのシリーズは、Python の pandas シリーズ（Series）を意味する。

第 2 章　データマンジング

```
5.5
6.6
```

2.2.3　DataFrame：表形式のテーブルデータ構造

　議論の余地はあるが、DataFrame（データフレーム）は統計計算において最も重要で一般的なデータ型であり、R (data.frame) や Python (Pandas) にもこの型が存在する。これは、実世界のデータのすべてのデータはほとんど表形式やスプレッドシート様の形式をしているという実情による。これは、以下のように単純な DataArray によって表現できない。

```
julia> df = DataFrame(Name = ["Ajava Rhodiumhi", "Las Hushjoin"],
          Count = [14.04, 17.3],
          OS = ["Ubuntu", "Mint"])
```

```
julia> df
2x3 DataFrames.DataFrame
| Row | Name              | Count | OS        |
|-----|-------------------|-------|-----------|
| 1   | "Ajava Rhodiumhi" | 14.04 | "Ubuntu"  |
| 2   | "Las Hushjoin"    | 17.3  | "Mint"    |
```

　例えば、このデータ集合は DataArray では表現できない。このデータ集合は、DataArray では表現できないため、次のような特徴を持っている。

- このデータ集合は列ごとに異なる型のデータを持っている。列ごとの異なるデータ型は Array 型を用いて表現できない。Matrix 型は 1 種類の型の値のみを持つことができる。
- DataFrame は表形式のデータ構造であり、レコードはそれと同じ行の異なる列のレコードと関連をもつ。そのため、すべての列が同じ長さを持っていなければならない。Vector では同じ長さの列を強制的に設定することができないため、Vector を用いることができない。したがって、DataFrame の列は DataArray で表現される。
- 前述の例を見れば、列にラベルが付いていることがわかる。このラベルは、簡単にデータの概要を把握したり、正確な位置を記憶する必要なく列にアクセスすることに役立つ。そのため、数値指標によっても、またラベルによっても、列にアクセスすることができる。

　したがって、これらの理由から、DataFrame パッケージが使われ、列が DataArrays 型の表形式のデータの表現に DataFrame が用いられる。

　この例では、以下のように DataFrame を作成した。

```
julia> df = DataFrame(Name = ["Ajava Rhodiumhi", "Las Hushjoin"],
Count = [14.04, 17.3],
```

－ 26 －

```
    OS = ["Ubuntu", "Mint"])
```

キーワード引数を用いると、カラムの名前を定義できる。
以下のように、新たな DataFrame を作成して別の例を見てみよう。

```
julia> df2 = DataFrame()

julia> df2[:X] = 1:10

julia> df2[:Y] = ["Head", "Tail",
"Head", "Head",
"Tail", "Head",
"Tail", "Tail",
"Head", "Tail"]
julia> df2
```

作成された DataFrame の大きさを確認するために、以下のように size 関数を用いる。

```
julia> size(df2)
(10, 2)
```

ここで、10 は行の数、2 は列の数を表す。
　データ集合の最初の数行を見るには、以下のように head() を用い、最後の数行を見るには
tail() 関数を用いる。

```
Julia> head(df2)
```

```
julia> head(df2)
6x2 DataFrames.DataFrame
| Row | X | Y        |
|-----|---|--------|
| 1   | 1 | "Head" |
| 2   | 2 | "Tail" |
| 3   | 3 | "Head" |
| 4   | 4 | "Head" |
| 5   | 5 | "Tail" |
| 6   | 6 | "Head" |
```

DataFrame の列に名前を付けたので、この名前を用いて列にアクセスできる。
例えば、次のとおりである。

第 2 章　データマンジング

```
julia> df2[:X]
10-element DataArrays.DataArray{Int64,1}:
 1
 2
 3
 4
 5
 6
 ...
```

多数の列を持つ実世界のデータ集合についても、意味のある名前を列につけることができる。よって、数値指標を記憶することなく、簡単にカラムにアクセスすることができる。

必要に応じて、rename 関数でこれらの列の名前を変えることができる。

```
Julia> rename!(df2, :X, :newX)
```

複数の名前の変更を行うときは、次のように行う。

```
julia> rename!(df2, {:X => :newX, :Y => :newY})
```

しかしここでは、使い勝手が良いもとの列名を用いる。

Julia は describe() と呼ばれる関数も提供しており、データ集合全体を要約する。以下のように、多数の列を持つデータ集合にとって、これは非常に役に立つ。

```
julia> describe(df2) X
Min 1.0
1st Qu. 3.25
Median 5.5
Mean 5.5
3rd Qu. 7.75
Max 10.0
NAs 0
NA% 0.0%

Y
Length 10
Type ASCIIString
NAs 0
```

－28－

```
NA% 0.0%
Unique 2
```

2.2.4　DataFrames.jl のインストールと使用法

`DataFrames.jl` は Julia のパッケージに登録されているため、インストールはとても簡単であり、次のように行う。

```
Julia> Pkg.update()
julia> Pkg.add("DataFrames")
```

これは現在の名前空間にすべての必要なパッケージを追加する。`DataFrames` パッケージの使用は、以下のように行う。

```
julia> using DataFrames
```

学習目的でよく用いられる、有名なデータ集合を持つのも良い。このようなデータ集合は `RDatasets` パッケージにある。

```
Julia> Pkg.add("RDatasets")
```

使用可能な R パッケージのリストは以下のようにして表示する。

```
julia> Rdatasets.packages()
```

すると、以下のこの出力が見られる。

```
datasets - The R Datasets Package
```

これは R で使用可能なデータ集合を示す。この `dataset` は以下のように用いる。

```
using RDatasets
iris_dataset = dataset("datasets", "iris")
```

ここで、`dataset` は 2 つの引数を取る関数である。
1 番目の引数はパッケージ名で、2 番目は読み込みたいデータ集合名である。
次の例では、有名な iris データ集合をメモリに読み込んでいる。`dataset()` 関数が `DataFrame` を返しているのがわかるだろう。データ集合は 5 つの列、すなわち `SepalLength`、`SepalWidth`、`PetalLength`、`PetalWidth`、および `Species` を持つ。こ

第2章　データマンジング

れは、理解しやすく、各品種から取り出された多数の標本の萼片および花弁の長さと幅の測定データである。これは、後の品種の識別に用いることができる。

```julia
julia> head(iris_dataset)
6x5 DataFrames.DataFrame
| Row | SepalLength | SepalWidth | PetalLength | PetalWidth |
|-----|-------------|------------|-------------|------------|
| 1   | 5.1         | 3.5        | 1.4         | 0.2        |
| 2   | 4.9         | 3.0        | 1.4         | 0.2        |
| 3   | 4.7         | 3.2        | 1.3         | 0.2        |
| 4   | 4.6         | 3.1        | 1.5         | 0.2        |
| 5   | 5.0         | 3.6        | 1.4         | 0.2        |
| 6   | 5.4         | 3.9        | 1.7         | 0.4        |

| Row | Species    |
|-----|------------|
| 1   | "setosa"   |
| 2   | "setosa"   |
| 3   | "setosa"   |
| 4   | "setosa"   |
| 5   | "setosa"   |
| 6   | "setosa"   |
```

　実際のデータサイエンスの問題は、一般的に人工的にランダムに生成されたデータ、もしくはコマンドラインから読み込まれるデータを扱うものではない。ファイルやその他の外部ソースから読み込まれたデータを扱う。これらのファイルは様々な形式のデータを持っており、DataFrame に読み込む前の処理が必要なことがある。

　Julia は readtable() 関数を提供しており、これは dataframe に表ファイルを読み込むときに用いることができる。一般的に我々が扱うデータ集合は、カンマ区切りやタブ区切り形式（CSV や TSV）である。readtable() 関数は、これらを非常に良く扱うことができる。

　readtable() 関数に引数として、UTF8String のファイルの位置とセパレータ（分割子）の型を与える。デフォルトのセパレータ型は CSV のカンマ（','）、TSV のタブ（'/t'）、WSV の空白（' '）である。

　以下の例では、readtable() 関数でサンプルの iris データ集合を DataFrame に読み込む。

　iris データ集合は RDatasets から使用できるが、外部データ集合を扱う作業を経験するために、CSV をダウンロードする。iris の CSV は次の場所からダウンロードできる。https://github.com/scikit-learn/scikit-learn/blob/master/sklearn/datasets/data/iris.csv

　ダウンロードした CSV はカレントディレクトリに配置することを覚えておこう。カレントディレクトリは、REPL を開始したディレクトリで、一般的には ~home/<username> ディレクトリである。

```
julia> using DataFrames
julia> df_iris_sample =
  readtable("iris_sample.csv",
  separator = ',')
julia> df_iris_sample
```

これは前の例で使ったのと同じデータ集合であるが、今回は CSV ファイルからデータを読み込んでいる。

この readtable() は TSV、WSV や TXT などの他のテキストベースのデータ集合に対して同様に使うことができる。これと同一の iris データ集合が、TSV、WSV または TXT の形式になっているとする。readtable() はそれを以下のように同様に使うことができる。

```
julia> df_iris_sample = readtable("iris_dataset.tsv",
  separator='\t')
```

そして、ヘッダが無く「;」で区切られているデータ集合を扱う場合には、次のようにして readtable() 関数を用いる。

```
julia> df_random_dataset = readtable("random_dataset.txt",
  header=false, separator=';')
```

readtable() は Julia の多重ディスパッチの機能を活用しており、異なる振る舞いをするメソッドが実装されている。

```
julia> methods(readtable)
3 methods for generic function readtable:
readtable(io::IO) at
/home/anshul/.julia/v0.4/DataFrames/src/dataframe/io.jl:820
readtable(io::IO, nbytes::Integer) at
/home/anshul/.julia/v0.4/DataFrames/src/dataframe/io.jl:820
readtable(pathname::AbstractString) at
/home/anshul/.julia/v0.4/DataFrames/src/dataframe/io.jl:930
```

readtable() 関数に、3 つのメソッドがあることがわかる。

これらのメソッドは、データ読み込みを簡単にしたり、様々なデータ形式をサポートするため、次のようないくつかのオプションを実装している。

• header::Bool：我々が用いた iris の例では、SepalLength (萼片の長さ) や

-31-

第 2 章　データマンジング

SepalWidth（萼片の幅）などのヘッダを持っていた。このことがデータの記述を容易にしている。しかし、ヘッダは常にデータ集合に付与されているとは限らない。`header` のデフォルトの値は `true`（真）である。したがって、データにヘッダがない場合は、`false`（偽）を引数に与える。

- `separator::Char`：ファイル内のデータは、表形式の構造になるように構成されていなければならない。これには通常、「,」や「\t」、「;」、時にはそれらの組み合わせが用いられる。`readtable()` はセパレータ型をファイルの拡張子から推測するが、手動でそれを設定するのは良い習慣である。

- `nastrings::Vector{ASCIIString}`：データに欠損値やその他の値が存在していて、それらを NA で置き換えたいとする。これは nastrings で行うことができる。デフォルトでは、空のレコードを NA に置き換える。

- `truestrings::Vector{ASCIIString}`：これは文字列をブール値の true に変換する。文字列集合をデータ集合内の true として扱いたい時に使われる。何も引数が与えられなかった場合、デフォルトでは「True」、「true」、「T」そして「t」に変換される。

    - `falsestrings::Vector{ASCIIString}`：これは truestrings と似ているが、文字列をブール値の false に置き換える。何も引数が与えられなかった場合、デフォルトでは「False」、「false」、「F」そして「f」に変換される。

- `nrows::Int`：決まった数の行だけ `readtable()` で読み込みたい場合には、引数として nrows を用いる。デフォルトでは -1 であり、`readtable()` はファイル全体を読み込む。

- `names::Vector{Symbol}`：ヘッダで記載されているのとは別の名前を付けたい場合、names を用いる。このとき、使いたい名前を入れたベクトルを渡す。デフォルトの値は、「[ ]」である。これはつまり、ヘッダに名前があるならそれを使い、そうでないなら数値指標を用いるということである。

- `eltypes::Vector{DataType}`：eltypes でベクトルを渡すことで、列の型を指定できる。何もベクトルが渡されない場合「[ ]」、デフォルトの空のベクトルになる。

- `allowcomments::Bool`：データ集合内にコメントを含む場合がある。これらのコメントは無視することができる。デフォルトの値は `false` である。

- `commentmark::Char`：allowcomments を用いる場合、コメントの開始を示す文字（シンボル）を指定する必要がある。デフォルトではこれは「#」である。

- `ignorepadding::Bool`：データ集合は、我々が望むほどには完全ではないこともあり、そのようなレコードはどちらかの端に空白文字が含まれていることもある。ignorepadding を使うことでこれを無視することができる。デフォルトの値は true である。

- `skipstart::Int`：データ集合にはヘッダとともにデータの説明のための望まない行を持っているものや、あるいは単に最初のいくつかの行を飛ばしたいことがある。これは skipstart によりスキップする行の数を指定することでなされる。デフォルトでは 0 であり、ファイル全体を読み込む。

- `skiprows::Vector{Int}`：データの中でいくつか決まった行を飛ばしたい場合、

skiprows を使う。そのときはベクトルで飛ばしたい行のインデックスを指定するだけである。デフォルトの値は「[ ]」でファイル全体を読み込む。

- `skipblanks::Bool`：既に述べたように、データ集合は完全でないこともあり、Web からスクレイピングしたときや、その他のソースからデータを抽出したいときなどには、いくつか空白行を持つことがある。これらの空白行は skipblanks で飛ばすことができる。デフォルトは true であるが、空白行を飛ばしたくなければ、その他を選択することができる。
- `encoding::Symbol`：ファイルのエンコードが UTF8 以外の場合に指定することができる。

(1) データのファイルへの書き込み

　ファイルに結果を出力したり、データ集合を整形して保存したりしたい場合もあるだろう。Julia では、`writetable()` 関数でこれを行う。これは前の節で述べた `readtable()` 関数と非常によく似ている。

　例えば、`df_iris_sample` DataFrame を CSV ファイルに書き込みたい際には以下のようにする。

```
julia> writetable("output_df_iris.csv", df_iris_sample)
```

　これはデフォルトの引数の設定でファイルに書き込む方法である。1 つの明らかな違いは、書き込みたいファイルの名前と一緒に DataFrame をわたしている点である。

　`writetable()` は `readtable()` と同様に、様々な引数をとる。

　また、セパレータを指定して、上記のコードを次のように書くこともできる。

```
julia> writetable("output_df_iris.csv", df_iris_sample,
separator = ',')
```

　同様に、ヘッダや引用符を引数で指定することができる。

2.2.5　DataFrame の操作

　データを操作するにあたり、いくつかの伝統的な方法に従って習得していこう。本節ではこれらの戦略や方法について一通り見ていき、データサイエンスでそれらがどのくらい、なぜ重要なのかについて解説する。

(1) DataFrame 結合操作の理解

　いくつものデータ集合を扱っていると、解析を容易にしたり、特定の関数で用いたりするために、ある特定のやり方でデータ集合を統合する必要があることがよくある。

　イギリスの交通省が OGL (Open Goverment Licence) のもと公開している、路上安全

データを用いる。

　データ集合は次の URL で見つけられる。

https://data.gov.uk/dataset/road-accidents-safety-data

　ここでは次の 2 つのデータ集合を用いる。

- Road Safety：Accidents 2015
- Road Safety：Vehicles 2015

DfTRoadSafety_Accidents_2015 に は、Accident_Index、Location_Easting_OSGR、Location_Northing_OSGR、Longitude、Latitude、Police_Force、Accident_Severity、Number_of_Vehicles、Number_of_Casualties、Date、Day_of_Week、Time などの列がある。

DfTRoadSafety_Vehicles_2015 には、Accident_Index、Vehicle_Reference、Vehicle_Type、Towing_and_Articulation、Vehicle_Manoeuvre、Vehicle_Location-Restricted_Lane、Junction_Location、Skidding_and_Overturning、Hit_Object_in_Carriageway などの列がある。

　この中で、Accident_Index が共通で、固有のフィールドであることがわかる。これは、データ集合の中でインデックスとして用いられている。

　まず、DataFrames パッケージを使用可能にして、それからこれらのデータをロードする。データは前述した readtable 関数で 2 つの異なる DataFrame に読み込む。

```
julia> using DataFrames

julia> DfTRoadSafety_Accidents_2015 =
readtable("DfTRoadSafety_Accidents_2015.csv")

julia> head(DfTRoadSafety_Accidents_2015)
```

```
head(DfTRoadSafety_Accidents_2015)
```

	_Accident_Index	Location_Easting_OSGR	Location_Northing_OSGR	Longitude	Latitu
1	201501BS70001	525130	180050	-0.198465	51.50
2	201501BS70002	526530	178560	-0.178838	51.49
3	201501BS70004	524610	181080	-0.20559	51.51
4	201501BS70005	524420	181080	-0.208327	51.51
5	201501BS70008	524630	179040	-0.206022	51.49
6	201501BS70009	525480	179530	-0.19361	51.50

　最初のデータ集合は DataFrame に読み込まれ、head 関数を用いて情報を取り出すことができる。head 関数で最初の数列が得られる。

　列の名前をもっと知りたい場合は、names 関数で知ることができる。

```
julia> names(DfTRoadSafety_Accidents_2015)
32-element Array{Symbol,1}:
 :Accident_Index
 :Location_Easting_OSGR
 :Location_Northing_OSGR
 :Longitude
 :Latitude
 :Police_Force
 :Accident_Severity
 :Number_of_Vehicles
 :Number_of_Casualties
 :Date
 :Day_of_Week
 :Time
 :Local_Authority_District_
 :x2nd_Road_Class
 :x2nd_Road_Number
 :Pedestrian_Crossing_Human_Control
 :Pedestrian_Crossing_Physical_Facilities
 :Light_Conditions
 :Weather_Conditions
 :Road_Surface_Conditions
 :Special_Conditions_at_Site
```

第 2 章　データマンジング

```
:Carriageway_Hazards
:Urban_or_Rural_Area
:Did_Police_Officer_Attend_Scene_of_Accident
:LSOA_of_Accident_Location
```

同様にして、2 番目のデータ集合を DataFrame に読み込むことができる。

```
julia> DfTRoadSafety_Vehicles_2015 =
readtable("DfTRoadSafety_Vehicles_2015.csv")
```

これで 2 番目のデータ集合がメモリに読み込まれる。

後ほど詳しく掘り下げるが、ここではまず 2 つのデータ集合を完全外部結合しよう。2 つの
データ集合の結合は、どの車両がどの事故に関わったかを教えてくれる。

```
julia> DfTRoadSafety_Vehicles_2015 =
readtable("DfTRoadSafety_Vehicles_2015.csv")

julia> full_DfTRoadSafety_2015 =
join(DfTRoadSafety_Accidents_2015,
DfTRoadSafety_Vehicles_2015,
on = :Accident_Index)
```

head(full_DfTRoadSafety_2015)

	_Accident_Index	Location_Easting_OSGR	Location_Northing_OSGR	Longitude	Latitu
1	201501BS70001	525130	180050	-0.198465	51.50
2	201501BS70002	526530	178560	-0.178838	51.49
3	201501BS70004	524610	181080	-0.20559	51.51
4	201501BS70005	524420	181080	-0.208327	51.51
5	201501BS70008	524630	179040	-0.206022	51.49
6	201501BS70008	524630	179040	-0.206022	51.49

完全外部結合はうまく動作したことがわかる。これで、事故の時刻、車両の場所、さらに様々
な詳細のデータを得られた。

結合の利点は、結合は非常に実行が容易で、大きなデータ集合であっても非常に速いことで
ある。

関係データベースではその他の結合も可能であることを既に学んだ。Julia の DataFrames
パッケージは、次の結合も提供している。

－36－

- **内部結合 (inner join)**：両方の DataFrame に含まれるキーの行のみから成る DataFrame を出力する。
- **左結合 (left join)**：出力 DataFrame は 1 番目（左）の DataFrame に出現したキーの行から成る。そのとき 2 番目（右）の DataFrame に含まれるものは関与しない。
- **右結合 (right join)**：出力 DataFrame は 2 番目（右）の DataFrame に出現したキーの行から成る。そのとき 1 番目（左）の DataFrame に含まれるものは関与しない。
- **外部結合 (outer join)**：出力 DataFrame は、結合した 1 番目（左）のもしくは 2 番目（右）の DataFrame に出現したキーの行から成る。
- **半結合 (semi join)**：出力 DataFrame は 1 番目（左）と 2 番目（右）の両方に出現したキーのうち、1 番目（左）の DataFrame の行のみから成る。出力には 1 番目の DataFrame からの行のみ含まれる。
- **逆結合 (anti join)**：出力 DataFrame は 1 番目（左）の行のうち、2 番目（右）の DataFrame に出現しないキーの行から成る。出力には 1 番目の DataFrame からの行のみ含まれる。
- **交差結合 (cross join)**：出力 DataFrame は 1 番目（左）と 2 番目（右）の行の、直積の行からなる。

交差結合はキーとは無関係である。したがって、以下のような使い方も可能である。

```julia
julia> cross_DfTRoadSafety_2014 = join(DfTRoadSafety_Accidents_
2014, DfTRoadSafety_Vehicles_2014, kind = :cross)
```

ここで、実行したい結合の種類を渡すために kind 引数を用いた。他の結合でもこの引数を用いて実行する。

実行したい結合の種類は、kind 引数を用いて指定する。

より単純なデータ集合を用いてこれを理解しよう。DataFrame を作成し、それに異なる結合を適用する。

```julia
julia> left_DfTRoadSafety_2014 = join(DfTRoadSafety_Accidents_
2014, DfTRoadSafety_Vehicles_2014, on = :Accident_Index,
kind = :left)
```

左結合は、次のようにする。

```julia
julia> Cities = ["Delhi","Amsterdam","Hamburg"][rand(1:3, 10)]
```

第2章　データマンジング

```julia
julia> df1 = DataFrame(Any[[1:10], Cities,
        rand(10)], [:ID, :City, :RandomValue1])

julia> df2 = DataFrame(ID = 1:10, City = Cities,
        RandomValue2 = rand(100:110, 10))
```

　これは10行からなる2つのDataFrameを作成した。1番目のDataFrame df1は3つの列（ID、City、RandomValue1）を有する。2番目のDataFrame df2は3つの列（ID、City、RandomValue2）を有する。
　完全外部結合を適用するには、次のようにする。

```julia
julia> full_df1_df2 = join(df1,df2,
            on = [:ID, :City])
```

　結合を適用するにあたって2つの列を使用した。これは以下を生成する。

	ID	City	RandomValue1	RandomValue2
1	2	Amsterdam	0.45225250816056284	100
2	3	Amsterdam	0.45097306910048696	107
3	8	Amsterdam	0.5567617467537034	102
4	9	Amsterdam	0.29952715400087837	107
5	4	Delhi	0.9703172728242426	106
6	5	Delhi	0.7235992085381457	100
7	6	Delhi	0.9517456514707969	101
8	7	Delhi	0.32919783621458265	103
9	10	Delhi	0.5552632497124872	101
10	1	Hamburg	0.2965785054730816	110

　他の結合もkind引数を用いて適用できる。前に使った事故と車両のデータ集合で見てみよう。
　引数kindを用いた異なる結合は次のとおりである。

```julia
julia> right_DfTRoadSafety_2014 = join(DfTRoadSafety_Accidents_
2014, DfTRoadSafety_Vehicles_2014, on = :Accident_Index,
kind = :right)
```

－ 38 －

```
julia> inner_DfTRoadSafety_2014 = join(DfTRoadSafety_Accidents_
2014, DfTRoadSafety_Vehicles_2014, on = :Accident_Index,
kind = :inner)

julia> outer_DfTRoadSafety_2014 = join(DfTRoadSafety_Accidents_
2014, DfTRoadSafety_Vehicles_2014, on = :Accident_Index,
kind = :outer)

julia> semi_DfTRoadSafety_2014 = join(DfTRoadSafety_Accidents_
2014, DfTRoadSafety_Vehicles_2014, on = :Accident_Index,
kind = :semi)

julia> anti_DfTRoadSafety_2014 = join(DfTRoadSafety_Accidents_
2014, DfTRoadSafety_Vehicles_2014, on = :Accident_Index,
kind = :anti)
```

2.2.6　分割－適用－統合戦略

　Hadley Wickham により公表された論文は (Wickham, Hadley. "The split-apply-combine strategy for data analysis." *Journal of Statistical Software* 40.1（2011）: 1-29)、データ分析のための分割－適用－統合の戦略を定義している。この論文のなかで彼は、大きい問題を管理しやすいサイズに分割し、それぞれ個別に操作し、必要な結果を取得して最後に１つにまとめるやり方がなぜ良いのかを説明した。

　なぜかと言うと、データ集合が多くの列を持っているとき、いくつかの操作においては、列のすべてを必要とするわけではないからである。データ集合を分割して必要な関数を適用する方が良く、そうすることで、いつでもデータ集合を１つに戻すことができる。

　これは、次の３つの引数を取る by 関数を使うことで実行できる。

- DataFrame（これは分割したい DataFrame である）
- 分割しようとしている DataFrame の列の名前（もしくは数字でのインデックス）
- DataFrame のすべての部分集合に適用できる関数

同じデータ集合に by 関数を適用してみよう。

第 2 章　データマンジング

```
julia> by(DfTRoadSafety_Accidents_2014, :Location_Northing_OSGR, size)
96296x2 DataFrames.DataFrame
| Row  | Location_Northing_OSGR | x1     |
|------|------------------------|--------|
| 1    | 10304                  | (1,32) |
| 2    | 10620                  | (1,32) |
| 3    | 13264                  | (1,32) |
| 4    | 16554                  | (1,32) |
| 5    | 17181                  | (1,32) |
| 6    | 19800                  | (1,32) |
| 7    | 21245                  | (1,32) |
| 8    | 22410                  | (1,32) |
:
```

　aggregate() 関数は分割－適用－統合戦略を適用できる別の方法である。aggregate()
関数は同様に次の 3 つの引数をとる。

- DataFrame（これは分割したい DataFrame である）
- 分割しようとしている DataFrame の列の名前（もしくは数字でのインデックス）
- DataFrame のすべての部分集合に適用できる関数

　3 番目の引数で渡された関数は、DataFrame の分割に使われなかったすべての列に適用される。

2.2.7　データの再成形

　用途によっては、現時点で持っているものとは異なる形のデータが必要なこともある。これをやりやすくするために、Julia はデータの再成形機能を提供している。
　これまでと同じデータ集合を使ってみるが、その前にデータ集合のサイズを調べよう。

```
julia> size(DfTRoadSafety_Accidents_2014)
(146322,32)
```

　100,000 以上の行数があることがわかる。このデータをそのまま使うこともできるが、理解しやすくするために、もっと小さなデータ集合にしよう。
　RDataSets で提供されているデータ集合は、何かを始めるときにはとても使いやすい。ここでは、試行および検証済みの iris データ集合を使ってみよう。
　（もし新規ターミナルセッションを立ち上げたのであれば、）以下のように RDataset と DataFrames をインポートする。

```
julia> using RDatasets, DataFrames
```

　すると、iris データ集合が DataFrame に読み込まれ、このデータ集合が以下のように、150

－40－

行、5 列からなることがわかる。

```
julia> iris_dataframe = dataset("datasets", "iris")
150x5 DataFrames.DataFrame
| Row | SepalLength | SepalWidth | PetalLength | PetalWidth | Species   |
|-----|-------------|------------|-------------|------------|-----------|
| 1   | 5.1         | 3.5        | 1.4         | 0.2        | "setosa"  |
| 2   | 4.9         | 3.0        | 1.4         | 0.2        | "setosa"  |
| 3   | 4.7         | 3.2        | 1.3         | 0.2        | "setosa"  |
| 4   | 4.6         | 3.1        | 1.5         | 0.2        | "setosa"  |
| 5   | 5.0         | 3.6        | 1.4         | 0.2        | "setosa"  |
| 6   | 5.4         | 3.9        | 1.7         | 0.4        | "setosa"  |
| 7   | 4.6         | 3.4        | 1.4         | 0.3        | "setosa"  |
| 8   | 5.0         | 3.4        | 1.5         | 0.2        | "setosa"  |
:
```

　ここで、データ集合を再成形するために、stack() 関数を用いる。DataFrame 以外の引数なしでこの関数を使ってみよう。

　stack 関数は各カテゴリ変数に 1 つひとつすべての情報を持った DataFrame を作成する。

```
julia> iris_stackdf = stackdf(iris_dataframe)
600x3 DataFrames.DataFrame
| Row | variable    | value | Species   |
|-----|-------------|-------|-----------|
| 1   | SepalLength | 5.1   | "setosa"  |
| 2   | SepalLength | 4.9   | "setosa"  |
| 3   | SepalLength | 4.7   | "setosa"  |
| 4   | SepalLength | 4.6   | "setosa"  |
| 5   | SepalLength | 5.0   | "setosa"  |
| 6   | SepalLength | 5.4   | "setosa"  |
| 7   | SepalLength | 4.6   | "setosa"  |
| 8   | SepalLength | 5.0   | "setosa"  |
:
```

　データ集合が積み上げられたことがわかる。ここではすべての列を積み上げた。積み上げる列を指定することもできる。

```
Julia> iris_dataframe [:id] = 1:size(iris_dataframe, 1)
# 列の id を追跡する新規の列を作成する

Julia> iris_stack = (iris_dataframe, [1:4])
```

　第 2 引数で積み上げたい列を指定している。出力結果で、第 1 列から第 4 列までが積み上げられたことを確認できる。これはつまり、データ集合を新しい DataFrame に再成形したことを意味する。

第2章　データマンジング

```
Julia> iris_stack = stack(iris_dataframe, [1:4])

Julia> size(iris_stack)
(600,4)
Julia> head(iris_stack)
```

	variable	value	Species	id
1	SepalLength	5.1	setosa	1
2	SepalLength	4.9	setosa	2
3	SepalLength	4.7	setosa	3
4	SepalLength	4.6	setosa	4
5	SepalLength	5.0	setosa	5
6	SepalLength	5.4	setosa	6

　新しい列 id があることが確認できる。これは積み上げられた DataFrame の識別子である。その値は、行が繰り返された回数分、繰り返される。

　すべての列が成形後の DataFrame に含まれるので、いくつかの列では繰り返しがある。これらの列は実際にはこの DataFrame の識別子であり、列 (id) で示される。識別子の列 (id) 以外にも、variable と values の2つの列がある。これらは積み上げられた値が実際に格納されている列である。

```
| Row | variable    | value |
|-----|-------------|-------|
| 1   | SepalLength | 5.1   |
| 2   | SepalLength | 4.9   |
| 3   | SepalLength | 4.7   |
```

　第3の引数 (オプション) を渡すこともできる。これはどの値が繰り返されるかを指定する。これを用いることで、含む列と含まない列を指定できる。

2.2　DataFrameとは何か？

```
julia> iris_dataframe = stack(iris, [:PetalLength, :PetalWidth], :Species)
300x3 DataFrames.DataFrame
| Row | variable    | value | Species     |
|-----|-------------|-------|-------------|
| 1   | PetalLength | 1.4   | "setosa"    |
| 2   | PetalLength | 1.4   | "setosa"    |
| 3   | PetalLength | 1.3   | "setosa"    |
| 4   | PetalLength | 1.5   | "setosa"    |
| 5   | PetalLength | 1.4   | "setosa"    |
| 6   | PetalLength | 1.7   | "setosa"    |
| 7   | PetalLength | 1.4   | "setosa"    |
| 8   | PetalLength | 1.5   | "setosa"    |
:
```

　melt()関数はstack関数と似ているが、いくつかの特別な機能を持つ。識別子の列を指定すると、残りの列が積み上げられる。

```
Julia> iris_melt = melt (iris_dataframe, [1:4])
```

```
600x4 DataFrames.DataFrame
| Row | variable    | value | Species     | id  |
|-----|-------------|-------|-------------|-----|
| 1   | SepalLength | 5.1   | "setosa"    | 1   |
| 2   | SepalLength | 4.9   | "setosa"    | 2   |
| 3   | SepalLength | 4.7   | "setosa"    | 3   |
| 4   | SepalLength | 4.6   | "setosa"    | 4   |
| 5   | SepalLength | 5.0   | "setosa"    | 5   |
| 6   | SepalLength | 5.4   | "setosa"    | 6   |
| 7   | SepalLength | 4.6   | "setosa"    | 7   |
| 8   | SepalLength | 5.0   | "setosa"    | 8   |
:
| 592 | PetalWidth  | 2.3   | "virginica" | 142 |
| 593 | PetalWidth  | 1.9   | "virginica" | 143 |
```

　残りの列は 測定値が入っていると仮定されて積み上げられる。
　stackと異なり、meltはunstackであり、縦に長いフォーマットを横に広いフォーマットに変換する。unstack関数は、識別子（id）列と変数（variable）／値（value）列を指定する必要がある。

```
julia> unstack(iris_melt, :id, :variable, :value)
```

－43－

第2章 データマンジング

```
julia> unstack(iris_melt, :id, :variable, :value)
150x5 DataFrames.DataFrame
| Row | variable | PetalLength | PetalWidth | SepalLength | SepalWidth |
|-----|----------|-------------|------------|-------------|------------|
| 1   | 1        | 1.4         | 0.2        | 5.1         | 3.5        |
| 2   | 2        | 1.4         | 0.2        | 4.9         | 3.0        |
| 3   | 3        | 1.3         | 0.2        | 4.7         | 3.2        |
| 4   | 4        | 1.5         | 0.2        | 4.6         | 3.1        |
| 5   | 5        | 1.4         | 0.2        | 5.0         | 3.6        |
| 6   | 6        | 1.7         | 0.4        | 5.4         | 3.9        |
| 7   | 7        | 1.4         | 0.3        | 4.6         | 3.4        |
| 8   | 8        | 1.5         | 0.2        | 5.0         | 3.4        |
⋮
```

unstack の引数のうち、:id (識別子) は、残りの列が一意である場合読み飛ばされる。

```
julia> unstack(iris_melt, :variable, :value)
```

meltdf と stackdf は付加的な関数で、melt や stack のような動作をするが、もとの幅の広い DataFrame にビューも作成する。

```
Julia> iris_stackdf = stackdf(iris_dataframe)
```

```
julia> iris_stackdf = stackdf(iris_dataframe)
600x3 DataFrames.DataFrame
| Row | variable    | value | Species    |
|-----|-------------|-------|------------|
| 1   | SepalLength | 5.1   | "setosa"   |
| 2   | SepalLength | 4.9   | "setosa"   |
| 3   | SepalLength | 4.7   | "setosa"   |
| 4   | SepalLength | 4.6   | "setosa"   |
| 5   | SepalLength | 5.0   | "setosa"   |
| 6   | SepalLength | 5.4   | "setosa"   |
| 7   | SepalLength | 4.6   | "setosa"   |
| 8   | SepalLength | 5.0   | "setosa"   |
⋮
```

これは、stack 関数と完全に同じに見えるが、コンピュータ上のデータ表現を見ると違いがわかる。

コンピュータ上のデータ表現を見るには、dump が使われる。これを stack 関数に適用してみよう。

```
julia> dump(stack(iris_dataframe))
DataFrames.DataFrame  600 observations of 3 variables
  variable: Array(Symbol,(600,)) [:SepalLength,:SepalLength,:Sep
alLength,:SepalLength,:SepalLength,:SepalLength,:SepalLength,:Se
palLength,:SepalLength,:SepalLength  …  :PetalWidth,:PetalWidth,
:PetalWidth,:PetalWidth,:PetalWidth,:PetalWidth,:PetalWidth,:Pet
alWidth,:PetalWidth,:PetalWidth]
  value: DataArrays.DataArray{Float64,1}(600) [5.1,4.9,4.7,4.6]
  Species: DataArrays.PooledDataArray{ASCIIString,UInt8,1}(600)
ASCIIString["setosa","setosa","setosa","setosa"]
```

- ここで、:variable のデータ型は、Array(Symbol,(600,)) であることがわかる。
- :value のデータ型は、DataArrays.DataArray{Float64,1}(600) である。
- 識別子 (:Species) のデータ型は、DataArrays.PooledDataArray{ASCIIString, UInt8,1}(600) である。

ここで、stackdf で保存されているデータの中身を見てみよう。

```
julia> dump(stackdf(iris_dataframe))
DataFrames.DataFrame  600 observations of 3 variables
  variable: DataFrames.RepeatedVector{Symbol}
    parent: Array(Symbol,(4,)) [:SepalLength,:SepalWidth,:Peta
lLength,:PetalWidth]
    inner: Int64 150
    outer: Int64 1
  value: DataFrames.StackedVector
    components: Array(Any,(4,))
      1: DataArrays.DataArray{Float64,1}(150) [5.1,4.9,4.7,4.6
]
      2: DataArrays.DataArray{Float64,1}(150) [3.5,3.0,3.2,3.1
]
      3: DataArrays.DataArray{Float64,1}(150) [1.4,1.4,1.3,1.5
]
      4: DataArrays.DataArray{Float64,1}(150) [0.2,0.2,0.2,0.2
]
  Species: DataFrames.RepeatedVector{ASCIIString}
    parent: DataArrays.PooledDataArray{ASCIIString,UInt8,1}(15
0) ASCIIString["setosa","setosa","setosa","setosa"]
    inner: Int64 1
    outer: Int64 4
```

ここで以下のことがわかる。

- :variable のデータ型は、DataFrames.RepeatedVector{Symbol} である。変数は n 回繰り返され、n は元の AbstractDataFrame の行数である。
- :value のデータ型は、DataFrames.StackedVector である。これは、もとの DataFrame のように、積み上げた列の表示を容易にする。
- 識別子 (:Species) のデータ型は、Species:DataFrames.RepeatedVector

第2章　データマンジング

{ASCIIString} である。もとの列は n 回繰り返され、n は積み上げられた列の数である。

　これらの AbstractVectors を用いて、ビューの作成が可能になり、この実装によってメモリを節約できる。

　再成形関数は集約を行う機能を提供していない。したがって、集約を行うために、分割−適用−統合戦略の組み合わせを再成形と共に用いる。

　以下のように iris_stack を用いる。

```
julia> iris_stack = stack(iris_dataframe)
```

```
julia> iris_mean_stack = by(iris_stack, [:variable, :Species],
 df -> DataFrame(iris_mean = mean(df[:value])))
12x3 DataFrames.DataFrame
| Row | variable    | Species       | iris_mean |
|-----|-------------|---------------|-----------|
| 1   | PetalLength | "setosa"      | 1.462     |
| 2   | PetalLength | "versicolor"  | 4.26      |
| 3   | PetalLength | "virginica"   | 5.552     |
| 4   | PetalWidth  | "setosa"      | 0.246     |
| 5   | PetalWidth  | "versicolor"  | 1.326     |
| 6   | PetalWidth  | "virginica"   | 2.026     |
| 7   | SepalLength | "setosa"      | 5.006     |
| 8   | SepalLength | "versicolor"  | 5.936     |
| 9   | SepalLength | "virginica"   | 6.588     |
| 10  | SepalWidth  | "setosa"      | 3.428     |
| 11  | SepalWidth  | "versicolor"  | 2.77      |
| 12  | SepalWidth  | "virginica"   | 2.974     |
```

これで、種類毎の列の平均値を持つ新しい列を作成できた。あとはこれを unstack する。

```
julia> unstack(iris_mean_stack, :Species, :iris_mean)
4x4 DataFrames.DataFrame
| Row | variable    | setosa | versicolor | virginica |
|-----|-------------|--------|------------|-----------|
| 1   | PetalLength | 1.462  | 4.26       | 5.552     |
| 2   | PetalWidth  | 0.246  | 1.326      | 2.026     |
| 3   | SepalLength | 5.006  | 5.936      | 6.588     |
| 4   | SepalWidth  | 3.428  | 2.77       | 2.974     |
```

2.2.8 データ集合のソート

ソートはデータ分析のなかで最もよく使われるテクニックの1つである。Julia におけるソートは、sort もしくは、sort! 関数を呼び出すことにより簡単にできる。

sort と sort! の違いは、sort! はその場所で動作し、コピーを作成するのではなく、実際の配列をソートする点である。

以下のように、sort! 関数を iris データ集合に使ってみよう。

```
julia> sort!(iris_dataframe)
150x5 DataFrames.DataFrame
| Row | SepalLength | SepalWidth | PetalLength | PetalWidth |
|-----|-------------|------------|-------------|------------|
| 1   | 4.3         | 3.0        | 1.1         | 0.1        |
| 2   | 4.4         | 2.9        | 1.4         | 0.2        |
| 3   | 4.4         | 3.0        | 1.3         | 0.2        |
| 4   | 4.4         | 3.2        | 1.3         | 0.2        |
| 5   | 4.5         | 2.3        | 1.3         | 0.3        |
| 6   | 4.6         | 3.1        | 1.5         | 0.2        |
| 7   | 4.6         | 3.2        | 1.4         | 0.2        |
| 8   | 4.6         | 3.4        | 1.4         | 0.3        |
:
```

列は [:SepalLength, :SepalWidth, :PetalLength, :PetalWidth] ではソートされていないことがわかる。しかし、これらは実際には :Species 列によってソートされている。

ソート関数はいくつかの引数を取り、いくつかの機能を提供する。例えば、逆順のソートで、以下のように実行する。

```
julia> sort!(iris_dataframe, rev = true)
```

いくつかの特定列についてのソートは、以下のように実行する。

```
julia> sort!(iris_dataframe, cols = [:SepalLength, :PetalLength])
```

また、DataFrame や単一の列に別の関数を使用するときには、sort! 関数を by 関数とともに用いることができる。

第 2 章 データマンジング

```
julia> sort!(iris_dataframe, cols = [order(:Species, by = uppe
rcase), order(:PetalLength, rev = true)])
150x5 DataFrames.DataFrame
| Row | SepalLength | SepalWidth | PetalLength | PetalWidth |
|-----|-------------|------------|-------------|------------|
| 1   | 4.8         | 3.4        | 1.9         | 0.2        |
| 2   | 5.1         | 3.8        | 1.9         | 0.4        |
| 3   | 5.1         | 3.3        | 1.7         | 0.5        |
| 4   | 5.4         | 3.4        | 1.7         | 0.2        |
| 5   | 5.4         | 3.9        | 1.7         | 0.4        |
| 6   | 5.7         | 3.8        | 1.7         | 0.3        |
| 7   | 4.7         | 3.2        | 1.6         | 0.2        |
| 8   | 4.8         | 3.1        | 1.6         | 0.2        |
:
```

order は特定の列の並びを指定するために用いられる。

2.2.9　formula：数式のための特別なデータ型

　データサイエンスはデータから洞察を得るために、様々な統計的な数式を必要とする。これらの数式の作成と適用は、データサイエンスの主要なプロセスの 1 つである。これは、入力変数を関数と数式により出力へと写像する。

　Julia は DataFrame パッケージで formula 型を提供することで、これを容易にしている。これは二項演算子の「~」とともに用いられる。例えば、以下のように実行する。

```
julia> formulaX = A ~ B + C
```

　統計モデリングでは、ModelMatirx を用いることが推奨されている。これは Matrix{Float64} を作成し、統計的モデルへの当てはめに、より適したものとなる。Formula は DataFrame を ModelFrame オブジェクトへと変換するために用いられ、ModelFrame は DataFrame のラッパーであり、統計モデリングの必要性に合わせて作られた。

　以下のように、ランダムな値をもつ DataFrame を作成しよう。

```
julia> random_dataframe = DataFrame(A = randn(5), B = randn(5), C
 = randn(5))
5x3 DataFrames.DataFrame
| Row | A         | B        | C         |
|-----|-----------|----------|-----------|
| 1   | 0.610386  | 0.39672  | 0.843678  |
| 2   | 0.386281  | 1.53446  | -0.199888 |
| 3   | -0.118111 | -1.17061 | -1.44164  |
| 4   | 0.203097  | 1.3115   | 1.03606   |
| 5   | -0.856892 | 1.68626  | 0.149367  |
```

－ 48 －

これを `ModelFrame` オブジェクトへと変換するために、formula を使用してみよう。

```
julia> random_modelframe = ModelFrame(A ~ B + C, random_dataframe)
DataFrames.ModelFrame(5x3 DataFrames.DataFrame
| Row | A         | B         | C         |
|-----|-----------|-----------|-----------|
| 1   | 1.03875   | -0.698513 | 0.664952  |
| 2   | 0.500446  | 1.97565   | 0.43762   |
| 3   | 1.70717   | 0.424157  | -0.846524 |
| 4   | -0.869665 | 0.182574  | -0.703025 |
| 5   | 0.801253  | 0.311777  | 2.08523   |,DataFrames.Terms(Any[:B,
:C],Any[:A,:B,:C],3x3 Array{Int8,2}:
 1  0  0
 0  1  0
 0  0  1,[1,1,1],true,true),Bool[true,true,true,true,true])
```

`ModelFrame` から `ModelMatrix` の作成はとても簡単である。

```
julia> random_modelmatrix = ModelMatrix(ModelFrame(A ~ B + C, ran
dom_dataframe))
DataFrames.ModelMatrix{Float64}(5x3 Array{Float64,2}:
 1.0   0.39672    0.843678
 1.0   1.53446   -0.199888
 1.0  -1.17061   -1.44164
 1.0   1.3115     1.03606
 1.0   1.68626    0.149367,[0,1,2])
```

「`value = 1.0`」のみを持つ追加列が存在している。これは、回帰モデルにおいて切片項の
当てはめに用いられる。

2.2.10　データのプール

巨大なデータ集合を効率的に分析するために、PooledDataArray が使われる。DataArray
はベクトルのすべての要素を完全な文字列として表現する符号化を用いる。これはあまり効率
的ではなく、特に大きなデータ集合や、メモリ負荷の高いアルゴリズムではそうである。

　我々の事例では、少数の水準を含む要因を扱うことが多い。

第 2 章　データマンジング

```julia
julia> datavector = @data(["A", "A", "A","B", "B", "B"])
6-element DataArrays.DataArray{ASCIIString,1}:
 "A"
 "A"
 "A"
 "B"
 "B"
 "B"
```

　PooledDataArray は、小プールの水準内では、データを効率的に表現するため、文字列の代わりにインデックスを用いる。

```julia
julia> pooleddatavector = @pdata(["A", "A", "A","B", "B", "B"])
6-element DataArrays.PooledDataArray{ASCIIString,UInt32,1}:
 "A"
 "A"
 "A"
 "B"
 "B"
 "B"
```

　また、PooledDataArray は levels 関数を用いて、要因の水準を求める機能も提供する。

```julia
julia> levels(pooleddatavector)
2-element Array{ASCIIString,1}:
 "A"
 "B"
```

　PooledDataArray は、効率的にメモリを使う compact 関数も提供する。

```julia
Julia> pooleddatavector = compact (pooleddatavector)
```

　そして、要因が PooledDataArray の列ではなく、DataArray や DataFrame で符号化されているときに、1 つの列を変換する pool 関数を提供する。

— 50 —

```
Julia> pooleddatavector = pool(datavector)
```

```
julia> dataframe_notpooled = DataFrame(A = [10, 10, 10, 20, 20, 2
0], B = ["X", "X", "X", "Y", "Y", "Y"])
6x2 DataFrames.DataFrame
| Row | A  | B   |
|-----|----|-----|
| 1   | 10 | "X" |
| 2   | 10 | "X" |
| 3   | 10 | "X" |
| 4   | 20 | "Y" |
| 5   | 20 | "Y" |
| 6   | 20 | "Y" |

julia> pooleddf = pool!(dataframe_notpooled, [:A, :B])
```

ModelMatrix 内の列を 0-1 の尺度の列として扱うことで、PooledDataArray はカテゴリ
カルデータの分析を容易にする。PooledDataArray の各水準は、1 つの列で連結される。

2.2.11 Web スクレイピング

実際の使用例には、分析のために Web からスクレイピングしたデータなどもある。Reddit
の投稿を取得する小さな Web スクレイパーを作成しよう。

このために、JSON パッケージと Requests パッケージが必要である。

```
julia> Pkg.add("JSON")
julia> Pkg.add("Requests")

# 必要なライブラリのインポート
julia> using JSON, Requests

# データの取得元として Reddit の URL を使用
julia> reddit_url = https://www.reddit.com/r/Julia/

# データを取得して変数に保存
julia> response = get("$(reddit_url)/.json")
Response(200 OK, 21 headers, 55426 bytes in body)

#  JSON.parse を用いて取得したデータをパースする
julia> dataReceived = JSON.parse(Requests.text(response))
# 必要なオブジェクトの作成
julia> nextRecord = dataReceived["data"]["after"]
julia> counter = length(dataReceived["data"]["children"])
```

第 2 章　データマンジング

　ここで、データをスクレイピングする URL を定義した。Reddit の Julia のセクションから
スクレイピングする。

　そして、Requests パッケージから get 関数を用いて、定義された URL からコンテンツを
取得する。データを用いて 200 回の OK が返されたことがわかる。

```
julia> statuscode(response)
200

julia> HttpCommon.STATUS_CODES[200]
"OK"
```

　そして、Julia の JSON パッケージで提供される JSON パーサを用いて、取得した JSON
データをパースする。これでレコードの読み込みが開始できる。

```
julia> allPosts = []
0-element Array{Any,1}

julia> for record in 1:counter
julia> for record in 1:counter
       url = dataReceived["data"]["children"][record]["data"]["url"]
       redditrecord_id  = dataReceived["data"]["children"][record]["data"]
["id"]
       redditrecord_title  = dataReceived["data"]["children"][record]["dat
a"]["title"]
       author  = dataReceived["data"]["children"][record]["data"]["author"
]
       created = dataReceived["data"]["children"][record]["data"]["created
"]
       push!(allPosts, (url, redditrecord_id, redditrecord_title, author,
created))
       end
```

　取得したデータは Array もしくは DataFrame に蓄積できる（どちらを使うかは用途と使い
やすさに依存する）。ここでは、パースされたデータを蓄積するために Array を用いている。
次のように、Aarry に蓄積されたデータを確認することができる。

```
julia> allPosts
26-element Array{Any,1}:
 ("http://juliacon.org/","3ztvre","SAVE THE DATE: JuliaCon 2016 - Boston, MA
","Mr_You",1.452170599e9)

 ("https://www.reddit.com/r/Julia/comments/41iz6o/native_plotting_function_i
n_julia/","41iz6o","Native plotting function in Julia","shivaramkrs",1.45315
3237e9)
```

－ 52 －

これらの投稿のタイトルを見て、何をスクレイプしたかを知るだけなら、どの列内にそれらが格納されているかを知るだけでよい。

```
julia> for post in allPosts
           println(post[3])
       end
SAVE THE DATE: JuliaCon 2016 - Boston, MA
Native plotting function in Julia
A Speed Comparison Of C, Julia, Python, Numba, and Cython on LU Fact700ratio
n
Julia 0.4.3 released
Julia IDE work in Atom
RBM written from scratch in Julia and trained with persistent states -- 98%
on MNIST without fine-tuning
Looking for a couple people to test my Julia editor
Vetting of a package
How to initialize columns of a matrix with a function?
Gave these as Christmas presents this year
RStudio equivalent for Julia
Julia for robotics programming
PyData Amsterdam CFP, we'd love to have somebody talk about Julia!
Why is this loop in Julia slower than the Python equivalent? What am I doing
 wrong?
Deep neural network written from scratch in Julia
```

これで、Reddit の投稿のタイトルを見ることができた。しかし、あまりにも多くの列や、欠損値が複数あったりした場合、どうしたら良いだろうか？ このような場合、DataFremes が良い選択肢になるだろう。

2.3　まとめ

本章では、データマンジングとは何か、データサイエンスにとってなぜ重要なのか、を学んだ。Julia は DataFrames.jl パッケージによるデータマンジングを容易にする機能を提供している。これは以下のような特徴を持つ。

- NA：Julia における欠損値は、特殊なデータ型 NA により表現される。
- DataArray：DataFrames.jl で提供される DataArray は、欠損値を配列内に持つことを可能にするなどの機能を提供する。
- DataFrame：DataFrame はスプレッドシートのような二次元データ構造である。R や pandas ライブラリの DataFrame と非常によく似ており、データを表現し分析する多くの機能を提供する。DataFrame はデータ分析や統計モデリングに非常に適した、多くの機能を持つ。
- データ集合は列ごとに異なるデータ型を持つことができる。
- レコードは、同じ長さの異なる列で、そのレコードと同じ行にあるレコードは連結している。
- 列はラベル付けすることができる。ラベル付けは、データの概要を簡単に把握し、数値的

第 2 章　データマンジング

　なインデックスを覚えることなくアクセスすることに役立つ。

　readtable() 関数を用いたファイルからのデータのインポートと、データのファイルへの
エクスポートについて学んだ。readtable() 関数は多く引数を用いるときに柔軟性を提供す
る。

　また、RDBMS のテーブルなどデータ集合の結合についても見てきた。Julia は様々な結合
方法を提供しており、用途に応じて活用できる。

　また、データサイエンティストが開発した最も広く使われるテクニックの 1 つである分割－
適用－統合戦略について解説し、その必要性も解説した。

　stack (stackdf) 関数と melt (meltdf) 関数を用いたデータの再成形とピボット化を概観し、
関係する様々な潜在的機能を見てきた。また PooledDataArray について紹介し、メモリ管理
におけるその必要性を学んだ。

　Web スクレイピングを紹介し、これはデータサイエンティストがデータ収集にあたって必須
となることもある。また、HTTP レスポンスの取得に Request パッケージを用いた。

References

- http://julia.readthedocs.org/en/latest/manual/
- http://dataframesjl.readthedocs.io/en/latest/
- https://data.gov.uk/dataset/road-accidents-safety-data
- Wickham, Hadley. "The split-apply-combine strategy for data analysis." Journal of Statistical Software 40.1 (2011) : 1-29

第3章

データ探索

Data Exploration

　最初にデータ集合を受け取ったとき、ほとんどの場合、データ集合が何に関するものなのか概要しかわかっていない。しかし、アルゴリズムを適用したり、あるいはモデルを作るには、それでは不十分である。データ探索はデータサイエンスにおいて最も重要である。これはモデルを作る前に必要なプロセスである。なぜならば、データ探索はデータ集合の主要部を与え、目的を達成するための方針を明らかにしてくれるからである。データ探索は分析したいデータを持ったデータサイエンティストに普及しており、データ集合から推測できる一般的仮説を知るために役立つ。したがって、それは事前に何を見つけるかの情報を持たずに、何らかの情報をデータ集合から抽出するプロセスであると言える。

　本章では、以下の項目について検討する。

- サンプリング、母集団、重みベクトル
- 列型の推定
- データ集合の要約
- スカラー統計量
- 変動の計量値
- ビジュアル化を用いたデータ探索

　データ探索は記述統計学を含んでいる。記述統計学は、意味があるようにデータを要約することによってパターンを検出するデータ分析の分野である。これは、正確な結果やモデルを構築する目的に至らないかもしれないが、データを理解するうえで、役に立つことは間違いない。例えば、ニューデリーには 1,000 万人がいるとし、そこに住む 1,000 人をランダムに選び、身長の平均値を計算しても、それはニューデリーの人々の平均身長にならないだろう。しかし、それは間違いなく示唆を与えるだろう。

　Julia はデータ探索に効果的に用いられる。Julia は StatsBase.jl といわれるパッケージを提供しており、それは統計に必要な関数を含んでいる。本章を通じて読者が次のパッケージを追加していることを仮定する。

```julia
julia> Pkg.update()
julia> Pkg.add("StatsBase")
```

-55-

第 3 章　データ探索

3.1　サンプリング

　先の例では、ニューデリーに住む 1,000 万人のうち 1,000 人の平均身長の計算について述べた。これら 1,000 万人のデータを収集する間に、特定の年齢や地域社会、あらゆる逐次的方法で開始したとする。今、データ集合内で連続している 1,000 人を取り出すと、それらの間に類似点がある可能性が高くなる。この類似性は、我々が達成しようとしているデータ集合の実際の主要部を与えるものではない。したがって、データ集合から連続したデータ点を少しずつ抽出しても、我々が得たい知見を与えられないだろう。これを打開するためにサンプリングを用いる。

　サンプリング (あるいは、標本抽出) は、与えられたデータ集合から互いに関連しないようにデータをランダムに選択する技術であるため、データ集合一式において選択されたデータから作成した結果を一般化することができる。サンプリングは母集団に対して行われる。

3.1.1　母集団

　統計において、母集団はデータ集合内に存在し、すべてのデータ点集合を参照している。前の例では、人々は同じ地理的地域に由来するという共通の特性を持っている。

　iris (アヤメ) データ集合の例を見てみよう。ちょうど 150 個のデータがあるが、データ集合から標本を取得する解法は以下のように与えられる。

```
julia> using RDatasets

julia> iris_dataframe = dataset("datasets", "iris")
```

　iris データ集合を含む RDatasets パッケージを使用し、それを DataFrame にロードする。そして、この DataFrame は “母集団” を含んでおり、そこから以下のように標本を取得する。

```
julia> sample(iris_dataframe[:SepalLength])
6.6
julia> sample(iris_dataframe[:SepalLength], 5)
5-element Array{Float64,1}:
 4.8
 5.4
 5.0
 5.2
 4.3
```

　sample() 関数を使用し、ランダムに選択された値のデータ集合や配列から次のようにランダムな値を返すことができる。

－ 56 －

```
Julia> sample(x, num_of_elements[; replace=true, ordered=false])
```

replace と ordered の引数は、以下のような特定の場合に使用される。

- replace：これは、同じ値を返す（復元抽出を実行する）置換を行う場合に使用される。(default=true)
- ordered：これは、戻り値が昇順である場合に使用される。(default=false)

理想的には、与えられたデータ集合から得られた標本が母集団を表すべきである。しかし、ほとんどそれはデータ集合内に存在する多くの群を過小または過大に表している。先の例を考えてみよう。もし、コミュニティ X から 50～70 歳に対する完全データを集められなかった場合はどうなるだろうか？ したがって、このデータ集合は正確な母集団を表すものではない。観測されたデータ集合を修正するために何かを行う必要がある。

重み付け調整は非常に一般的な補正技術の 1 つである。この技術では各データに調節重みが割り当てられる。我々が考えているより過小評価されているレコードや集団は 1 より大きな重みが割り当てられ、過大評価されているレコードや集団は 1 より小さな重みが割り当てられる。

3.1.2　重みベクトル

Julia には、標本への重みの割り当てを容易にする重みベクトルを表すために、WeightVec 型がある。重みベクトルに対する特殊なデータ型の必要性は以下のとおりである。

- 他のデータベクトルから特定のベクトルの役割を明示的に区別するため。
- 重みの合計を保存し、重み合計の再計算の実施を避けることで、計算サイクルを節約するため。

重みベクトルは以下のように構築できる。

```
julia> wv = WeightVec([1., 2., 3.], 6.)
StatsBase.WeightVec{Float64,Array{Float64,1}}([1.0,2.0,3.0],6.0)
```

重みの合計を 2 番目の引数として指定した。それはオプションで計算時間を節約するために実行される。

単純化するために、WeightVec はいくつかの一般的方法をサポートしている。以下のように wv を WeightVec の型としよう。

```
julia> eltype(wv)
Float64
```

`eltype` は、`WeightVec` の値の型を取得するために使用される。

```
julia> length(wv)
3

julia> isempty(wv)
false

julia> values(wv)
3-element Array{Float64,1}:
 1.0
 2.0
 3.0

julia> sum(wv)
6.0

# iris_dataframe に eltypes を適用
# このメソッドは DataFrames.jl のものである
Julia> eltypes(iris_dataframe)
5-elements Array{Type{T},1}:
 Float64
 Float64
 Float64
 Float64
 Union{ASCIIString,UTF8String}
```

　他のメソッドについては自明である。合計はすでに `WeightVec` によって保存されているため、計算が行われず、瞬時に結果が返される。

3.2 列型の推定

　データ集合を理解し、さらに踏み込むためには、まず、どのような型のデータを持っているかを理解する必要がある。我々のデータは列に格納されているので、処理を実行する前にその型を知る必要がある。これはデータ辞書（ディクショナリ）の作成とも呼ばれる。

```
julia> typeof(iris_dataframe[1,:SepalLength])
Float64
```

```
julia> typeof(iris_dataframe[1,:Species])
ASCIIString
```

　ここでは、古典的な iris（アヤメ）データ集合を使用している。これらの列のデータ型はすで
にわかっている。そのため、あらゆる類似のデータ集合に同じ関数を適用できる。そこで、ラ
ベルなしの列しか与えられなかったとする。そのとき、これらの列が含むデータ型の決定は困
難になるだろう。時には、そのデータ集合は数字桁を含んでいるように見えるが、そのデータ
型は ASCIIString である。これらは、後のステップでエラーにつながる可能性がある。これ
らのエラーは回避可能である。

3.3　基本要約統計量

　現在、RDatasets を使用しているが、これについては十分な詳細事項とドキュメントが提供
されており、これらの方法と技術は他のデータ集合に拡張できる。
　以下のように、異なるデータ集合を使用する。

```
julia> exam = dataset("mlmRev", "Exam")
4059x10 DataFrames.DataFrame
| Row | School | NormExam | SchGend | SchAvg   | VR        | Intake
|-----|--------|----------|---------|----------|-----------|---------
| 1   | "1"    | 0.261324 | "mixed" | 0.166175 | "mid 50%" | "bottom 2
| 2   | "1"    | 0.134067 | "mixed" | 0.166175 | "mid 50%" | "mid 50%"
| 3   | "1"    | -1.72388 | "mixed" | 0.166175 | "mid 50%" | "top 25%"
| 4   | "1"    | 0.967586 | "mixed" | 0.166175 | "mid 50%" | "mid 50%"
| 5   | "1"    | 0.544341 | "mixed" | 0.166175 | "mid 50%" | "mid 50%"
| 6   | "1"    | 1.7349   | "mixed" | 0.166175 | "mid 50%" | "bottom 2
| 7   | "1"    | 1.03961  | "mixed" | 0.166175 | "mid 50%" | "top 25%"
| 8   | "1"    | -0.129085| "mixed" | 0.166175 | "mid 50%" | "mid 50%"
| 9   | "1"    | -0.939378| "mixed" | 0.166175 | "mid 50%" | "mid 50%"
⋮
```

　RDatasets パッケージから別のデータ集合を使用している。これらはインナー・ロンドン[1]
地区の試験の得点である。データ集合に関する情報を得るために、前章ですでに説明した
describe() 関数を使用する。その列は次のように記述される。

訳注[1]　グレーター・ロンドン（イギリスの首都ロンドンにおける最高レベルの行政区画）の内側を構成する
ロンドンの地区の名称

第 3 章　データ探索

```
julia> describe(exam)
School
Length   4059
Type     Pooled ASCIIString
NAs      0
NA%      0.0%
Unique   65

NormExam
Min      -3.666072
1st Qu.  -0.699505
Median   0.0043222
Mean     -0.00011380542005424873
3rd Qu.  0.6787592
Max      3.6660912
NAs      0
NA%      0.0%
```

列は以下のように記述される。

- `Length` は、データのレコード（行）数を参照する。
- `Type` は、列のデータ型を参照する。したがって、`School` は `Pooled ASCIIString` データ型である。
- `NA` および `NA%` は、列に存在する `NA` 値の数および百分位数を参照する。これは、実際に欠損しているレコードを手動で確認する必要がないので有用である。
- `Unique` は列に存在する一意の（ユニークな）レコード数を参照する。
- `Min` と `Max` は列に存在する最小値と最大値である（これは `ASCIIString` を持つ列には適用されない）。これらは、データ点の 0 ％と 100 ％の値である。`Min` と `Max` はデータの範囲を定義する。
- 第 1 四分位数（`1st Qu.`）と第 3 四分位数（`3rd Qu.`）は、それぞれデータ点の 25 ％および 75 ％の値を参照する。同様に、中央値（メディアン；`Median`）は、データ点の 50 ％の値を参照する。

3.3.1　配列または DataFrame の平均値の計算

Julia は様々な種類の mean 関数を提供する。それぞれ、独自の使用方法がある。

- `geomean(arr)`：これは、次のように arr の幾何平均を計算する。

```
julia> a = [123,4234,23423,1231231,1432432423,1341413413]
6-element Array{Int64,1}:
         123
        4234
       23423
     1231231
  1432432423
  1341413413

julia> geomean(a)
553833.3901002567
```

- `harmmean(arr)`：これは、次のように arr の調和平均を計算する。

```
julia> harmmean(a)
713.4557870657444
```

- `trimmean(arr, fraction)`：トリミングされたデータ集合の平均値を計算するために使用される。2番目の引数は、データ集合がトリミングされる割合を指定するために使用される。例えば、`fraction` に指定された値が 0.3 の場合、平均値は上位 30 ％と下位 30 ％の値を無視して計算される。これは一般的に外れ値を除くために使用される。

```
julia> a = [123,4234,23423,1231231,1432432423,1341413413]
6-element Array{Int64,1}:
         123
        4234
       23423
     1231231
  1432432423
  1341413413

julia> trimmean(a,0.1)
2.685344848e8
```

mean 関数は拡張も行われている。これは次のように加重平均を計算するために、引数として加重ベクトルを取ることができる。

第 3 章　データ探索

```
julia> a
6-element Array{Int64,1}:
         123
        4234
       23423
     1231231
  1432432423
  1341413413

julia> wv = rand(6)
6-element Array{Float64,1}:
 0.79903
 0.131471
 0.951132
 0.248691
 0.631604
 0.186289

julia> mean(a, weights(wv))
3.917448913086356e8
```

3.4　スカラー統計量

多様な統計量を計算するために、様々な関数が Julia のパッケージによって提供されている。これらの関数は、必要に応じて様々な方法でデータを記述するために使用される。

3.4.1　標準偏差と分散

先に（describe() 関数内で）計算した平均値と中央値は、中心傾向の測度値（すなわち代表値）である。平均値はすべての値に対して重みを適用した後に、計算された中心値を参照し、中央値はリストの中心の値を参照する。

これは情報の一部分にすぎず、我々はデータ集合についてより詳しく知りたいと思うだろう。データ集合全体のデータ点の広がりに関する知識を持つことは良いことである。その一例として、データ集合には外れ値が存在する可能性があるため、最小値と最大値の関数だけを使用することはできない。こうした最小値および最大値の関数は不正確な結果を導いてしまうだろう。

分散は、データ集合内のデータ点の分布の測定値である。それは平均値からの数値の距離を計算することによって算出する。分散は集合内の各数値が平均値からどの程度離れているかを測定する。

分散の公式は次のとおりである。

－62－

$$\text{var}_x = \frac{\sum_{i=1}^{n} (x_i - x)^2}{n}$$

```
julia> a
6-element Array{Int64,1}:
          123
         4234
        23423
      1231231
   1432432423
   1341413413

julia> var(a)
5.1354392444543296e17
```

特定の次元に沿って分散をとることもでき、DataFrame に対し有用である。

```
julia> a = [1 2;3 4;5 6;7 8;9 10]
5x2 Array{Int64,2}:
 1   2
 3   4
 5   6
 7   8
 9  10

julia> var(a, 2)
5x1 Array{Float64,2}:
 0.5
 0.5
 0.5
 0.5
 0.5
```

上図で、第2引数は、分散を算出したい方向に沿った次元である。

標準偏差は、データ集合内の値の広がりまたは分散の計量値である。それは分散の平方根である。もし値が0に近い場合、データ集合は平均値からの分散が非常に小さいことを意味している。また、値が大きいことは平均値からの高い分散を示している。ただし、標準偏差は平均値と同じ単位を持つため、分散とは異なる。

－63－

第 3 章　データ探索

```
julia> std(a)
3.0276503540974917
```

また、分散などの次元に沿って標準偏差を計算することもできる。
Julia は、以下のように平均値と分散、平均値と標準偏差を同時に計算する関数を提供している。

```
julia> mean_and_var(a)
(5.5,9.166666666666666)

julia> mean_and_std(a)
(5.5,3.0276503540974917)
```

統計分析は歪度と尖度に基づくデータの特徴分析を含んでいる。歪度は、データ集合または分布の中心点からの対称性の欠如の計量値である。したがって、分布は左に歪むことも、右に歪むこともあり得る。

尖度は正規分布との比較をした分布またはデータ集合の平坦度の計量値である。したがって、中心 (平均) に高いピークを持ち、両側に急な傾斜を持つ分布は高い尖度を有すると称され、平均して平らなピークを有する分布は、低い尖度を有すると称される。

```
julia> a = [12,234,567,1234,535,335,19]
7-element Array{Int64,1}:
    12
   234
   567
  1234
   535
   335
    19

julia> skewness(a)
0.9763073577410081

julia> kurtosis(a)
0.04885930438714192
```

統計におけるモーメントを以下に示す。

- 0次のモーメントは全確率である。
- 一次のモーメントは平均値である。
- 二次の中心モーメントは分散である。
- 三次のモーメントは歪度である。
- 四次のモーメントは (シフトと正規化を持つ) 尖度である。

```
julia> moment(a,3)
5.806162264723031e7
```

ここで、k 次の中心モーメントを計算している。それは、`(a - mean(a)).^k` で定義される。

3.5 変動の計量値

データ集合における値の変動に関して知ることは良いことである。様々な統計的関数は次のことを容易にする。

- `span(arr)`：span は、データ集合の全範囲 (すなわち、`maximum(arr)`〜`minimum(arr)` の範囲) を計算するために用いられる。

```
julia> a
7-element Array{Int64,1}:
   12
  234
  567
 1234
  535
  335
   19

julia> span(a)
12:1234
```

- `variation(arr)`：変動係数 (coefficient of variation) とも呼ばれる。データ集合の平均に対する標準偏差の比率である。母集団の平均に関連して、CV は変動性の程度を示す。その利点は、CV が次元のない数値であり、異なるデータ集合同士を比較するために使用できることである。

第3章　データ探索

```
julia> variation(a)
1.0051933013705867
```

　平均の標準誤差：母集団から抽出した様々な標本群を処理している。これらの標本の平均値を標本平均と呼ぶ。様々な標本群に対し、同じ標本平均を持っていることはありそうになく、標本平均値は分布を持っている。これら標本平均の分布の標準偏差を平均の標準誤差と呼ぶ。

　Julia では、我々は sem(arr) を用いて平均の標準誤差を計算することができる。

　平均絶対偏差 (Mean absolute deviation) は、中心傾向 (central tendency) の頑健な計量値である。頑健性とは、外れ値によって影響されないことを意味する。

```
julia> a = [12,23,45,68,99,72,61,39,21,71]
10-element Array{Int64,1}:
 12
 23
 45
 68
 99
 72
 61
 39
 21
 71

julia> mad(a)
27.428099999999997

julia> mad(a,5)
71.1648
```

　第2の引数として中心値を与えることができる。

3.5.1　z スコア

　z スコアは、スコアの平均との関係を参照する。z スコアは、ある要素が平均値より標準偏差の何個分上か下か、という計算によって得られる。0 の z スコアは、平均と等しいことを意味する。

　それは、式 $z = (X - \mu)/\sigma$ によって与えられる。

```
Julia> a = [12,23,45,68,99,72,61,39,21,71]
```

－ 66 －

このデータ集合では、以下のように z スコアを計算できる。

```julia
julia> zscore(a)
10-element Array{Float64,1}:
 -1.4102
 -1.01347
 -0.220005
  0.609522
  1.72758
  0.753788
  0.357057
 -0.436403
 -1.0856
  0.717721
```

平均と標準偏差はその関数自体で計算する。

3.5.2　エントロピー

エントロピーは、データ集合における乱雑さに関する計量値であり、系における無作為性のおおよその計量値を提供する。エントロピーは乱雑さと共に増加する。

以下のような確率ベクトルを作成しよう。

```julia
julia> using Distributions

julia> d = Dirichlet([1.0, 3.0, 5.0])
Distributions.Dirichlet(alpha=[1.0,3.0,5.0])
```

以下のように、かなり小さな配列を作成した。

```julia
julia> arr=rand(d)
3-element Array{Float64,1}:
 0.190511
 0.80904
 0.000449442
```

確率ベクトルの要素の合計は 1 であり、その値は 1 に近い傾向にある。ここで、次のようにエントロピーを計算する。

第3章　データ探索

```julia
julia> sum(arr)
1.0000000000000002

julia> entropy(arr)
0.4907814135561367
```

　エントロピー計算は自然対数を用いて実行される。必要に応じて、対数の底を与えることもできる。

```julia
julia> entropy(arr,2)
0.7080479114979139
```

　ここで指定した第2引数は、対数の底になる。またクロスエントロピーも計算でき、これは二乗誤差の有効な代替法と考えられる。

```
Julia> crossentropy(ProbabilityVector1, ProbabilityVector2)
```

3.5.3　四分位数

　データ集合をより良く理解するために、我々はデータ集合内の最小点と最大点を求めたい。そのために、min および max 関数を使うことができる。つまり、最小および最大のデータ点は 0 ％および 100 ％であるとも言える。もしデータ集合の n ％のいくつかのデータ点を求めたい場合、quantile 関数を用いる。

　分位数（quantile；クォンタイル）は、外れ値が存在する状況において非常に有用となり得る。例えば、データ集合 a について、Web サイトの様々なブラウザの応答時間を分析すると、アクセス量の 98 ％がデスクトップからのもので、1 秒以内にページを読み込むことができる。残りのアクセス量の 2 ％はモバイルからのもので、ページを読み込むのに 5 秒かかる。ここでは、Web サイトの実際のアクセス量を分析するために（もし 2 ％の使用事例が許容範囲であれば）この 2 ％を無視した方が良いかもしれない。

```
julia> a = rand(10)
10-element Array{Float64,1}:
 0.256684
 0.0760744
 0.959692
 0.933633
 0.170989
 0.371441
 0.123852
 0.959958
 0.552251
 0.999725
```

ここで、分位数を計算するためには以下のように実行する。

```
julia> quantile(a)
5-element Array{Float64,1}:
 0.0760744
 0.192413
 0.461846
 0.953178
 0.999725
```

ここで、5つの値を受け取る。これら5つの値はデータ集合の0%、25%、50%、75%、および100%でのデータ点を表す。

四分位数範囲は変動の計量値であり、上四分位数と下四分位数の差をとることによって計算され、これはQ3-Q1である。これは以下のように計算される。

```
julia> iqr(a)
0.7607643393430641
```

百分位数は統計学の一般用語で、データ点がデータ集合のどこに落ちるかを表すために使用される。これは以下のように計算できる。

```
julia> percentile(a,0.5)
0.07822436710303723
```

同じデータ集合を使用して、データ集合内の0.5の場所を計算している。

もう1つ重要な関数、nquantileがある。nquantileは我々によって定義された、分位数ベクトルを作成するために使用される。

第 3 章　データ探索

```
julia> nquantile(a,2)
3-element Array{Float64,1}:
 0.0760744
 0.461846
 0.999725
```

3.5.4　モード(最頻値)

データ集合を探索する間に、どのデータがデータ集合内で頻繁に反復出現しているかを知りたいとする。モードは、標本に由来する最大確率を持つ値である。Julia は以下のようなモードを計算する関数を提供している。

```
julia> mode(a)
0.2566843440628257
```

先の例で使用したものと同じデータ集合でモードを計算した。そして、データ集合内で 0.2566 が最も高頻度であることがわかる。

3.5.5　データ集合の要約

すでに、データ集合の要約を出力する describe() 関数について説明した。Julia は、もう 1 つの関数、summarystats() も提供している。

前の例と同じデータ集合において summarystats(a) を用いると、以下の結果が得られる。したがって、データ集合の要約を個々に計算する必要なく、どの種類のデータ集合を持っているかの示唆を与える。

```
julia> summarystats(a)
Summary Stats:
Mean:           0.540430
Minimum:        0.076074
1st Quartile:   0.192413
Median:         0.461846
3rd Quartile:   0.953178
Maximum:        0.999725
```

3.6 散乱行列と共分散

共分散は、2つの順序付けられたデータ集合が同方向にどの程度に従っているかを求めるために、データサイエンティストによって非常によく用いられる。それは変数が相関しているかどうかを非常に簡単に定義できる。この挙動を最適に表現するために、分散共分散行列を作成する。分散共分散行列の正規化されていないバージョンが散乱行列である。

散乱行列を作成するには、scattermat(arr) 関数を使用する。

デフォルトの動作は、観測値として各行を、変数として各列を処理する。これは、キーワード引数 vardim と mean を指定することで変更できる。

- Vardim：vardim=1 (default) は、各列が変数であり、各行が観測値であることを意味する。vardim=2 はその逆になる。
- mean：平均値は scattermat によって計算される。あらかじめ定義された mean 関数を用いて計算サイクルを節約できる。

また、cov 関数を用いて加重分散共分散行列を作成することもできる。同様に、cov 関数は同一の目的のためにオプションの引数として vardim と mean を取る。

3.7 偏差の計算

StatsBase.jl は、2つのデータ集合間の偏差を計算するために様々な関数を提供している。これは他の関数を用いても計算できるが、容易に使用できるように、StatsBase は効率的に実装した以下の関数を提供している。

- **平均絶対偏差**：2つのデータ集合の a と b に対し、meanad(x,y) として計算し、mean(abs(x-y)) にかぶせられたラッパーである。
- **最大絶対偏差**：2つのデータ集合の a と b に対して、maxad(x,y) として計算し、maximum(abs(x-y)) にかぶせられたラッパーである。
- **平均二乗偏差**：2つのデータ集合の a と b に対して、msd(x,y) として計算し、mean(abs2(x-y)) にかぶせられたラッパーである。
- **平均二乗偏差平方根**：2つのデータ集合の a と b に対して、rmsd(a,b) として計算し、sqrt(msd(a,b)) にかぶせられたラッパーである。

3.8 ランキング

データ集合を昇順にソート（整列）すると、各値に階級（ランク）が割り当てられる。ランキングは、データ集合が変換され、値が階級によって置換される過程である。Julia は、様々な種類のランキングに関する関数を提供している。

第 3 章　データ探索

　順序付けによるランキングにおいて、データ集合内のすべての項目に異なる値が割り当てられる。等しい値を持つ項目には、任意にランキングが割り当てられる。Julia において、これは ordinalrank 関数を用いて実行される。

```
julia> a = rand(4)
4-element Array{Float64,1}:
 0.462513
 0.340506
 0.269411
 0.283305
```

　これを本事例のデータ集合として、順序付けによるランキングを実行したいとする。

```
julia> ordinalrank(a)
4-element Array{Int64,1}:
 4
 3
 1
 2
```

　ordinalrank(arr) 関数を用いて、順序付けによるランキングを得る。同様に、StatsBase は、competerank()、denserank()、tiedrank() のような、他の型のランキングを求める関数も提供している。

▌3.9　計数を行う関数（カウント関数）

　データ探索において、ある範囲にわたって計数が頻繁に実行される。それは、最多/最小の出現値を求めるのに便利である。Julia は、ある範囲にわたって計数を実行するカウント関数を提供している。例えば、値の配列があるとしよう。簡便には、配列の作成に random 関数を用いる。

```
julia> a = rand([1:5],30)
30-element Array{Int64,1}:
 4
 1
 3
 1
 1
 4
```

　1 から 5 までの 30 個の値の配列を作成する。ここで、次のようにデータ集合に数値が何回出現したかを求めたい。

－72－

3.9 計数を行う関数（カウント関数）

```julia
julia> counts(a)
5-element Array{Int64,1}:
  7
  1
  5
 11
  6
```

count 関数を用いると、1（7）、2（1）、3（5）、4（11）、および 5（6）が求まった。count 関数は用途に合わせて異なる引数をとる。

propotions() 関数は、データ集合内の値の割合を計算するために用いられ、Julia は以下のような関数を提供している。

```julia
julia> proportions(a,1:3)
3-element Array{Float64,1}:
 0.233333
 0.0333333
 0.166667
```

前の例で用いられた同じデータ集合に対し割合を計算した。それはデータ集合の値 1 の割合が 0.23333 であることを示している。これはデータ集合内でその値を発見する確率と見なすこともできる。

他に以下のようなカウント関数がある。

- countmap(arr)：これはデータ集合内の値の出現頻度（または全体の重み）に対する値を写像するマップ関数である。

```julia
julia> countmap(a)
Dict{Int64,Int64} with 5 entries:
  4 => 11
  2 => 1
  3 => 5
  5 => 6
  1 => 7
```

- proportionmap(arr)：これは countmap(arr) と似たマップ関数だが、データ集合内の値の出現頻度の割合に対する値を写像する。

第3章　データ探索

```
julia> proportionmap(a)
Dict{Int64,Float64} with 5 entries:
  4 => 0.36666666666666664
  2 => 0.03333333333333333
  3 => 0.16666666666666666
  5 => 0.2
  1 => 0.23333333333333334
```

countmap と proportionmap をデータ集合に適用すると、上記の値が得られた。これらの関数はどちらも辞書 (ディクショナリ) を返す。

3.10　ヒストグラム

基本的な理解をした後のデータ探索は、ビジュアル化の助けを借りてもできる。ヒストグラムの描画は、ビジュアル化によるデータ探索の最も一般的な方法の1つである。ヒストグラム型は一定の間隔で分割された表のデータを集計するために使用される。

ヒストグラムは、fit メソッドを用いて以下のように作成される。

```
julia> fit(Histgram, data[, weight][, edges])
```

fit は以下の引数をとる。

- data：データはベクトルの形で fit 関数にわたされ、ベクトルは一次元または n 次元 (同じ長さのベクトルの組＝タプル) のどちらかである。
- weight：これはオプションの引数である。値に異なる重みがある場合、WeightVec 型を引数としてわたすことができる。デフォルトの値の重みは1である。
- edges：これは、各次元に沿ったビンのエッジを与えるために用いられるベクトルである。

また、キーワード引数 nbins も用いられ、ヒストグラムが各側で用いるビンの数を定義するのに次のように使用する。

-74-

```
h = fit(Histogram, (rand(100),rand(100)),nbins=10)

StatsBase.Histogram{Int64,2,Tuple{FloatRange{Float64},FloatRange{Float64}}}
edges:
  0.0:0.1:1.0
  0.0:0.1:1.0
weights: 10x10 Array{Int64,2}:
 1  1  0  1  1  0  0  0  0  1
 1  0  2  0  3  1  0  1  0  0
 1  1  3  0  2  3  0  1  1  0
 1  1  2  1  3  1  3  0  0  2
 1  1  0  2  0  0  1  1  1  0
 1  1  2  1  1  1  1  2  2  1
 0  1  1  2  0  1  1  0  0  3
 0  1  2  0  3  0  2  1  0  3
 2  0  0  1  2  0  2  2  1  0
 1  0  1  3  1  1  0  2  1  0
closed: right
```

　この例では、ビン数を定義するために2つの乱数発生器と、nbins を使用している。ここで、無作為に生成されたデータのヒストグラムを作成した。RDatasets パッケージのデータ集合でこれを試してみよう。このパッケージは以下で説明されている。

https://stat.ethz.ch/R-manal/R-devel/library/datasets/html/sleep.html

```
In [2]:  using RDatasets
         using Distributions
         using StatsBase
         using Gadfly

In [3]:  sleep = dataset("lme4","sleepstudy")

Out[3]:
```

	Reaction	Days	Subject
1	249.56	0	308
2	258.7047	1	308
3	250.8006	2	308
4	321.4398	3	308

　本例では、RDatasets パッケージから sleepstudy と呼ばれるデータ集合を用いている。これには応答 Reaction(Float64)、日数 Days(Integer)、被験者 Subject(Integer) の3つの列がある。このデータのヒストグラムを作成する。

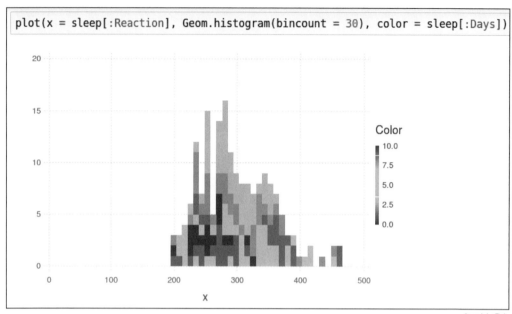

（口絵①）

ビジュアル化によって、データを理解することがより簡単になることがわかる。ビジュアル化は、データ探索の重要部分である。実際にデータをビジュアル化するためには、必要なデータ変換と変数の理解が必要である。この詳細なビジュアル化において、どの領域がより高密度な応答時間であるかがわかる。

先に散乱行列について議論した。散布図を作成し、それが有用か否かを調べてみよう。

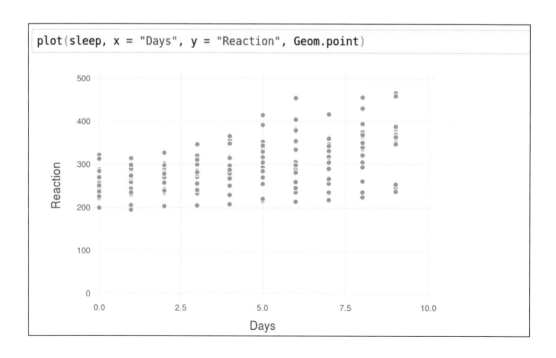

被験者の応答時間が日ごとに増えていることが非常によくわかる。この結論を非常に迅速に得ることができた。ビジュアル化しなければ、かなり時間がかかっているであろう。
　このデータ集合をより掘り下げて行こう。個々の被験者がどのように行動したかを知りたいとする。すべての被験者が同じではなく、一部の被験者は他の被験者とはかなり異なる行動を取っている可能性がある。
　大規模なデータ集合では、グループ化やクラスタリングを行うことができる。しかしここでは、小さなデータ集合を扱うため、個々に被験者を分析できる。

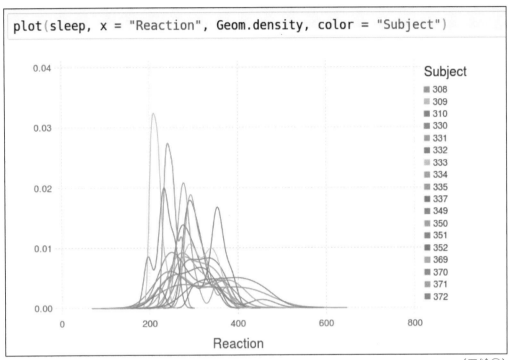

（口絵②）

　被験者 309 は、多日数の睡眠不足の後でさえ、反応時間が非常に短いことが明らかである。これらは、ビジュアル化にデータ集合を呈して分析することで、時折見逃される小さな知見である。
　ビジュアル化については、第 5 章「ビジュアル化を用いたデータの理解」で詳しく説明する。ビジュアル化のために Julia で使用できる様々なパッケージを検証し、また、ビジュアル化のために必要な場合、R および Python のパッケージをどのように呼び出すことができるかを検証する。基本的な D3.js の例もいくつか紹介する。
　Julia で基本的な描画を作成するのは簡単である。例えば、次の例がある。

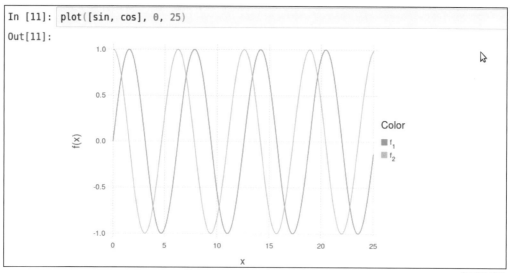

（口絵③）

iris データ集合でいくつかのビジュアル化を試してみよう。

```
julia> x=:SepalLength, y=:SepalWidth, color=:Species)
```

現段階で、完全にはビジュアル化できていないが、視覚的にクラスタの存在がわかる。おそらく、これらのクラスタを用いて様々な種類を分類できるだろう。このように、ビジュアル化はこういった知見を発見するのに非常に有用である。

3.11 相関分析

Julia は、相関分析を容易にするいくつかの関数を提供している。相関と従属性は、統計学の 2 つの一般的な用語である。従属性は他の 1 つの変数との統計的関係を有する 1 つの変数を参照する一方、相関はもう 1 つの変数との関係のより広い分類を有する 1 つの変数であり、従属性をも含んでいる。

autocov(x) 関数は x の自己共分散を計算するために用いられる。それは x と同じサイズのベクトルを返す。

```
julia> a = rand(6)
6-element Array{Float64,1}:
 0.167763
 0.015309
 0.681381
 0.842937
 0.894316
 0.432843
```

これが作成したデータ集合である。このデータ集合に autocov を適用できる。

```julia
julia> autocov(a)
6-element Array{Float64,1}:
  0.109268
  0.0402556
 -0.0301791
 -0.0528897
 -0.0159282
  0.00410752
```

自己相関を計算するために、autocor 関数を用いる。

```julia
julia> autocor(a)
6-element Array{Float64,1}:
  1.0
  0.368411
 -0.276194
 -0.484037
 -0.145772
  0.0375912
```

同様に、相互共分散および相互相関も計算できる。そのために、同じサイズの別のランダム（無作為）配列を作成する。

```julia
julia> crosscor(a,b)
11-element Array{Float64,1}:
  0.0637495
 -0.324786
 -0.391401
 -0.160508
  0.576313
```

長さ＝6の2つの配列の相互共分散および相互相関は、長さ＝11の配列を生成する。

第3章　データ探索

3.12　まとめ

　本章では、データの探索が重要な理由と、データ集合の探索的分析をどのように実行できるのかについて議論した。

　以下は本章で議論した様々な重要なテクニックと概念である。

- サンプリングは、データ集合一式において選択されたデータから作成した結果を一般化できるように、与えられたデータ集合から無関係のデータを無作為抽出するテクニックである。
- 重みベクトルは、保持している、または収集しているデータ集合が実際のデータを反映していないときに重要である。
- なぜ列型を知る必要があるのか、要約関数がデータ集合の要点を得るのに実際どの程度有用か。
- 平均値、中央値、モード、標準偏差、分散、スカラー統計量、およびそれらが Julia でどのように実装されているか。
- データ集合の変動の計量は非常に重要で、z スコアとエントロピーは非常に有益である。
- いくつかの基本的なデータのクリーニングと理解の後、ビジュアル化は非常に有益で示唆的になり得る。

References

- http://julia.readthedocs.io/en/latest/manual/
- https://dataframesjl.readthedocs.io/en/latest/
- https://github.com/JuliaStats/StatsBase.jl
- http://dcjones.github.io/Gadfly.jl/

第4章

推測統計学に深く踏み込む

Deep Dive into Inferential Statistics

　我々の世界は、ビッグデータを生成し続ける機械である。こうした日々の活動は無作為で複雑な事象からなり、正規分布、ガンマ分布、二項分布の世界など、単変量分布をより良く理解するために用いられる。これを達成するため、このプロセスについて理解をより深めることを試みよう。

　推測統計学は、母集団に一般化される標本データから得られた、証拠と根拠に基づいた結論へ辿りつくことである。推測統計学（以後、推測統計）は、ある程度の標本誤差があるであろうことを考慮しており、つまり、母集団から抽出された標本が、母集団を完璧には代表していないかもしれない、ということを意味する。

　推測統計学は、以下を含む。

- 推定
- 仮説検定

　標本と母集団の違いは何だろうか？　母集団とは、我々が知識を得たいことに関するすべての事象や観測の集合である。しかし、そのサイズはとても大きいので、この観測における各事象の分析は、常に便利である、または可能であるというわけではない。そのような状況では、分析したい母集団をよく定義できるような部分集合を取り上げる。この部分集合を母集団の標本として参照する。

　前章では、記述統計について議論した。データの同じ集合に対し、推測統計と記述統計が実行されるが、それらはかなり異なる。標本データに記述統計だけを適用してもかまわないが、推測統計は、より大きな母集団に対して妥当であるような一般化をするために、他の方法を用いてこの標本データを活用する。

　したがって、記述統計は、数値的ないしグラフ的にデータのまとめを提供する。記述統計は、我々が持っているデータの理解に役立つだけで、我々はこれらの結果を、全体の母集団へ一般化する結論とすることはできない。

　推測統計を用いて、全体の母集団に当てはまるような結論を我々は築きたいのである。しかし、推測統計は、2つの条件によって制約されている。

- 実際に手にしている標本データが、母集団を代表しているかどうか

第 4 章　推測統計学に深く踏み込む

- 標本データで母集団を代表させて形成するのに、計算された仮定が、正しいかどうか

　母集団から抽出された標本データが、母集団を完全に代表しているのかいないのか、といった、ある程度の不確実性は常に存在する。したがって、我々が作成する結果を再度結論づけるこの不確実性を処理するため、ある程度の推定や仮定を行う。

　Julia には、推測統計に用いられる様々なパッケージがある。確率分布に関わる関数を提供する Distributions.jl は、そのようなパッケージの 1 つである。Distributions.jl は、以下のような統計的方法を網羅している。

- 分布特性：平均、分散、歪度、尖度 (モーメント)、エントロピー
- 確率密度/質量関数
- 特性関数
- 最尤推定
- **最大事後確率 (MAP) 確率推定**

4.1　インストール

Distributions.jl は登録済みの Julia パッケージであり、次のように追加できる。

```
julia> Pkg.add("Distributions")
```

　この後のセクションは、パッケージのインストールが必須となる。そのため、本章では、読者がこのパッケージを追加したものと想定する。

4.2　標本分布の理解

　標本分布は、ランダム (無作為) に抽出された、母集団に由来する標本から求まるあらゆる統計量を集計した尤度のことである。母集団についての完全な情報がなくとも、標本分布を用いて、有用な情報が得られる。母集団の情報がないが、標本平均を計算しているとする。それでも標本平均は、母平均の標準偏差内のある数値におさまっていると想定できる。

4.3　正規分布の理解

　正規分布は、推測統計の中核である。それは釣鐘型曲線 (ガウス曲線とも呼ばれる) 様である。大部分の複雑なプロセスは、正規分布により定義できる。

　正規分布がどのようなものか見てみよう。最初に、必要なパッケージ群を読み込む。ここでは次のように RDatasets を読み込むが、後ほど必要になる。

－ 82 －

```
using DataFrames
using RDatasets
using Distributions
using Gadfly


In [22]:

srand(619)
```

最初にシード値を設定して、正規分布を調べる。

```
super(Normal)

Distributions.Distribution{Distributions.Univariate,Distributi
ons.Continuous}

names(Normal)

WARNING: names(t::DataType) is deprecated, use fieldnames(t) i
nstead.

2-element Array{Symbol,1}:
 :μ
 :σ
```

警告のとおり、`names` の代わりに `fieldnames` を使うこともできる。より新しいバージョンの Julia では、`fieldnames` を用いることを奨める[※1]。

ここで、正規関数は Distribution パッケージに含まれていること、単変量と連続変量の特徴を有していることがわかる。`normal()` 関数のコンストラクタは以下のように 2 つのパラメータをとる。

- 平均 (μ)
- 標準偏差 (σ)

正規分布を具体的に取り上げて説明しよう。以下のように、平均 (μ) を 1.0、標準偏差 (σ) を 3.0 とする。

```
dist1 = Normal(1.0, 3.0)

Distributions.Normal(μ=1.0, σ=3.0)

params(dist1)

(1.0,3.0)
```

訳注※1　version 0.5 では super の代わりに supertype が推奨される。

以下のように、保持している平均と標準偏差を確認できる。

```
dist1.μ
```
1.0

```
dist1.σ
```
3.0

以下のように、この正規分布オブジェクトを用いて、乱数関数によって分布を作成できる。

```
x = rand(dist1, 1000)
1000-element Array{Float64,1}:
  7.53922
 -4.27887
  1.54685
 -1.3515
 -2.68357
  3.62544
```

この関数をより理解するため、以下のように、Gadfly パッケージを使ってヒストグラムを描画してみよう。

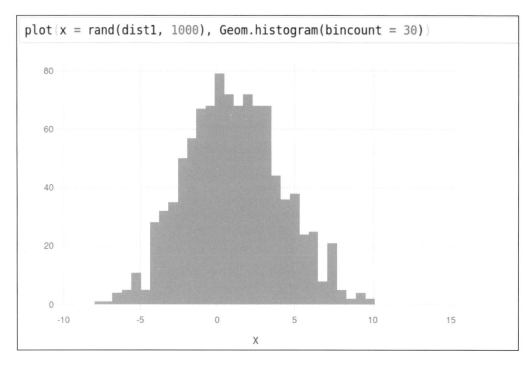

4.3.1 パラメータ推定

これは、最もよく説明できる分布の種類を求めるために用いられる。次のように、fit 関数をパラメータ推定に用いることができる。

```
fit(Normal, x)

Distributions.Normal(μ=1.0038374150247216, σ=2.99929
17508924752)
```

[1.0, 3.0] を用いて x を作成し、推定量が極めて近いことを確認できる。

4.4 Distributions.jl の型ヒエラルキー

Distributions.jl で提供される関数は、ヒエラルキーに従っている。パッケージででき
ることを理解するために一通り見てみよう。

4.4.1 Sampleable の理解

Sampleable は、サンプラー (サンプル抽出器) とサンプルを抽出する分布を含む抽象型で
ある。それは、以下のように定義される。

```
abstract Distributions.Sampleable{F<:Distributions.
VariateForm,S<:Distributions.ValueSupport} <: Any
```

抽出できるサンプルの種類は、2つのパラメータ型によって定義される。

- VariateForm：
    - 単変量型 (Univariable)：スカラー数
    - 多変量型 (Multivariable)：数値ベクトル
    - 行列変量型 (Matrixvariable)：数値行列
- ValueSupport：
    - 離散型：Int (整数)
    - 連続型：Float64 (浮動小数点)

Sampleable オブジェクトが作成する標本についての情報が抽出できる。配列には、変量様
式に依存して、多変量標本を含むことができる。以下のように、情報を得るための様々な関数
が使える (sampobj は、サンプルを抽出できるオブジェクトとする)。

- length(sampobj)：名前が示すように、標本の長さを与える。オブジェクトが単変量の
  ときは 1 である。
- size(sampobj)：標本の形状を返す。
- nsamples(sampobj, X)：X の中の標本の数を返す。
- eltype(sampobj)：標本の中の要素のデフォルトの型を返す。
- rand(sampobj, x)：標本から抽出される x 個の複数標本を返す。
    - sampobj=univariate の場合、長さ x のベクトルが返される。

－85－

第 4 章　推測統計学に深く踏み込む

- `sampobj=multivariate` の場合、x 列の行列が返される。
- `sampobj=matrix-variate` の場合、標本行列の配列が返される。

(1)　確率分布の表現

確率分布をより良く描くため、以下のように Sampleable のサブタイプである Distribution が用いられる。

```
abstract Distributions.Distribution{F<:Distributions
.VariateForm,S<:Distributions.ValueSupport} <: Distr
ibutions.Sampleable{F<:Distributions.VariateForm,S<:
Distributions.ValueSupport}
```

簡単に使うには、一般によく用いられる分布について、`typealias` を使う。

```
julia> typealias UnivariateDistribution{S<:ValueSupport}
Distribution{Univariate,S}

julia> typealias MultivariateDistribution{S<:ValueSupport}
Distribution{Multivariate,S}

julia> typealias MatrixDistribution{S<:ValueSupport}
Distribution{Matrixvariate,S}
```

▎4.5　単変量分布

各標本がスカラーである分布は、単変量分布である。それらが台となる値に基づいて、以下のようにさらに 2 つの分布に分類できる。

- 単変量連続型分布
- 単変量離散型分布

抽象型：

```
julia> typealias UnivariateDistribution{S<:ValueSupport}
Distribution{Univariate,S}

julia> typealias DiscreteUnivariateDistribution
Distribution{Univariate,Discrete}
julia> typealias ContinuousUnivariateDistribution
Distribution{Univariate,Continuous}
```

－ 86 －

パッケージでは必要な機能が提供されており、単変量分布に対する多くのメソッドが実装されている。

4.5.1　パラメータの抽出

- `params(distributionX)`：1 組のパラメータを返す
- `succprob(distributionX)`：成功確率を返す
- `failprob(distributionX)`：失敗確率を返す
- `dof(distributionX)`：自由度を返す
- `ncategories(distributionX)`：カテゴリー数を返す
- `ntrials(distributionX)`：試行回数を返す

4.5.2　統計関数

`mean()`、`median()`、`mode()`、`std()`、`var()` などの一般の統計関数がこれらの分布で利用できる。

4.5.3　確率の評価

様々な確率関数に加え、確率を評価する次のような関数も Julia は提供する。

- `pdf(distributionX)`：pdf は確率密度関数を示す。`distributionX` の確率ベクトルを返す。関数への第 2 引数として、`a:b` という形式で値の範囲も指定できる。
- `cdf(distributionX)`：cdf は累積分布関数を示す。
- `insupport(distributionX,x)`：この指示関数は、`distributionX` において x が台の内部にあるかそうでないかについて値を返す。

4.5.4　単変量分布での標本抽出

先に、乱数の生成について議論した。これは、ある分布に由来する標本も抽出できる。

```
julia> rand(distributionX)
```

これは、`distributionX` から 1 つの標本を抽出する。それは多重ディスパッチを用いており、以下のように必要に応じて他の引数を与えることができる。

```
Julia> rand(distributionX,n)
```

これは、`distributionX` から n 個の独立標本のベクトルを返す。

4.5.5　離散型単変量分布とその型の理解

離散型単変量分布はこれらの分布の上位の型であり、そのような分布から抽出された標本は

第4章　推測統計学に深く踏み込む

整数である。

(1)　ベルヌーイ分布

　ベルヌーイ分布は離散型分布である。2つの取り得る結果があり、$n=0$ と $n=1$ であるとする。ここで、$n=1$ である場合は成功で、その確率は p であり、$n=0$ の場合は失敗で、その確率は $q=1-p$ であり、$0<p<1$ である。

　Julia では、ベルヌーイ分布は以下のように実装される。

```
julia> Bernoulli(p)
```

　ここで、p は成功率（確率）である。

(2)　二項分布

　二項分布は、もう1つの離散型確率分布である。$P_p(n\,|\,N)$ で与えられ、N 回のベルヌーイ試行のうち n 回の成功回数を得ることである。一連の独立の試行の後に、得られた成功回数が二項分布である。

```
julia> using Distributions

julia> Binomial()
Distributions.Binomial(n=1, p=0.5)
```

　これは、試行回数 =1、成功率 p=0.5 のベルヌーイ分布である。

```
julia> n=5
5

julia> Binomial(n)
Distributions.Binomial(n=5, p=0.5)
```

　ここで、試行回数 =5 に指定する。以下のように成功確率はデフォルトのままである。

```
julia> p=0.3
0.3

julia> Binomial(n,p)
Distributions.Binomial(n=5, p=0.3)
```

　成功率を定義することもできる。するとこれは、試行回数 =5 で成功率 p=0.3 の分布を返す。

4.5.6　連続型分布

　連続型単変量分布は、すべての連続型単変量分布の上位の型であり、連続型単変量分布から抽出されたそれぞれの標本は Float64 型（64 ビット浮動小数点型）である。

（1） コーシー分布

コーシー分布は、ローレンツ分布とも呼ばれる。それは、以下のように共鳴現象を説明する連続型分布である。

```julia
julia> Cauchy()
Distributions.Cauchy(μ=0.0, σ=1.0)
```

これは、標準的なコーシー分布（位置パラメータ (location) ＝ 0.0、尺度パラメータ (scale) ＝ 1.0）を与える。

```julia
julia> Cauchy(u,s)
Distributions.Cauchy(μ=0.2, σ=1.5)
```

パラメータを渡すこともできる。上記は、位置パラメータが u で尺度パラメータが s のコーシー分布を与える。

（2） カイ分布

自由度 k のカイ分布は、正規分布に従う k 個の独立変数の二乗和である、カイ二乗の確率変数の平方根によって形成される分布である。

Julia では、以下のように実装される。

```julia
julia> Chi(k)
```

これは、自由度 k のカイ分布を形成する。

カイ分布の平均で割ることで、正規分布の標準偏差の不偏推定の修正項を得るために用いられる。

（3） カイ二乗分布

自由度 k のカイ二乗分布は、k 個の独立な標準正規確率変数の二乗和の分布である。Julia では、以下のように実装されている。

```julia
julia> Chisq(k)
```

ここで、k は自由度である。

カイ二乗検定に一般的に使われている、カイ二乗分布の特徴は、

- 観測された分布の適合度を得るのに用いられる。
- 正規分布の標本標準偏差をもとに、母標準偏差の信頼区間の推定するために用いられる。
- 質的データの分類基準の独立性を求めるためにも用いられる。

第 4 章　推測統計学に深く踏み込む

4.6　切断分布

時として、特定の領域や範囲に分布を限定することが必要となることがあり、限定された分布は切断分布と呼ばれる。こうしたことは、特定の範囲の事象しか計測できないときや、閾値が以下のように与えられるときに有用である。

$$f(x|a < X <= b) = \frac{g(x)}{F(b) - F(a)} = TruncatedD(x)$$

分布が 2 つの定数の間に限定されているとき、これを切断分布という。Julia では、それは以下のように実装されている。

```
Summary:
immutable Distributions.Truncated{D<:Distributions
.Distribution{Distributions.Univariate,S<:Distribu
tions.ValueSupport},S<:Distributions.ValueSupport}
 <: Distributions.Distribution{Distributions.Univa
riate,S<:Distributions.ValueSupport}
```

1. 切断のない場合： $-\infty = a, b = +\infty$
2. 下限が切断された場合： $-\infty < a, b = +\infty$
3. 上限が切断された場合： $-\infty = a, b < +\infty$
4. 両側が切断された場合： $-\infty < a, b < +\infty$

```
Fields:
untruncated :: D<:Distributions.Distribution{Distr
ibutions.Univariate,S<:Distributions.ValueSupport}
lower        :: Float64
upper        :: Float64
lcdf         :: Float64
ucdf         :: Float64
tp           :: Float64
logtp        :: Float64

Truncated TruncatedNormal truncate
```

しかし、単変量分布が利用可能ないくつかの統計的関数は、一般的な切断分布にも利用することができる。これらの関数が利用できない理由は、切断のために、計算が複雑になってしまうからである。

4.6.1　切断正規分布
これは、切断分布が正規分布を形成する特殊な型の分布である。

- 90 -

これは `TruncatedNormal` という専用のコンストラクタを使うことや、あるいは、切断コンストラクタへの引数として正規分布コンストラクタを与えることで作ることができる。

```
Julia> TruncatedNormal(mu, sigma, l, u)
```

これは正規分布であるので、一般的な切断分布を利用できない統計関数は、切断正規分布を利用することができる。

4.7 多変量分布の理解

多変量確率分布は、1つ以上の確率変数を含む分布である。これらの確率変数の間には、何らかの相関があるかもしれないし、ないかもしれない。この分布から抽出される標本はベクトルである。`Distributions.jl` は、多項分布、多変量正規分布、ディリクレ分布といった、一般によく使われる多変量の関数を実装する。

それらは、以下のように実施される。

```
Distributions.MultivariateDistribution is of type
TypeConstructor:

Summary:
immutable TypeConstructor <: Type{T}

Fields:
parameters :: SimpleVector
body       :: Any

MultivariateDistribution
DiscreteMultivariateDistribution
```

この型のエイリアスは、以下のようになっている。

```
julia> typealias MultivariateDistribution{S<:ValueSupport}
Distribution{Multivariate,S}

julia> typealias DiscreteMultivariateDistribution
Distribution{Multivariate, Discrete}
julia> typealias ContinuousMultivariateDistribution
Distribution{Multivariate, Continuous}
```

単変量分布で利用可能なメソッドの大部分は、多変量分布においても利用可能である。

4.7.1 多項分布

これは、二項分布の一般化である。有限集合のサイズ k のカテゴリカル型分布より、n 個の

第 4 章　推測統計学に深く踏み込む

独立な抽出を行うとする。これを、$X = X_1, X_2, \ldots\ldots\ldots X_k$ と表現しよう。

するとこの X は、いずれの標本も、合計が n になる k 次元の整数ベクトルである多項分布を表すことになる。

Julia では、それは以下のように実装されている。

```julia
julia> Multinomial(n, p)
```

ここで、p は確率ベクトルを表しており、n 回の試行の分布を作成する。

4.7.2　多変量正規分布

これは、正規分布の、多次元への一般化である。

```
immutable Distributions.MvNormal{Cov<:PDMats.AbstractPDMat,Mean<:Uni
on{Array{Float64,1},Distributions.ZeroVector{Float64}}} <: Distributio
ns.AbstractMvNormal
```

多変量正規分布が重要である理由は、以下のとおりである。

- **数学的な単純さ**：この分布を用いるほうが楽である。
- **中心極限定理の多変量版**：独立で同一の分布に従う $X_1, X_2, \cdots, X_n$ という一連の確率ベクトルがある場合、標本平均ベクトル μ は、大規模標本ならば多変量正規分布に従うようになる。
- 多くの自然現象のモデリングに使われている。

```
Fields:

μ :: Mean<:Union{Array{Float64,1},Distributions.ZeroVector{Float64}}
Σ :: Cov<:PDMats.AbstractPDMat
```

3 つの型の共分散行列が実装されている。

- 完全共分散
- 対角共分散
- 等方共分散

```julia
julia> typealias FullNormal MvNormal{PDMat,     Vector{Float64}}
julia> typealias DiagNormal MvNormal{PDiagMat, Vector{Float64}}
julia> typealias IsoNormal  MvNormal{ScalMat,  Vector{Float64}}

julia> typealias ZeroMeanFullNormal MvNormal{PDMat,
ZeroVector{Float64}}
```

－ 92 －

```
julia> typealias ZeroMeanDiagNormal MvNormal{PDiagMat,
ZeroVector{Float64}}
julia> typealias ZeroMeanIsoNormal  MvNormal{ScalMat,
ZeroVector{Float64}}
```

平均ベクトルは、`Vector{Float64}` や `ZeroVector{Float64}` のインスタンスのいずれかである。`ZeroVector{Float64}` は、ゼロで満たされたベクトルである。

多変量正規分布は、以下のような方法で作成される。

- `MvNormal(mu, sig)`：`mu` は平均を表し、`sig` は共分散を表す。
- `MvNormal(sig)`：平均を指定しないので、平均はゼロとなる。
- `MvNormal(d, sig)`：ここでは `d` 次元を表す。

4.7.3 ディリクレ分布

ディリクレ分布は、多項分布の共役事前分布を表す。これは、多項分布の母数 (parameter) の事前分布がディリクレ分布である場合に、事後分布もディリクレ分布であるという条件を表している。

```
Summary:

immutable Distributions.Dirichlet <: Distributions.Distribution{Distributions.
Multivariate,Distributions.Continuous}
```

このことは、ディリクレ分布は、多変量の族 (family) の一部であり、連続型分布であることを示している。

```
Fields:

alpha  :: Array{Float64,1}
alpha0 :: Float64
lmnB   :: Float64
```

ディリクレメソッドによって受理されるパラメータが存在する。これは、以下のように用いられる。

```
julia> Dirichlet(alpha)
```

ここで、`alpha` はベクトルである。

```
julia> Dirichlet(k, a)
```

ここで、`a` は正のスカラーである。

第 4 章　推測統計学に深く踏み込む

4.8　行列変量分布の理解

これは、すべての標本が行列型の分布である。単変量および多変量分布で用いられる多くの
メソッドが、行列変量分布でも使用できる。

4.8.1　ウィッシャート分布

これは、行列変量分布の型であり、2 変量や多変量へのカイ二乗分布の一般化である。独立
等分布で、平均がゼロとなる多変量正規確率ベクトルの内積の加算より作成される。これは、
標本サイズでスケーリングされた後、多変量正規確率データの標本共分散行列分布のモデルと
して用いられる。

```julia
julia> Wishart(v, S)
```

ここで、v は自由度であり、s は基底行列である。

4.8.2　逆ウィッシャート分布

これは、多変量正規分布の共分散行列の事前共役である。Julia では、以下のように実装さ
れる。

```julia
julia> InverseWishart(v, P)
```

これは、自由度 v で基底行列 P の逆ウィッシャート分布を表している。

4.9　分布の当てはめ

分布の当てはめとは、ある区間における、変数現象の確率の予測のために一連のデータの確
率分布の当てはめを行うことである。分布から、データにうまく当てはまる良い予測が得られ
る。分布と現象の特徴に依存して、データを用いてより良い当てはめができることがある。

```julia
julia> d = fit(Distribution_type, dataset)
```

これは、Distribution_type 型の分布を与えられたデータ集合 dataset.x に当てはめ
る。dataset.x は配列型で、すべての標本を構成する。fit 関数は、その分布に当てはめる最
も良い様式を求める。

4.9.1　分布の選択

分布は、平均値に関して、データの対称性や歪度によって選択される。

- 94 -

(1) 対称な分布

釣鐘型曲線に従う傾向の対称分布については、正規分布とロジスティック分布が最も適する。尖度がより高いと、数値は中心からより離れて分散するので、スチューデントのt分布を用いることもできる。

(2) 右に歪んだ分布

正の歪度とも呼ばれる。これは、平均より小さい側の数値群の距離より、平均より大きい側の数値群の距離の方が、大きい場合である。これらの状況においては、対数正規分布、対数ロジスティック分布が最も適する。これらの状況のいくつかにおいては、指数分布、ワイブル分布、パレート分布、グンベル分布も適する。

(3) 左に歪んだ分布

負の歪度、あるいは左側への歪度は、これは、平均より小さい側の数値群の距離の方が、平均より大きい側の数値群の距離より大きい場合である。そのようなデータにおいては、二乗正規分布、ゴンペルツ分布、そして逆ガンベル分布やミラーガンベル分布が適する。

4.9.2 最尤推定

最尤推定 (MLE) は、与えられた統計量についてのパラメータを推定するプロシージャであり、与えられた分布が最も尤もらしいようにする。それは、解析的最大化プロシージャである。

例えば、母集団からの標本を有しているが、何らかの理由で母集団全体を測定できない。この母集団の何らかの統計量を求めたい。これは、データを正規分布に従うと仮定する最尤推定 (MLE) 法によって実施可能である。MLE は、所有するデータと与えられたモデルに従って、最も高い確率を持つパラメトリックな値を与える。

MLE の標本特性は以下のとおりである。

- (大規模標本サイズでの) 不偏最小分散推定量である。
- 信頼区間は、近似的正規分布と近似的標本分散を計算することで求められる。
- モデルと母数についての仮説検定に用いることができる。

MLE の欠点は以下のとおりである。

- MLE は、少数標本の欠失データに、大きく影響を受ける可能性がある (大規模標本サイズでも、これは克服できない)。
- MLE の計算は、複雑な非線形方程式を解く必要がある。

指定された統計モデルと与えられたデータ集合に対するモデルパラメータ値の集合の選択により、MLE は尤度関数を最大化する。

大規模標本サイズにおいて (無限大に近づくにつれ)、MLE は次のような特徴を持つ。

第 4 章　推測統計学に深く踏み込む

- **有効性**：MLE の漸近平均二乗誤差は、すべての一致する推定量の中で最小の値である。
- **漸近正規性**：MLE の分布は、標本サイズの増大に伴い、ガウス分布に近づく。
- **一致性**：一連の確率は、推定値に収束する。
- バイアスを修正すると、二次有効性を持つ

Julia では、最尤推定のための関数 `fit_mle` を有する。これは、多重ディスパッチを用いる。

```
julia> fit_mle(Distribution, dataset)
```

- `dataset` は、単変量分布の 1 つの配列でもよい。
- `dataset` は、多変量分布の 1 つの行列である。

```
julia> fit_mle(Distribution, weights, dataset)
```

- これは、長さ n の配列で、付加的なパラメータである重みを含む。n はデータ集合に含まれる標本の数に等しい。

執筆時点では、`fit_mle` は、最もよく使われる以下のような分布を実装している。

- **単変量分布**：正規分布、ガンマ分布、二項分布、ベルヌーイ分布、カテゴリカル分布、一様分布、ラプラス分布、指数分布、幾何分布など。
- **多変量分布**：多項分布、多変量正規分布、およびディリクレ分布。

すでに指摘したように、`fit_mle` は多重ディスパッチを用いる。いくつかの分布の実装は、他の分布とかなり異なる。

二項分布については、

- `fit_mle(BinomialDistribution, numOfTrials, dataset, weights)`：試行数は、各試行で表す付加的パラメータである。`weights` はオプションの引数である。

カテゴリカル分布については、

- `fit_mle(CategoricalDistribution, spaceSize, dataset, weights)`：`spaceSize` は個別の値の数を表す付加的パラメータである。`weights` はオプションの引数である。

4.9.3　十分統計量

Julia は、推定値を求め、最尤推定（`fit_mle`）を実施する関数を提供する。

使用法：
```julia
julia> gensuffstats = suffstats(Distribution, dataset, weights)
```

ここで、`weights` はオプションのパラメータである。これは、データ集合の十分統計量を作成し、`fit_mle` を適用することができる。

```julia
julia>  fit_mle(Distribution, gensuffstats)
```

十分統計量の関数を用いる理由は、より効率的だからである。

4.9.4　最大事後確率(MAP) 推定

これは、エネルギー最小化としても知られている。推定されるパラメータは未知であるものの、確率変数とみなされる MLE と異なり、固定とみなされている。

ベイズ分析では、実際の工程で推定したいパラメータについて、経験的根拠や他の科学知識からの先験的情報を持っている。そのような情報は、推定するパラメータの**確率分布関数 (pdf)** で表現される。

```julia
julia> posterior(priori, suffst)
```

これは、十分統計量によって与えられるデータに基づく事後分布を返す。そして、これは先験的情報（事前確率）と同じ型である。

最大事後確率推定は以下のように実施できる。

```julia
julia> fit_map(priori, G, dataset[, weights])
```

ここで、G は尤度モデル（あるいは分布）である。

以下のように完全分布を生成できる。

```julia
julia> complete(priori, G, params)
```

これはパラメータ `param` と尤度モデル G をもつ完全分布を与える。

4.10 信頼区間

これは、母集団の値の推定範囲において、未知の母集団パラメータと関連する不確実性の量を表す。

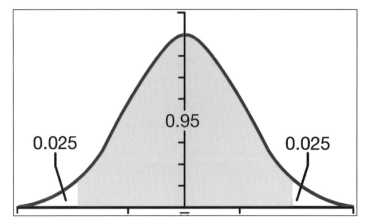

4.10.1 信頼区間の解釈

母平均が、95%信頼区間において 100 より大きく、300 より小さいものとしよう。

母平均が 100 から 300 の間になる見込みは 95%になる、というのが一般的な認識である。これは間違いである。なぜならば、母平均は確率変数ではなく、定数であり、変化はしない。どのような特定の範囲内であれ、そうなる確率は 0 か 1 なのである。

標本抽出法に関連する不確定性の程度は、信頼水準によって記述される。様々な標本を選択するために、各標本について同じ標本抽出法を用いて様々な区間推定を計算するとしよう。

真の母集団パラメータは、これらの区間推定のいくつかには含まれているが、すべてにではない。

したがって、95%信頼水準は、複数の区間推定のうちの 95%に母集団パラメータが含まれているであろう、ということを意味する。

ここに信頼区間を求めるためのステップを示す。

- 標本統計量を求める。
- 信頼水準を選択する。
- 誤差の境界領域 (margin of error) を以下のように計算する。

*誤差の境界領域 (margin of error) = 統計量の標準偏差 (誤差) * 臨界値*

- 信頼区間を求める。

信頼区間 = 誤差の境界領域 + 標本統計量

Julia では、信頼区間は ci 関数を用いて計算される。一般的な関数 ci について 12 のメソッドが存在する[※2]。

```
ci(x::HypothesisTests.Btest)
ci(x::HypothesisTests.BTest, alpha::Float64)

ci(x::HypothesisTests.BinomialTest)
ci(x::HypothesisTests.BinomialTest, alpha::Float64)

ci(x::HypothesisTests.SignTest)
ci(x::HypothesisTests.SignTest, alpha::Float64)

ci(x::HypothesisTests.FisherExactTest)
ci(x::HypothesisTests.FisherExactTest, alpha::Float64)
ci(x::HypothesisTests.TTest)
ci(x::HypothesisTests.TTest, alpha::Float64)

ci(x::HypothesisTests.PowerDivergenceTest)
ci(x::HypothesisTests.PowerDivergenceTest, alpha::Float64)
```

(1) 使用法

二項分布での信頼区間を求めるために、以下のように使用する。

```
julia> ci(test::BinomialTest,alpha=0.05;
tail=:both,method=:clopper_pearson)
```

これは、$1-α$ をカバーする信頼区間を計算する。使用する計算法 (method) は clopper pearson (:clopper_pearson) である。

他の計算法 (method) の使用も可能である。

- Wald 区間 (:wald)
- Wilson score 区間 (:wilson)
- Jeffreys 区間 (:jeffrey)
- Agresti Coull 区間 (:agresti_coull)

多項比率の信頼区間を求めるには、以下のように実施する。

```
julia> ci(test::PowerDivergenceTest, alpha=0.05; tail=:both,
method=:sison_glaz)
```

訳注※2　ci の利用には、Pkg.add("HypothesisTests")using HypothesisTests、とする必要がある。
version 0.5 では ci の代わりに confint が推奨される。

第 4 章 推測統計学に深く踏み込む

sison_glaz 以外の、他の方法は以下のとおりである。

- ブートストラップ区間（:bootstrap）
- Quesenberry, Hurst 区間（:quesenberry_hurst）
- Gold 区間（:gold）

4.11 z スコアの理解

z スコアは、平均から、各要素が標準偏差に対して離れている度合いを表す。以下の式で与えられる。

$$z = \frac{X - \mu}{\sigma}$$

ここで、X は各要素の値を表し、σ は標準偏差であり、μ は母平均である。

4.11.1 z スコアの解釈

- z-score<0：各要素は平均よりも小さい。
- z-score>0：各要素は平均よりも大きい。
- z-score=0：各要素は平均に等しい。
- z-score=0.5：各要素は平均よりも標準偏差の 0.5 倍分だけ大きい。

Julia では、以下のように実装される。

```
julia> zscore(X, μ, σ)
```

関数によって計算ができるため、μ と σ はオプションである。

4.12 p 値の有意性の理解

真であるのに、帰無仮説が棄却されてしまう確率を p 値という。2 つの測定値に差がないとき、仮説は帰無仮説と呼ばれる。

例えば、サッカーのゲームにおいて、90 分プレイするどのプレーヤーもゴールを 1 つ決めるという仮説がある場合に、何分プレイしたかと決めたゴールの間に相関がないというものが帰無仮説である。

他の例は、血液型 B の群の人に比べて、血液型 A の群の人は血圧が高いという仮説である。帰無仮説では差がない、つまり血液型と血圧には相関がない。

有意水準は α で与えられ、もし p 値が α 以下ならば、帰無仮説は一致しない、または無効で

－ 100 －

あると宣言される。そのような仮説は棄却される。

4.12.1 片側検定と両側検定

下図は、両側検定が仮説検定において用いられることを示す。

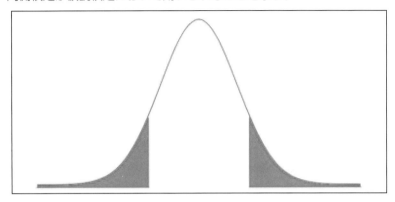

Julia では、それは下記のように計算する。

```
julia> pvalue(test::HypothesisTest; tail=:both)
```

これは、両側検定の p 値を返す。片側検定の p 値を得るには、`tail=:left` や `tail=:right` を用いる。

4.13 まとめ

本章は推測統計へ深く踏み込み、多様な種類のデータ集合を処理するための、Julia における様々な概念とメソッドについて学んだ。正規分布を理解することから開始したが、これは統計を扱ううえで必須である。同時に、Distributions.jl と Julia が提供する様々なメソッドの探索を開始した。それから単変量分布へ移り、その重要な理由を理解した。また、カイ分布、カイ二乗分布やコーシー分布といった他のいくつかの分布を探索した。本章の後半で、z スコア、p 値、片側検定、両側検定について学んだ。本章を学んだ後には、データ集合を理解し、洞察を得るために推測統計を適用し、さらには、仮説の採択や棄却を実施するため z スコアや p 値を用いることができるようになる。

References
- http://docs.julialang.org/en/release-0.4/manual/
- https://github.com/JuliaStats/Distributions.jl
- https://people.sc.fsu.edu/~jburkardt/presentations/truncated_normal.pdf
- https://onlinecourses.science.psu.edu/

第5章

ビジュアル化を使用したデータの理解

Making Sense of Data Using Visualization

　Julia 自体には、そのコアシステムにはビジュアル化やグラフィックスのパッケージがない。それゆえ、パッケージの追加や読み込みなしで、データ集合の目的にかなったビジュアル化を作成することはできない。

　ビジュアル化パッケージが含まれないことで、Julia のコアシステムはクリーンな状態が維持されており、様々なオペレーションシステムの Qt や GTK などの様々な型のバックエンドがビルドに干渉しないようになっている。

　本章では、データのビジュアル化の方法と、データをひと目で理解するためにビジュアル化がどのように役立つかについて学ぶ。本章は、次のパッケージを網羅している。

- PyPlot
- Unicodeplot
- Vega
- Gadfly

　plot 関数は、グラフをプロットするために、パッケージによって使用される一般的関数である。複数のプロットするライブラリを読み込むとき、どの plot 関数が使われるだろうか？

5.1　using と importall の違い

　Foo パッケージの bar と呼ばれるある関数を拡張したいとする。これを using を用いて実行する場合は、以下のようにパッケージ名も含める必要がある。

```julia
julia> using Foo
julia> function Foo.bar(...)
```

しかし、importall を用いて実行する場合は、パッケージ名を含めることは要求されない。

```julia
julia> importall Foo
julia> function bar(...)
```

-103-

第 5 章　ビジュアル化を使用したデータの理解

`importall` を使うと、`function bar(...)` と `function Foo.bar(...)` は等価になる。

これは、関数を拡張したくなかった、または拡張に気づかなかったという、意図しない関数の拡張を防ぐ。さらに将来的に Foo パッケージの実装が阻害される可能性を回避する。

5.2　Julia の Pyplot

本パッケージは、Steven G. Johnson によって作成され、Python の有名な `matplotlib` ライブラリーを Julia に提供したものである。もし、`matplotlib` を使ったことがあるのなら、`pyplot` モジュールになじみやすいだろう。

第 1 章では Julia の Pycall パッケージを学んだ。Pyplot は Julia から直接 matplotlib の描画用ライブラリを呼び出すために、Pycall パッケージを用いる。この呼び出しは、オーバーヘッドがほとんど (あるいは全く) なく、配列はコピーを作らずに直接わたされる。

5.2.1　マルチメディア I/O

基本的な Julia の実行時にはプレーンテキストのみが表示される。外部モジュールの読み込みや、`Jupyter notebook` などのグラフィカル環境の使用により、豊富なマルチメディア出力が与えられる。Julia は豊富なマルチメディア出力 (画像、オーディオおよびビデオ) を表示する仕組みが標準化されており、それは次のように提供される。

- `display(x)` は Julia オブジェクトの表示で最も豊富なマルチメディア表示である。
- 任意のマルチメディア表示は、ユーザ定義型の `writemime` のオーバーロードにより実施される。
- 一般的な表示型をサブクラス化することにより、様々なマルチメディア対応のバックエンドが使用可能となる。

PyPlot は、IJulia などのあらゆる Julia グラフィカルバックエンドにおける描画に、Julia のこのマルチメディア I/O API を利用する。

5.2.2　インストール

Julia での使用には、Matplotlib を含む Python がインストールされている必要がある。推奨される方法は、科学技術計算用 Python の何らかのバンドル (同梱群) から完全なパッケージを導入することである。

人気のあるものは、Continuum analytics 社が提供する Anaconda、Enthought 社が提供する Canopy である。

次のように、pip を用いて `matplotlib` をインストールすることもできる。

```
$ pip install matplotlib
```

　matplotlib をインストールする前に、依存関係のあるパッケージを先にインストールしておく必要がある。
　matplotlib のインストール完了後、以下のように Pyplot パッケージを Julia に追加することができる。

```
julia> Pkg.update()
julia> Pkg.add("PyPlot")
```

　依存関係のあるパッケージは自動的に追加される。本章の例では、IJulia を用いたコマンド入力によるプロットを使用する。

5.2.3　基本のプロット

　さて、パッケージがシステムに追加されたら、使用開始が可能となる。本章の例では、IJulia (Jupyter notebook) を使用する。

```
using PyPlot
PyPlot.svg(true)
```

　2 行目の PyPlot.svg(true) は、作成されたプロットとビジュアル化の SVG 取得を可能にする。**SVG (Scalable Vector Graphics)** は、インタラクティブ（対話的）なアニメーションを備えた二次元グラフィックスのベクトル画像形式の XML ベースのマークアップ言語である。

```
x = [1:100]
y = [i^2 for i in x]
p = plot(x, y)
xlabel("x")
ylabel("y")
title("Basic plot")
grid("on")
```

- 1 行目と 2 行目は作成したいプロットの x と y の値を定義する。
- 3 行目の plot(x,y) は実際にプロットを作成する。
- 作成しているプロットについて、ラベルを付け、美観指定 (aesthetis) を変える。xlabel と ylabel を用いて、x 軸と y 軸のラベルを付けている。次節で、plot 関数の他のオプションを探索する。

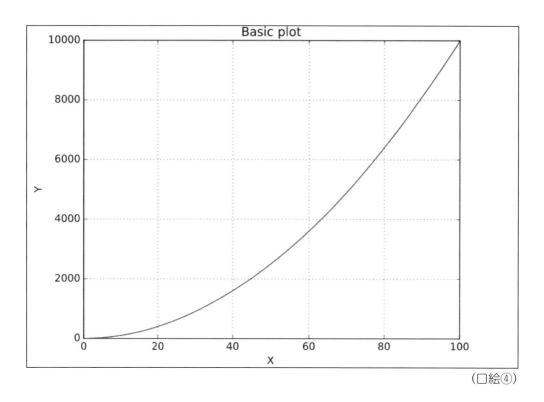

（口絵④）

上図は指数関数のプロットを生成した。

(1) サインとコサインを用いたプロット

以下のコードでは、関数を用いて x と y を初期化している。

```
x = linspace(0, 3pi, 1000)
y = cos(2*x + 3*sin(3*x));
plot(x, y, color="orange", linewidth=2.0, linestyle="--");
title("Another plot using sine and cosine");
```

上記のコードを以下に簡単に説明する。

- `plot` 関数では、作成したい特定のプロットの引数をわたしている。
- 引数をわたすことで、行のスタイル、幅、そして色を変更できる。

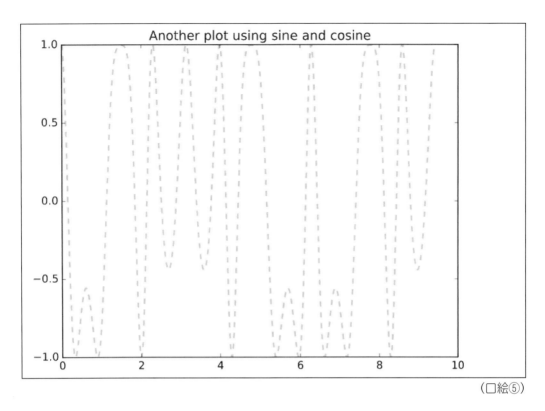

(口絵⑤)

　上図では、線のスタイルが最初の図の線のスタイルと大きく異なっていることがわかる。デフォルトの色は青であるが、プロットの線にオレンジ色を使用することを指定した。

5.3 unicode プロット

　Unicode プロットは、REPL 上にプロットしたいときにとても便利である。これは非常に動作が軽い。

5.3.1 インストール

　依存関係がないので、以下のように簡単にインストールできる。

```
Pkg.add("UnicodePlots")
using UnicodePlots
```

5.3.2 例

　`UnicodePlot` を用いて簡単にできる基本的なプロットを見ていこう。

(1) unicode の散布図の作成

　散布図は 2 つの変数の相関関係を判定するために用いられる。つまり、一方がもう一方の変数からどのように影響を受けているか、を見る。

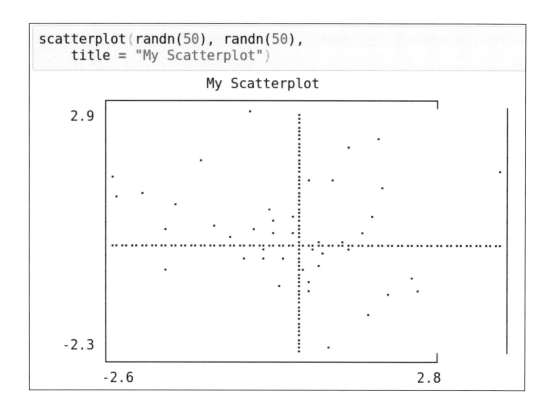

(2) unicode の線プロットの作成

　線グラフはデータ集合を一連のデータ点で表示する。

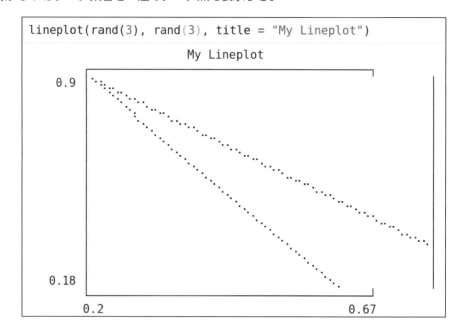

5.4 Vega を用いたビジュアル化

Vega は John Myles White によって提供された美しいビジュアル化ライブラリである。登録済みの Julia パッケージとして提供されているため、簡単にインストールできる。

D3.js 上に構築され、JSON を用いて美しいビジュアル化を実現する。必要な JavaScript ライブラリのコピーがローカルに保存されないため、グラフを生成するときは必ずインターネットに接続する必要がある。

5.4.1 インストール

Vega をインストールするには、以下のコマンドを用いる。

```
Pkg.add("Vega")
using Vega
```

5.4.2 例

Vega を用いた様々なビジュアル化を見ていこう。

(1) 散布図

以下は散布図の引数である。

- x と y：AbstractVector（抽象ベクトル）
- Group：AbstractVector（抽象ベクトル）

散布図は 2 つの変数の相関関係を判定するために用いられ、つまり、一方がもう一方の変数からどのように影響を受けているか、を見る。

```
sccaterplot(x=rand(100), y=rand(100))
```

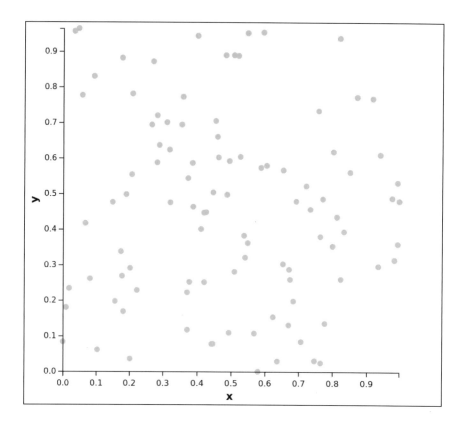

今度は複雑な散布図の作成に移る。

```
using Vega, Distributions

d1 = MultivariateNormal([0.0, 0.0], [1.0 0.9; 0.9 1.0])
d2 = MultivariateNormal([10.0, 10.0], [4.0 0.5; 0.5 4.0])
points = vcat(rand(d1, 500)', rand(d2, 500)')

x = points[:, 1]
y = points[:, 2]
group = vcat(ones(Int, 500), ones(Int, 500) + 1)

scatterplot(x = x, y = y, group = group)
```

これは、次の散布図を作成する。Vegaによって作成された2つのクラスタをはっきりと確認することができる。d1とd2である。

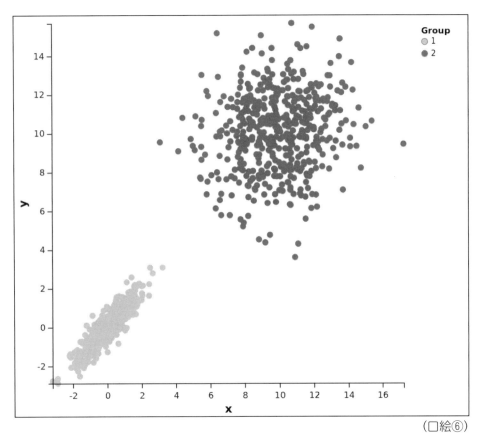

（口絵⑥）

この例では、データをグループ化し、異なる色でグループ化をビジュアル化した。

5.4.3　Vega のヒートマップ

Vega のヒートマップは簡単に作成できる。これは、データ点の密度を簡単にビジュアル化するのに役立つ。引数は以下のとおりである。

- x と y
- 色 (color)

```
x = Array(Int, 900)
y = Array(Int, 900)
color = Array(Float64, 900)
tmp = 0
for counter in 1:30
    for counter2 in 1:30
        tmp += 1
        x[tmp] = counter
        y[tmp] = counter2
```

```
            color[tmp] = rand()
        end
    end
hm = heatmap(x = x, y = y, color = color)
```

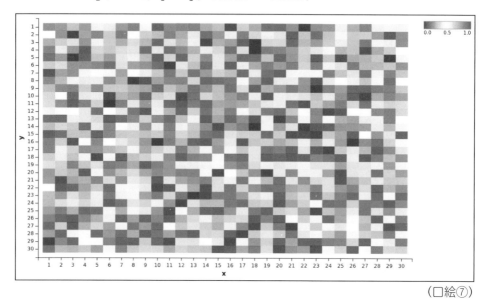

(口絵⑦)

5.5 Gadflyを用いたデータのビジュアル化

Gadflyは、Daniel JonesによってJuliaで書かれた、網羅的なプロットとデータビジュアル化のパッケージである。これはLeland Wilkinsonの著書 *The Grammer of Graphics* に基づいている。つまり、プロットやビジュアル化のための素晴らしいパッケージの1つであるRのggplot2に大きな影響を受けている。

5.5.1 Gadflyのインストール

公式に登録されたJuliaパッケージであるため、インストールは簡単である。

```
Julia> Pkg.update()
Julia> Pkg.add("Gadfly")
```

これは、Gadflyに必要な他のいくつかのパッケージもインストールする。
Gadflyを使用するには、以下のコマンドを実行する。

```
Julia> using Gadfly
```

本例では、IJulia (jupyter notebook) を使用する。

5.5　Gadfly を用いたデータのビジュアル化

　Gadfly は、PNG、SVG、Postscript、および PDF における高品質なグラフィックスとビジュアル化をレンダリングする機能を備えている。組み込まれた JavaScript が SVG のバックエンドで使用され、ズームやパン、トグルといったグラフィックスを用いたインタラクティブ機能を提供する。

　Cairo は PNG、PostScript、および PDF で必要になるので、インストールしておくと良い。

```
Julia> Pkg.add("Cairo")
```

　exampleplot を作成するとしよう。バックエンドに描画するには、以下のように draw 関数を用いる。

```
julia> exampleplot = plot(....)
```

- SVG の場合：
  ```
  julia> draw(SVG("plotinFile.svg', 4inch, 4inch), exampleplot)
  ```
- JavaScript に埋め込まれた SVG の場合：
  ```
  julia> draw(SVGJS("plotinFile.svg', 4inch, 4inch), exampleplot)
  ```
- PNG の場合：
  ```
  julia> draw(PNG("plotinFile.png', 4inch, 4inch), exampleplot)
  ```
- PostScript の場合：
  ```
  julia> draw(PS("plotinFile.ps', 4inch, 4inch), exampleplot)
  ```
- PDF の場合：
  ```
  julia> draw(PDF("plotinFile.pdf', 4inch, 4inch), exampleplot)
  ```

5.5.2　plot 関数を使用した Gadfly によるインタラクティブな操作

　plot 関数は、Gadfly パッケージを用いてインタラクティブ（対話的）に用いられ、目的のビジュアル化を行う。美的特性 (aesthetics) は、プロットのジオメトリ（幾何構成）に描画（マップ）され、plot 関数の動作指定に用いられる。これらは特別に命名された変数である。

　plot の要素は、スケール (scale)、座標 (coordinate)、ガイド (guide) そしてジオメトリ (geometry) になり得る。特例を避けるためグラフィックスの文法で定義されており、美的特性は、きちんと定義された入出力を用いて問題を処理することに役立つ。これによって目的の結果が得られる。

　plot 関数は、以下のデータ源上で操作できる。

- 関数と式
- 配列とコレクション
- DataFrame

－113－

(1) 例

　plot 関数の要素を定義しない場合、デフォルトのデータ点のジオメトリが用いられる。データ点のジオメトリにおいて、x と y の入力が美的特性として処理される。

　以下の散布図を描いてみよう。

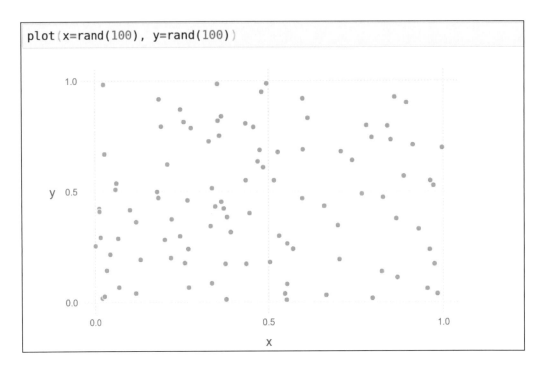

　同じ美的特性において、複数の要素を用いて特定の出力を作成することができる。

　例えば、線と点の両方のジオメトリを同じデータ集合に含めるには、以下を用いて、レイヤド（層化）プロットを作成することができる。

- Geom.line：線のプロット
- Geom.point：点のプロット

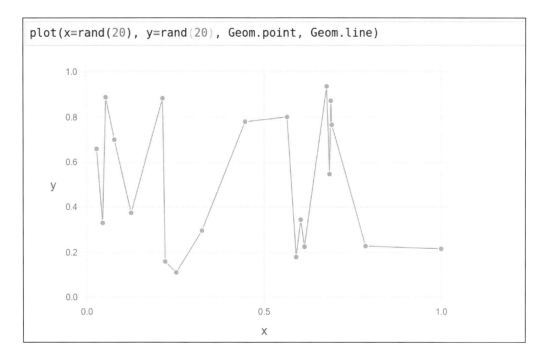

これで、線と点の両方を持つレイヤドプロットが作成された。様々な要素を組み合わせることで、複雑なプロットを作成することができる。

ガイド (Guide)：
- `xlabel` と `ylabel`：Guide 引数は使用するプロットに必要なラベルを与えるために用いることができる。
- `title`：プロットにタイトルを与える。

スケール (scale)：
- これを用いて、プロットの任意の軸を拡大または縮小する。

これらの要素を含む同様のプロットを作成しよう。次のように、x と y のラベルを追加し、プロットにタイトルを追加し、プロットのスケールを指定する。

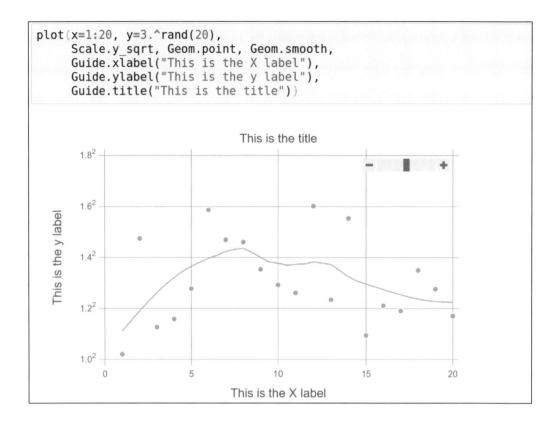

画像内のスライダーを用いて、ズームイン / ズームアウトができる。

5.5.3　Gadfly を用いた DataFrame のプロット

　Gadfly の提供する、ボックス外の DataFrames で動作する機能は実に便利である。前の章で、DataFrame の機能を学んだ。これは、データの表示と処理に用いられる強力なデータ構造である。

　Gadfly を用いると、複雑なプロットを簡単に作成できる。DataFrame は第 1 引数として plot 関数に渡される。

　DataFrame の列は、名前やインデックスによる美的特性 (aesthetics) において plot 関数で用いられる。RDataset を用いて、plot 関数用の DataFrame を作成する。RDataset はいくつかの実際のデータ集合を提供しており、それを用いてビジュアル化を行えるので、Gadfly パッケージの機能を理解することができる。

```
Using Rdatasets, Gadfly
plot(iris, x=:SepalLength, y=:SepalWidth,
   color=:Species, shape=:Species, Geom.point,
   Theme(default_point_size=3pt))
```

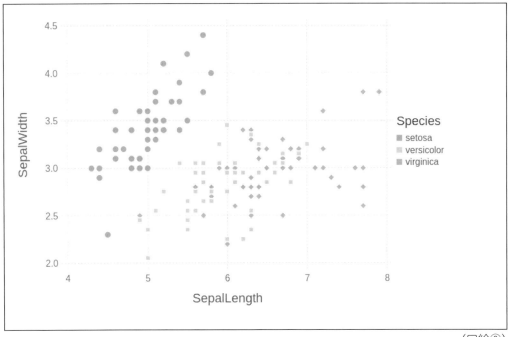

(口絵⑧)

　これは非常に有名なiris（アヤメ）データ集合（データセット）であり、これまでの例でも使用した。萼片（sepal）の長さと萼片の幅のデータ集合のプロットは簡単で、x座標とy座標にそれらをわたすだけである。

　ここで乱数発生器を用いたヒストグラムを作成しよう。乱数発生器を用いて作成する配列をわたすと、ヒストグラムが作成される。

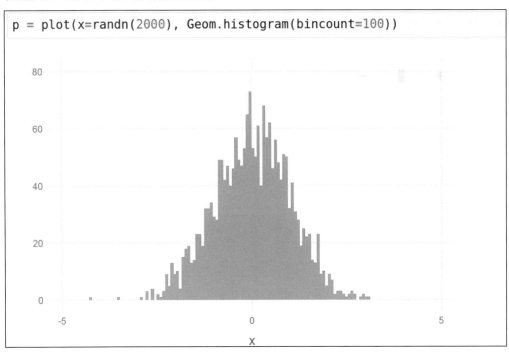

これはとても単純なヒストグラムである。RDataset のデータ集合を用いて次のようなヒストグラムを作成しよう。

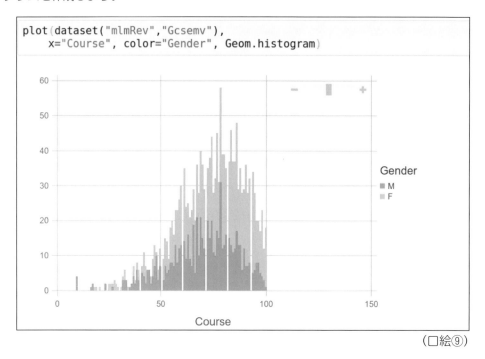

（口絵⑨）

上のデータ集合は RDatasets から取得して、生徒の科目点数と性別で特徴を見るために、ヒストグラムを作成した。これは散布図の作成により以下のように拡張できる。

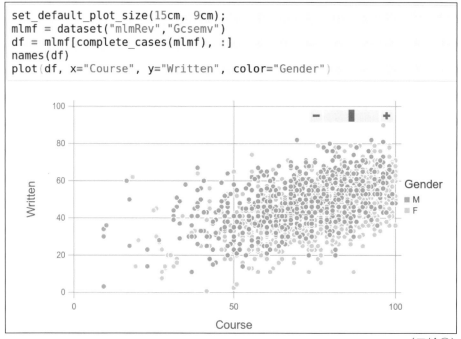

（口絵⑩）

5.5.4 Gadfly を用いた関数と式のビジュアル化

Gadfly では、関数や式のプロットがとても便利である。
関数や式の plot 関数の書式は次のとおりである。

```
plot(f::Function, a, b, elements::Element...)
plot(fs::Array, a, b, elements::Element...)
```

これは、使用したい要素からなる配列として、関数や式をわたせることを示している。

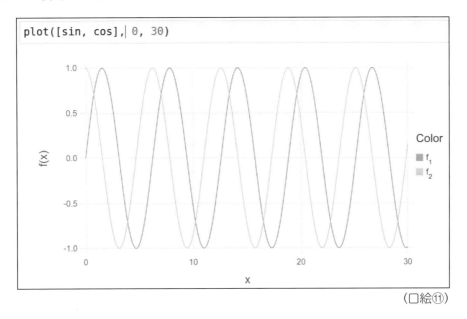

(口絵⑪)

この図は簡単な sin 関数と cos 関数のプロットである。次は以下のように複雑な式からプロットを作成しよう。

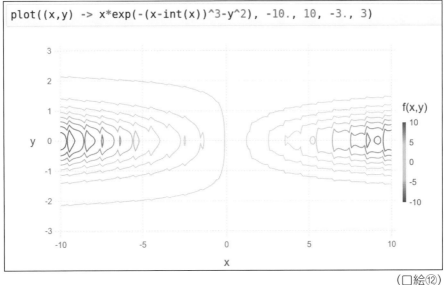

(口絵⑫)

この図は、確率変数による式からプロットを試みた。このように、やや複雑な式の描画も実に簡単であることがわかる。複雑さが増しても、Gadfly はうまくビジュアル化することができる。

5.5.5　複数のレイヤを持つ画像の作成

Gadfly は、以下のように複数のレイヤ（層）を同じプロットに描画できる。

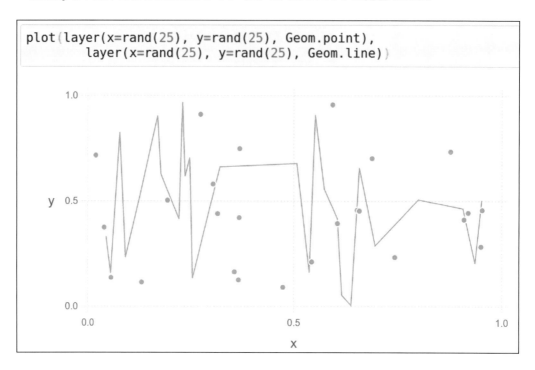

5.5.6　統計量を用いた様々な美的特性を持つプロットの作成

Gadfly の統計関数は、入力に 1 つ以上の美的特性（aesthetics）を取ることで、出力に 1 つ以上の美的特性を与える。

これらを 1 つずつ見て行こう。

(1)　step 関数

この関数は、与えられたデータ点の間で、階段状の補完を行うのに用いられる。新規のデータ点は、2 データ点間の関数によって導入され、引数の方向に依存する。

- x と y のデータ点は美的特性として用いられる。
- :vh は垂直方向に、:hv は水平方向に用いられる。

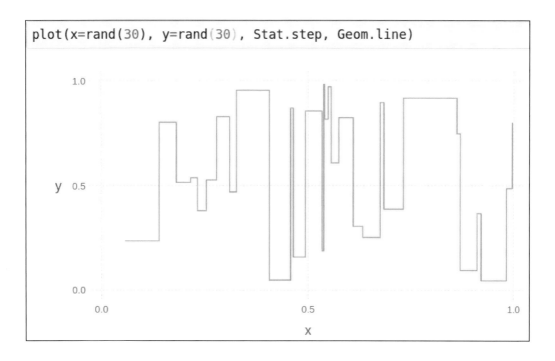

(2) Q-Q 関数

これは Q-Q (quantile-quantile) プロットの生成に用いられる。2つの数値ベクトルは関数に渡され、両分位数の比較が行われる。

関数に渡される x と y は、分布または数値ベクトルである。

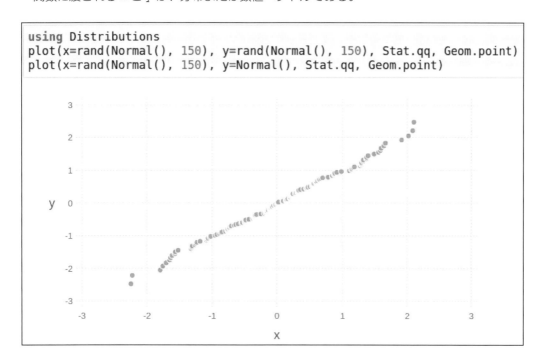

(3) Gadfly の ticks

ticks は軸間のデータを覆うのに用いる。

ticks には、xticks と yticks の 2 つの型がある。

ticks 関数の引数は次のようになる。

- `ticks`：ticks の指定された配列 (何も指定がない時に計算する)
- `granularity_weight`：ticks の数 (デフォルトは 1/4)
- `simplicity_weight`：ゼロを含む (デフォルトは 1/6)
- `coverage_weight`：データ間隔を強く固定する (デフォルトは 1/3)
- `niceness_weight`：番号付け (デフォルトは 1/4)

```
# Providing a fixed set of ticks
plot(x=rand(20), y=rand(20),
    Stat.xticks(ticks=[0.0, 0.2, 0.8, 1.0]),
    Stat.yticks(ticks=[0.0, 0.1, 0.9, 1.0]),
    Geom.point)
```

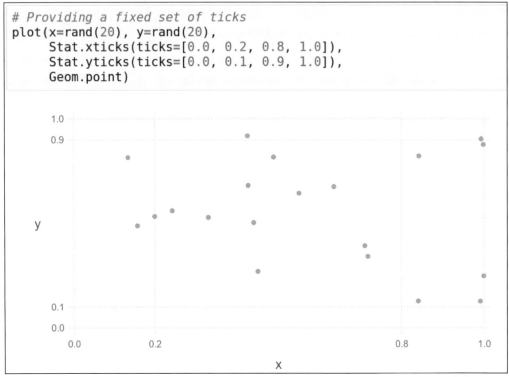

ticks の固定された集合を与える

5.5.7 ジオメトリを用いた様々な美的特性を持つプロットの作成

ジオメトリ (geometry) は、実際の描画を請け負っている。1 以上の入力 (aesthesis；美的特性) が関数に与えられる。

(1) 箱ひげ図

これは whisker diagram とも呼ばれる。四分位値に基づいてデータを表示する標準的な方法である。

- 第 1 四分位値と第 3 四分位値は箱の下と上を表す。
- 箱の中の線は第 2 四分位値 (中央値) である。
- 箱の外の線は最小値と最大値である。

直接用いられる美的特性は、以下のものを含んでいる。

- `x`
- `middle` (中央値)
- `lower_hinge` (下ヒンジ) および `upper_hinge` (上ヒンジ)
- `lower_fence` (下境界点) および `upper_fence` (上境界点)
- `outliers` (外れ値)

箱ひげ図のプロットに必要なデータ集合だけが必須である。

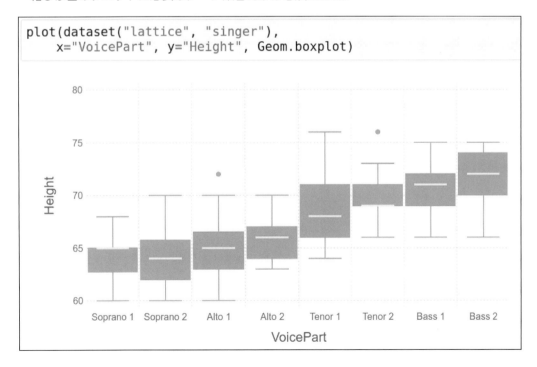

（2） ジオメトリを用いた密度プロットの作成

変数の分布は、以下のように、密度プロットによって効果的に概観することができる。

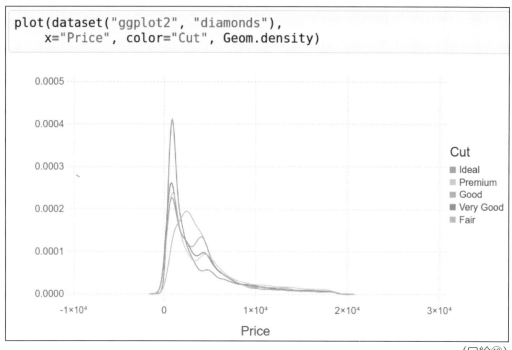

（口絵⑬）

上図のスクリーンショットは、特定の範囲にわたる変数の密度を示す。

（3） ジオメトリを用いたヒストグラムの作成

ヒストグラムは分布の形状を理解するのに役立つ。数値を範囲によりグループ分けする。用いられる美的特性は以下のとおりである。

- `x`：ヒストグラムを描画するのに用いるデータ集合
- `color`（オプション）：色別に異なるカテゴリをグループ分けする。

引数は次のとおりである。

- `position`（配置）：2つのオプションがあり、それは`:stack`または`:dodge`である。バーを並べて配置するか、積み重ねるかを定義する。
- `density`（密度）：オプション
- `orientation`（方向）：水平または垂直
- `bincount`：ビンの数
- `maxbincount`および`minbincount`：ビンの数が自動的に選択される上限と下限

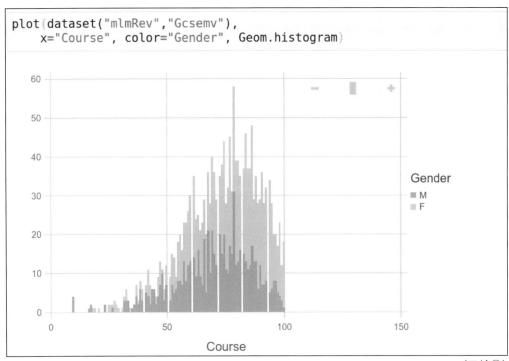

（口絵⑨）

(4) 棒グラフ

これらは度数分布をグラフィカルに表す平行の棒で構成される。
用いられる美的特性は以下のとおりである。

- y：これは必須である。各棒の高さである。
- Color：これはオプションである。色でデータ集合を分類するのに用いられる。
- x：各棒の位置。x の代わりに xmin と xmax を使用でき、各棒の起点と終点である。

引数は以下のとおりである。

- position（配置）：これは :stack または :dodge を取れる。
- orientation（方向）：これは :vertical または :horizonal を取れる。:horizonal の場合は、美的特性として y を（または ymin/ymax を）与える必要がある。

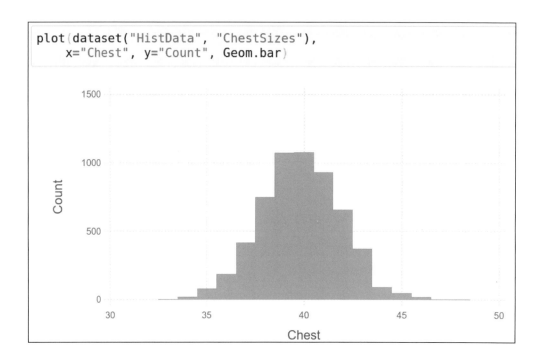

(5) Histogram2d：二次元ヒストグラム

これはヒートマップ様のヒストグラムを作成するのに用い、長方形の棒は密度を表す。用いられる美的特性は以下のとおりである。

- xおよびy：座標にプロットされるデータ集合

引数は以下のとおりである。

- xbincount：x座標のビンの数を指定する。ビンの数が自動的に決まると、xminbincountとymaxbincountが与えられる。
- ybincount：y座標のビンの数を指定する。ビンの数が自動的に決まると、yminbincountとymaxbincountが与えられる。

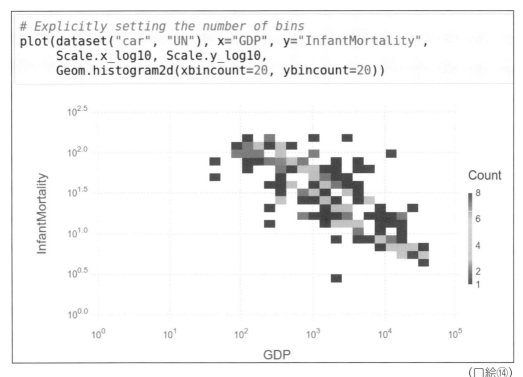

（口絵⑭）
ビン数を明示的に指定

（6） 平滑線プロット

すでに線プロットの例を取り上げた。データから関数を推定する平滑線プロットを作成することもできる。

用いられる美的特性は以下のとおりである。

- x：予測変数データ
- y：応答変数（関数）データ
- color：データ集合を分類するオプション引数として用いられる。

引数は以下のとおりである。

- smoothing：平滑化をどの程度行うかを指定する。値が小さくなるほど多くのデータを使用し（当てはまりが良い）、値が大きくなると使用するデータが少なくなる（当てはまりが良くない）。
- Method：:lm と :loess メソッドは平滑線を作成する引数としてサポートされている。

```
x_data = 0.0:0.1:3.0
y_data = x_data.^2 + rand(length(x_data))
plot(x=x_data, y=y_data,
    Geom.point,
    Geom.smooth(method=:loess,smoothing=0.9))
```

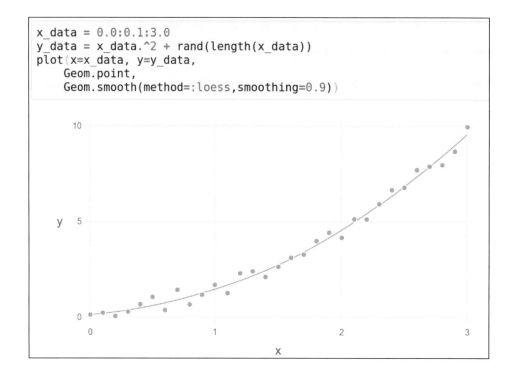

（7） サブプロットなグリッド

複数のプロットをグリッドとしてまとめることができ、いくつかのカテゴリカルベクトルで構成される。

```
Julia> Geom.subplot_grid(elements::Gadfly.ElementOrFunction...)
```

用いられる美的特性は以下のとおりである。

- xgroup および ygroup（オプション）：これらを使用して、カテゴリカルデータに基づいてサブ（部分）プロットを x 軸または y 軸に配置する。
- free_y_axis および free_x_axis（オプション）：デフォルトでは値は false である。つまり、x 軸と y 軸のスケールは、異なるサブプロット間で異なることがある。値が true の場合、個々のプロットに対して縮尺が設定される。
- xgroup および ygroup の両方が設定されている場合、グリッドが形成される。

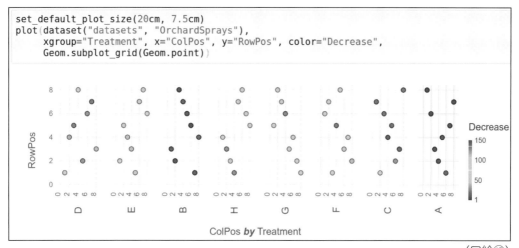

（口絵⑮）

第 5 章　ビジュアル化を使用したデータの理解

固定された縮尺は以下のように使用する。

```julia
using DataFrames
set_default_plot_size(8cm, 12cm)
widedf = DataFrame(x = [1:10], var1 = [1:10], var2 = [1:10].^2)
longdf = stack(widedf, [:var1, :var2])
plot(longdf, ygroup="variable", x="x", y="value",
    Geom.subplot_grid(Geom.point, free_y_axis=true))
```

(8) 水平線および垂直線

hlineとvlineを用いて、キャンバスに水平線と垂直線を描画することができる。
用いられる美的特性は以下のとおりである。

- xintercept：x軸の切片
- yintercept：y軸の切片

引数は以下のとおりである。

- color：作成された線の色
- size：行の幅を指定することもできる。

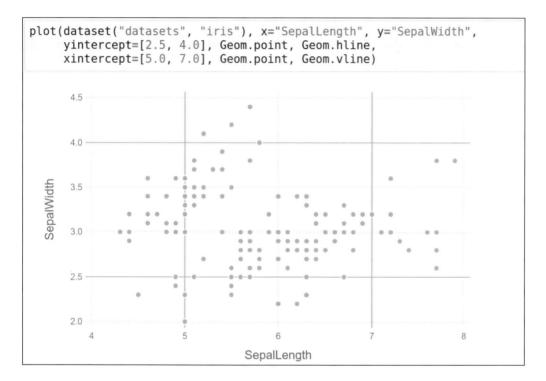

(9) リボンのプロット

線プロット上にリボンプロットも可能である。
用いられる美的特性は以下のとおりである。

- x：x軸
- yminおよびymax：y軸の下限と上限
- color（オプション）：異なる色を用いてデータを分類する。

第 5 章　ビジュアル化を使用したデータの理解

例：

```
xs = 0:0.1:20
df_cos = DataFrame(
    x=xs,
    y=cos(xs),
    ymin=cos(xs) .- 0.5,
    ymax=cos(xs) .+ 0.5,
    f="cos"
    )
df_sin = DataFrame(
    x=xs,
    y=sin(xs),
    ymin=sin(xs) .- 0.5,
    ymax=sin(xs) .+ 0.5,
    f="sin"
    )
df = vcat(df_cos, df_sin)
p = plot(df, x=:x, y=:y, ymin=:ymin, ymax=:ymax, color=:f, Geom.line, Geom.ribbon)
```

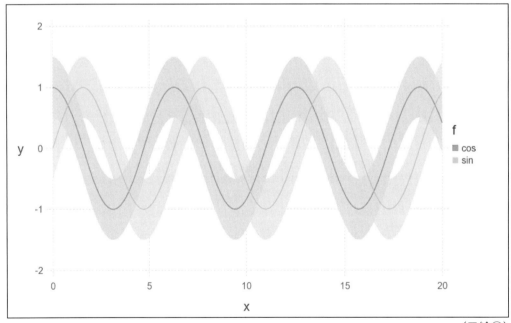

（口絵⑯）

（10） バイオリンプロット

バイオリンプロットは用途が特化しており、密度を表すために用いられる。
用いられる美的特性は以下のとおりである。

- x および y：x 軸および y 軸の位置
- width：y 値による密度を表す。

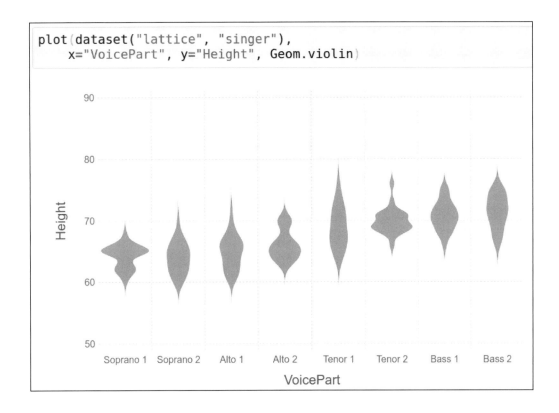

(11) ビースウォームプロット

バイオリンプロットと同様に、密度を表現するためにビースウォームプロットが使える。用いられる美的特性は以下のとおりである。

- x および y : x 軸および y 軸のデータ集合
- color (オプション)

引数は以下のとおりである。

- orientation : これは :vertical または :horizontal を取れる。
- padding : 2 点間の最小距離

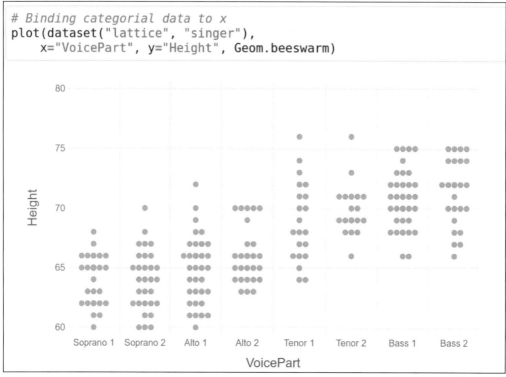

x にカテゴリカルデータを結合させる

5.5.8　要素：スケール

これは、元の値を保持しながら元のデータを変換するときに用いる。美的特性 (aesthesis) は、同じ美的特性に反映される。

(1)　x_countinuous および y_continuous

これらは値を x 座標および y 座標に写像するために用いられる。
用いられる美的特性は以下のとおりである。

- `x`, `xmin`/`xmax` および `xintercept`
- `y`, `ymin`/`ymax` および `yintercept`

引数は以下のとおりである。

- `minvalue`：最小値の x または y の値
- `maxvalue`：最大値の x または y の値
- `labels`：これは関数か、あるいは何も存在しないかのいずれかを取りうる。
  関数が渡されると、文字列は x または y の値に写像される。
- `format`：数値の形式設定

形式のバリエーションは以下のとおりである。

- `Scale.x_continuous` および `Scale.y_continuous`
- `Scale.x_log10` および `Scale.ylog10`
- `Scale.x_log2` および `Scale.ylog2`
- `Scale.x_log` および `Scale.y_log`
- `Scale.x_asinh` および `Scale.y_asinh`
- `Scale.x_sqrt` および `Scale.y_sqrt`

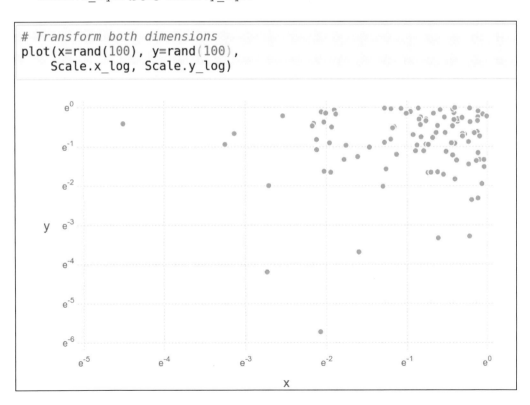

(2) x_discrete および y_discrete

これらは、カテゴリカルデータを座標にマップするのに用いられる。値にかかわらず、各値は点で写像される。

用いられる美的特性は以下のとおりである。

- x、xmin/xmax および xintercept
- y、ymin/ymax および yintercept

引数は以下のとおりである。

- labels：関数か、あるいは何も存在しないかのいずれかを取る。関数がわたされると、文字列は以下のように x または y の値に写像される。

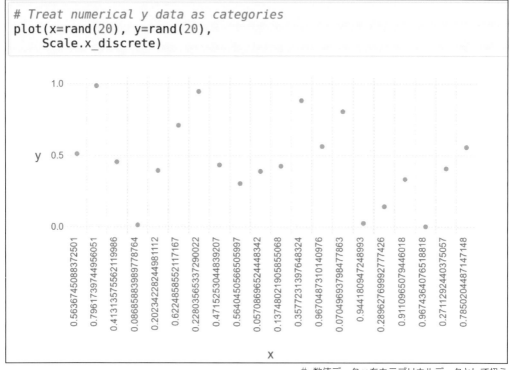

\# 数値データ y をカテゴリカルデータとして扱う

（3） 連続的カラースケール

これは、連続的カラースケールを用いるプロットを作成する。これは密度を表すために用いられる。

用いられる美的特性は以下のとおりである。

- color

引数は次のとおりである。

- f：色を返すように定義された関数
- minvalues および maxvalues：カラースケールの値の範囲

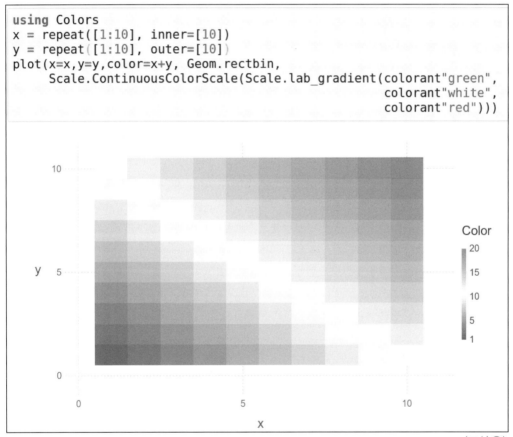

（口絵⑰）

第5章　ビジュアル化を使用したデータの理解

5.5.9　要素：ガイド

これらは、データをより良く理解するのに役立つ特別なレイアウトの検討項目を提供する。`xticks`、`yticks`、`xlabels`、`ylabels`、タイトル、注釈、その他が含まれる。

5.5.10　Gadfly の動作の理解

本章では、さまざまなプロットを行ってきた。ここでは、Gadfly が実際にどのように動作するかについて簡単に説明する。

まず第一に、データ源の部分集合がプロット内の各レイヤのデータオブジェクトに写像される。

- プロットする関数に様々なスケールを渡した。これらプロットできる美的特性を得るために用いられる。
- 美的特性の変更が行われると、両方のレイヤが改善され、プロットも改善される。
- すべてのレイヤの美的特性を用いて、データを画面座標に固定するための組成コンテキストが作成される。
- ジオメトリ (geometry) はどのレイヤにも個別にレンダリングされる。
- 最後に、ガイドが計算され、プロット上にレンダリングされる。

5.6　まとめ

本章では、様々なグラフィックオプションを用いて、Julia でビジュアル化する方法を学んだ。

PyPlot と膨大な matplotlib ライブラリをどのように利用できるかを学んだ。様々な事例を取り上げた。また、非常に軽量で、端末で使用できる Unicode プロットを学んだ。2 つの最も一般的なグラフィックライブラリである Vega と Gadfly についても、本章で説明した。散布図、線プロット、箱ひげ図、ヒストグラム、棒グラフ、バイオリンプロットなどの様々なプロットを用いて、データをビジュアル化することがどのように、そしてなぜ重要であり有用であるかを理解した。

次章では、Julia を用いた機械学習を学ぶ。

References

- http://dcjones.github.io/Gadfly.jl/
- https://github.com/stevengj/PyPlot.jl
- http://johnmyleswhite.github.io/Vega.jl/
- https://github.com/Evizero/UnicodePlots.jl

第6章 教師付き機械学習
Supervised Machine Learning

　データサイエンスはしばしば機械学習であると考えられており、データサイエンスでは機械学習のモデルを訓練するだけだということを意味する。しかし、データサイエンスはそれ以上のものである。データサイエンスは、データを理解し、収集し、マンジングし、そのデータから意味を取り出し、そして必要ならば機械学習を行うことである。

　私の意見では、機械学習は、現存する分野の中で最もわくわくする分野である。すぐに利用可能な膨大な量のデータがあれば、非常に貴重な知識を集めることができる。多くの企業が、自社の機械学習ライブラリをアクセス可能な状態にしており、そこには既存のものの多くのオープンソースの代用品が存在する。

　本章では以下の内容を学ぶ。

- 機械学習とは何か？
- 機械学習の種類
- 過学習とアンダーフィッティング
- バイアスとバリアンスのトレードオフ
- 特徴量抽出と選択
- 決定木
- ナイーブベイズ分類器

6.1　機械学習とは何か？

　一般的に、機械学習について話すとき、自分たちで作り出したが制御不能になった、知能を持った機械との戦争について考えが及ぶ。これらの機械は人類を超え、人類の存在を脅かすようになる。しかし、これらの話は娯楽用に作られたものにすぎず、現状はこのような機械からはるかに遠い状況にある。

　ここでの論題は、機械学習とは何か？　である。Tom M. Mitchell は、形式的定義を与えている。

　　　「パフォーマンス P によって測定される、タスク T におけるパフォーマンスが、経験 E
　　　とともに改善される場合に、あるコンピュータプログラムは、いくつかのクラスのタス

第 6 章　教師付き機械学習

クＴとパフォーマンスＰに基づき、経験Ｅから学ぶ、と表現される」

　このことは、機械学習とは、明示的にプログラムせずとも、データを使ってアルゴリズムを生成するようにコンピュータを教育することであるということを示唆する。これによりデータを実用的な知識へと変換する。機械学習は統計、確率、数理最適化と関連が深い。

　技術の成長に伴い、指数関数的に成長しているものが１つあり、それがデータである。我々は、非常に速いペースで増えていく、膨大な量の非構造的または構造的データを手にしている。多くのデータは、宇宙望遠鏡、気象学者、生物学者、フィットネスセンサー、調査などにより生成されたものである。非常に大量のこれらのデータを手作業で詳細に見て、パターンを見つけたり、詳細を把握したりすることは不可能である。このデータは、科学者、特定分野の専門家、政府、防疫係官、そしてビジネスにも重要な役割を持つ。このデータから知識を取り出すために、意思決定を支援してくれる自己学習型のアルゴリズムが必要である。

　機械学習は人工知能分野の一部として進化してきたが、膨大な量のデータを手作業で分析する必要性をなくす。我々は、機械学習を用いる代わりに、自己学習型予測モデルで知識を獲得することで、データ駆動型の意思決定をしている。機械学習は我々の日常生活の中でより重要になってきており、頻繁に使われる例として、検索エンジン、ゲーム、スパムフィルター、画像認識が挙げられる。自動運転車も機械学習を利用している。

　機械学習で用いられる基本的用語には、以下が含まれる。

- **特徴量**：データ点やデータレコード特有の特徴
- **訓練データ集合**：相関性を見出したり、モデルを構築するのに役立つアルゴリズムを訓練するために用いるデータ集合
- **テストデータ集合**：訓練データから生成されたアルゴリズムの精度を検証するときに用いるデータ集合
- **特徴量ベクトル**：あるオブジェクトを定義する特徴量を持った n 次元のベクトル
- **標本**：データ集合やレコード内の項目

6.1.1　機械学習の使用例

　機械学習は何かにつけ、いたるところで使用されている。応用は無限である。よく使われる使用例について説明しよう。

- **メールのスパムフィルター**：主要なメールのサービスプロバイダは、機械学習を用いてスパムメッセージを受信ボックスからスパムフォルダへと移動させる。
- **嵐や自然災害の予測**：気象学者や地質学者による、気象データを用いた自然災害予測に機械学習が用いられている。これは事前予防策を立てるために役立つ。
- **ターゲットを絞った販売促進やキャンペーン、広告**：ソーシャルサイト、検索エンジン、そしておそらくメールボックスでも、何らかの形でわれわれの好みに沿った広告が表示される。これは、過去の検索データやソーシャルサイトのプロフィール、またはメールの内

容に対しての機械学習によって実現されている。

- **自動運転車**：技術系の最大手企業は、今、自動運転車に取り組んでいる。これは人間ドライバーからの実データを用いた機械学習、画像や音処理、その他様々な要因によって実現されている。
- 機械学習はビジネスでの市場の予測にも用いられている。
- また、選挙結果や特定の候補者への投票者の感情などを推定することにも使われる。
- 機械学習は、犯罪を防ぐことにも使われる。異なる犯罪のパターンを分析することで、未来に起こりうる犯罪を予測し、防ぐことができる。

非常に大きな注目を集めた例は、アメリカの大きな小売りチェーン店が、妊娠女性を特定するのに機械学習を用いたことだ。この小売店は複数の妊婦用製品への値下げを提供することで、その女性が得意先となり、高い利益幅で幼児用商品を購入するという戦略を考えた。

その小売店は、妊婦用の異なる製品の購入パターンから妊娠を推定するというアルゴリズムを用いた。

かつて、ある男性がその小売店に出向き、彼の10代の娘が妊婦用製品の値引きクーポンを受け取っている理由を聞いた。その小売店は謝罪をしたが、後に彼は、娘が実際に妊娠していることを知り、彼自身が謝罪をした。

この話が完全に真実かどうかはわからないが、小売店は、ターゲットを絞った販売促進やキャンペーン、在庫管理のパターンを見い出すために、消費者のデータを定期的に分析しているということである。

6.1.2　機械学習と倫理

頻繁に機械学習が使用されている例を見てみよう。

- **小売商**：前の例の中で、どのようにして機械学習のデータを使用して小売店チェーンが消費者を保持し、収益を上げるかに言及した。
- **スパムフィルター**：スパムメールのフィルタリングのために、電子メールは様々な機械学習アルゴリズムで処理される。
- **ターゲットを絞った広告**：メールボックス、ソーシャルサイト、検索エンジンでは、我々の好みにあったものの広告が目に入る。

これらは、今日の世界で実装されているほんのわずかな実際の使用例にすぎない。これらに共通している点は、ユーザのデータを使うことである。

最初の例で小売店は、ユーザによる取引履歴を、ターゲットを絞った販売促進やキャンペーン、在庫管理やその他のことに用いている。小売店大手はユーザにポイントカードや入会カードを提供することでこれを行っている。

2つ目の例では、電子メールのサービスプロバイダはスパムを検出してマークをつけるために、訓練された機械学習アルゴリズムを用いている。電子メールの内容や添付ファイルを検証

第6章 教師付き機械学習

し、そのメールの送付元を分類することでこれを行う。

3つ目の例では、電子メールのプロバイダ、ソーシャルネットワーク、検索エンジンは我々のcookies、プロファイル、メールを詳細に分析し、ターゲットを絞った宣伝を行うために用いる。

これらすべての例において、小売店、電子メールプロバイダ、ソーシャルネットワークに登録する際に、ユーザのデータは利用されるが、ユーザのプライバシーは侵害されないことが、規約に記載されている。

公的に利用可能でないデータを用いる前に必要な許可を得ることは非常に重要なことである。さらに、機械学習のモデルは地域、人種、性別、その他の内容で差別すべきでない。提供されたデータは、規約に記載されている目的以外で使用してはならず、また不法な地域や国のものは使用してはならない。

6.2　機械学習：処理工程

機械学習のアルゴリズムは、人間の脳がどのように機能しているかの発想に沿って訓練される。これらはいくつか類似点がある。全体の処理工程について説明しよう。

機械学習の処理工程は3つのステップで説明される。

1. 入力
2. 抽象化
3. 一般化

これらの3つのステップは、機械学習のアルゴリズムがどのように動作するかの核となる。アルゴリズムはこのように分割または表現されているかもしれないし、されていないかもしれないが、これは全体のアプローチを説明する。

1. 最初のステップは、どのようなデータがそこにあるべきか、あるべきでないか、に焦点を当てる。これに基づき、データを集め、保存し、必要要件に沿うように整理する。
2. 2つ目のステップでは、データを、より大きなクラスを表現するものへと変換する。これは、我々がすべてを捉えることができないためと、我々のアルゴリズムが手持ちのデータのみにしか適用できない状況を避けるために必要な過程である。
3. 3つ目のステップでは、ステップ2で抽象化したデータを扱うモデルを作成することに主眼を置く。これは、より広範囲のデータに適用可能である。

それでは、機械学習の課題へのアプローチの流れはどうなるだろうか？

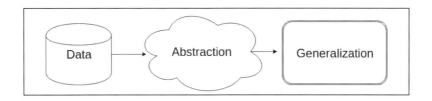

　この図で、データは、機械学習のアルゴリズムを生成するのに利用される前に、抽象化の過程を経ていることがわかる。このプロセス自体は煩雑である。データマンジングに関連した章で、このプロセスを学んだ。

　このプロセスは、モデルの訓練に続いて行われ、手持ちのデータ集合にモデルを当てはめる。コンピュータはひとりではモデルを習得せず、学習課題に依存する。学習課題は、我々がまだ持っていない未知データから得られる知識への一般化も含む。

　したがって、モデルの訓練は現在我々が持っているデータに基づいて行われ、課題の学習には未来のデータへのモデルの一般化も含む。

　それは、我々のモデルが、どのようにして現在持っているデータ集合から知識を導き出すかに依存する。役に立つか、未来のデータにつながるか以前に、何か未知のことに対する洞察を集められるモデルを作らなければならない。

6.2.1　様々なタイプの機械学習

　機械学習は大きく3つに分類できる。

- 教師付き学習
- 教師なし学習
- 強化学習

　教師付き学習では、モデル（機械）は、入力と入力に対応した出力で表現される。その機械は、これらの入力から学習し、その学習結果を未知データからの出力予測に応用する。

　教師なし学習は、必須の出力がない。したがって、学習や、過去に見たことがないパターンの発見は機械に依存する。

　強化学習では、機械は常に環境と相互作用し続け、そのプロセスで学習する。これはフィードバックループも含む。

6.2.2　バイアス-バリアンスのトレードオフとは何か？

　バイアスとバリアンスが何かを理解しよう。最初に我々のモデルにおけるバイアス（偏り）を以下に見ていこう。

- バイアスとは、モデルから生成した予測値と、期待されるまたは受け取るべき正しい値との差である。
- 新たなデータを受け取ったとき、そのモデルはこのデータで訓練し、予測結果を返す。し

第6章　教師付き機械学習

たがって、このことは、我々のモデルが生成できる予測値が範囲を持つことを意味する。

- バイアスとは予測値の範囲の正しさのことである。

次に、バリアンス（分散）とは何か、どうモデルに影響するかを以下で理解しよう。

- バリアンスとはデータ点が変更されたときや新たなデータが導入されたときのモデルのばらつきである。
- 新たなデータが導入されるごとにモデルの微調整は必要とされるべきでない。

バイアスとバリアンスの理解から、これらは互いに影響し合っていると結論できる。したがって、モデルの作成時には、このトレードオフを常に意識しなければならない。

6.2.3　モデルにおける過学習とアンダーフィッティングの影響

過学習は、生成したモデルが、データ集合の外れ値やノイズまで考慮し始めるときに起こる。したがって、モデルがデータ集合に限度を超えて適合してしまうことを言う。

このようなモデルの問題点は、十分な一般化ができないことである。このようなモデルは小さなバイアスと大きなバリアンスを持つ。

アンダーフィッティングは、生成したモデルが、期待されたパターンや傾向を見つけられないときに起こる。したがって、そのモデルがそのデータ集合に十分には適合していないということを言う。

このようなモデルの問題点は、良好な予測を与えられないことである。このようなモデルは、大きなバイアスと小さなバリアンスを持つ。

アンダーフィッティングと過学習の両方を減らすようにしなくてはならない。これは様々な技術で実施される。アンサンブルモデルはアンダーフィッティングと過学習を避けるのに適している。後の章でアンサンブルモデルについて学ぶ。

6.3　決定木の理解

決定木は、分割統治法のとても良い例である。決定木は最も実用的で、広く帰納的推論に用いられる方法の1つであり、分類と回帰の両方に用いることができる教師付き学習法である。決定木はノンパラメトリックであり、データから単純な決定ルールを推論することで学習し、標的変数の値を予測するモデルを作成することを目的とする。

決定を下す前に、保持している異なる選択肢を重みづけして、損得の確率を分析する。例えば、電話を買おうとして、予算について複数の選択肢を持っていたとしよう。それぞれの電話機はある何かについて良い、または他より良いかもしれない特徴を持っている。選択するために、欲しい最も重要な特徴を考慮することから始める。そして、最も良い選択になるように特徴群を作成する。

このセクションでは次のことを扱う。

- 144 -

- 決定木
- エントロピー測定
- ランダムフォレスト

また、ID3 や C5.0 のような有名な決定木学習アルゴリズムについても扱う。

6.3.1　決定木の構築：分割統治

　決定木作成には、再帰分割とよばれる発見的問題解決法が用いられる。この方法では、移動につれて類似した、より小さな部分集合にデータを分割していく。

　決定木は、実際には逆向きの木である。根から始まり、葉で終わるが、葉が末端のノードである。ノードの枝分岐は、論理決定をもとに決める。すべてのデータ集合は、根ノードで表されている。標的クラスを最も良く予測するアルゴリズムによって、用いる特徴が選択される。そしてそのアルゴリズムが、その特徴の値が異なる値のグループにプロセスデータを分割する。これが我々の木の最初の枝の集合である。この分割統治法は、最終点に到達するまで続く。各ステップで、アルゴリズムは最適な特徴を選び続ける。

　最終点が定義されるのは以下のときである。

- ある特定ノードにおいて、ほとんどのデータが同じクラスに属する。
- 特徴リストがなくなる。
- 先に定義しておいた、木のサイズ制限に到達する。

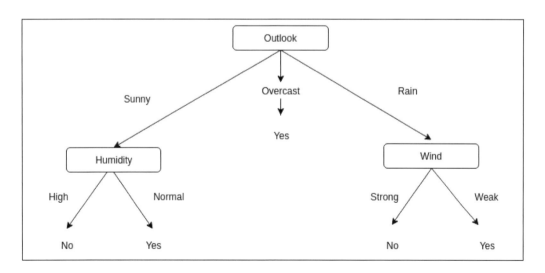

　この図は、決定木の非常に有名な例である。ここでは、外出するか否かを決めるのに決定木が用いられている。

- 気象 (Outlook) が根ノードである。これが取り得るすべての環境のクラスを表す。

第 6 章　教師付き機械学習

- 晴れ (Sunny)、曇り (Overcast)、雨 (Rain) は枝である。
- 湿気 (Humidity) と風 (Wind) は葉ノードで、さらに枝に分岐する。そして外出に好ましい環境という指標で決定が行われる。

これらの木は、if-then ルールでも表現でき、とても理解しやすい。決定木は、広範に応用され、非常に成功した頻繁に使われるアルゴリズムである。

以下は、決定木のいくつかの応用例である。

- **クレジットカードやローンの承認決定**：クレジットスコアのモデルは決定木をもとにしており、応募者の各々の情報が、クレジットカードやローンを許可するべきか否かを決定するのに用いられる。
- **医療診断**：様々な症状が、明確に定義され、検証された決定木で判定される。この決定木は、症状、測定結果、試験結果をもとにしている。

6.3.2　決定木学習はどこに用いるべきか？

様々な問題に用いることが可能な様々な決定木学習アルゴリズムがあるが、決定木が最適なアルゴリズムとなる状況は以下のとおりである。

- 属性と値の対が、固定されたデータ集合と値からの属性によって表記されるインスタンスを持つ場合である。先の例では、「風 (Wind)」を属性とし、「強い (Strong)」と「弱い (Weak)」を値としていた。属性に実数を用いることも可能であるが、これらのばらばらな可能値が決定木学習を容易にしている。
- "Yes" か "No" という値を得た前の例で見たように、標的関数の最終出力は不連続値である。決定木アルゴリズムは、2 つ以上の可能標的値を持つように拡張することが可能である。また、決定木は出力に実数をとるようにする拡張も可能だが、これが用いられることはまれである。
- 決定木アルゴリズムは訓練データのエラーに強靭である。これらのエラーはデータの属性値やデータの分類、またはその両方に由来する可能性がある。
- 決定木学習は、欠損値のあるデータ集合にも適する。あるデータで値が欠損していても、属性は他のデータで用いることができるので、決定木を用いることができる。

6.3.3　決定木の長所

- 決定木は理解しやすく、結果を解釈しやすい。決定木の可視化も容易である。
- 他のアルゴリズムでは、用いる前にデータの正規化が必要である。正規化は、ダミー変数の作成と空白値の除去のことを示す。一方で決定木は、データの下準備が少なくてすむ。
- 決定木を用いた予測にかかわるコストは、決定木の訓練に用いるデータの数に応じた対数のオーダーである。
- 決定木は、他のアルゴリズムと異なり、数値データとカテゴリカルデータの両方に用いる

-146-

ことができる。一般的に、他のアルゴリズムは、どちらかの型の変数に特化している。

- 決定木は複数の出力の可能性がある場合の問題にも対応しやすい。
- 決定木はホワイトボックスモデルに従っている。これは、このモデルで状況が観測できる場合は、条件はブーリアン論理で簡単に説明できることを示す。一方で、ブラックボックスモデルでは結果の解釈が比較的難しい。例として人工ニューラルネットワークがある。
- モデルの評価に、統計検定を用いることができる。したがって、我々はモデルの信頼性を検証できる。
- データのもととなった真のモデルからの仮定が破られた場合でも、これは良く機能する。

6.3.4 決定木の短所

ここまで、決定木が適しているものと長所について述べてきた。ここでは決定木の短所について述べる。

- 決定木には常に過学習になる可能性がある。一般的にこれは、過剰に複雑で一般化（汎化）が難しい木を生成するときに起こる。
- これを避けるために、様々な手段をとることができる。1つの方法が枝刈りである。名前から推察されるように、この方法では、木が到達できる最大の深さを設定する。
- データの小さなバリエーションが、全く異なる木の生成につながることがあるため、決定木では常に不安定性が懸念される。
- このような状況への解決法はアンサンブル学習であり、後の章で扱う。
- あるクラスの割合が他より非常に高いとき、決定木学習でバイアス（偏り）のある木が生成されることがある。この状況への解決法は、決定木アルゴリズムに当てはめる前にデータ集合のバランスを調整することである。
- 決定木学習は、いくつかの最適化の側面を考慮すると、NP完全であることが知られている。これは基本的コンセプトでも当てはまる。
- 通常、各ノードでの局所最適解決定には、グリーディ（貪欲）アルゴリズムのような発見的アルゴリズムが用いられる。これは決定木が大域的に最適化されているということは保証しない。
- 偶奇性、排他的論理和、多重化などの問題のコンセプトを決定木で表現することが難しいため、その学習は難しくなることがある。

6.3.5 決定木学習のアルゴリズム

コアのアルゴリズムにバリエーションのある、様々な決定木学習アルゴリズムがある。コアのアルゴリズムは、実際に、すべての可能な木をトップダウンでグリーディ検索する。

ここでは以下の2つのアルゴリズムについて説明する。

- ID3
- C4.5とC5.0

第6章 教師付き機械学習

　最初のアルゴリズム、**ID3 (Iterative Dichotomiser 3)** は、Ross Quinlan によって 1986 年に開発された。このアルゴリズムは、多重木を生成しながら進行する。このアルゴリズムでは、グリーディ検索を用いて、各ノードと、カテゴリカルターゲットの最大の情報を獲得できる特徴量を探索する。木は、最大サイズまで成長でき、これがデータの過学習につながることもあるので、一般化されたモデル生成には枝刈が用いられる。

　C4.5 は、ID3 の後に作られたが、すべての特徴量がカテゴリカルでなければならないという制約を排除した。これは数値変数に基づいて不連続属性を動的に定義することで行う。これは、連続的属性値を、不離散型区間の集合に分割する。C4.5 は、ID3 アルゴリズムで訓練した木から、if-then ルールの集合を作成する。C5.0 が最新版で、小さなルール集合を作り、用いるメモリが比較的小さい。

(1)　決定木アルゴリズムはどのように動作するのか？

　決定木アルゴリズムはトップダウンの木を生成する。これは以下の過程に従う。

1. 木の根の部分に置くべき要素を決めるために、各属性のインスタンスについて統計学的検定を行い、その属性のみで、どれくらいうまく訓練データを分類できるかを決める。
2. これにより木の根に最適な属性を選択する。
3. ここで根ノードでは、属性の取り得る値それぞれについて、派生ノードが作られる。
4. これらの各々の派生ノードに、訓練データ集合のデータを分類する。
5. ここで、これらの個々の派生ノードごとに、これまでのすべての過程を、残りの訓練データを用いて繰り返す。
6. これにより、訓練データ集合についてグリーディ検索を用いた、条件を満たした木ができる。このアルゴリズムはバックトラックは行わない。このことは、このアルゴリズムが過去の選択を考慮することがなく、木の下流に向かって進むことを意味する。

(2)　純度の理解とノードの純度測定

　決定木はトップダウンで作られる。各ノードでどの属性を分岐させるかの決定は、難しい問題になることがある。したがって、標的クラスを一番うまく分ける特徴量を見つける。純度とは、1 つのクラスのみを含むノードの量である。

　C5.0 における純度は、エントロピーを用いて測定される。データのエントロピーは、データ内のクラスの値の混合状態を示す指標である。

- 0：最小値は、標本内のクラスの値が均一であることを示す。
- 1：最大値は、データ内にクラス値の最大の不均一性が存在することを示す。

　エントロピーは次のように与えられる。

- 148 -

$$\text{Entropy}(S) = \sum_{i=1}^{c} -p_i \, log_2\left(p_i\right)$$

この式で、*S* はデータ集合、*c* はクラスの水準を示す。あるクラス *i* において、*p* は値の割合を示す。

　純度の指標が決まったら、アルゴリズムは、どの特徴量で分岐させるべきか決定しなければならない。これを決めるため、アルゴリズムは、エントロピー量を用いて、各特徴量で分岐させたときの均一性の差を計算する。このアルゴリズムで計算されるものが、情報量利得である。

$$\text{InfoGain}(F) = \text{Entropy}\left(S_1\right) - \text{Entropy}\left(S_2\right)$$

　データ集合分割前データ（*S1*）と、分割でできた部分データ（*S2*）のエントロピーの差を情報量利得（*F*）と呼ぶ。

6.3.6　例

　学んだことを、Julia で決定木を作成するのに使ってみよう。Python で利用可能な例（http://scikit-learn.org/）と Cedric St-Jean が作成した Scikitlearn.jl を用いる。

　まず最初に必要なパッケージを追加する。

```julia
julia> Pkg.update()
julia> Pkg.add("DecisionTree")
julia> Pkg.add("ScikitLearn")
julia> Pkg.add("PyPlot")
```

　ScikitLearn は、Python 用の非常に有名な機械学習のライブラリの Julia へのインタフェースを提供している。

```julia
julia> using ScikitLearn
julia> using DecisionTree
julia> using PyPlot
```

　必要なパッケージを追加したあと、今回の例で用いるデータ集合を作成する。

```julia
julia> # 無作為データ集合の作成
julia> srand(100)
julia> X = sort(5 * rand(80))
julia> XX = reshape(X, 80, 1)
julia> y = sin(X)
julia> y[1:5:end] += 3 * (0.5 - rand(16))
```

第 6 章　教師付き機械学習

　これで要素数 16 個の配列 Array{Float64,1} を生成する。
　次に、2 つの異なるモデルのインスタンスを生成する。1 つのモデルは、木の深さを制限しないもの、もう一方は純度をもとにして決定木を枝刈りするものである。

```
# Fit regression model
regr_1 = DecisionTreeRegressor()
regr_2 = DecisionTreeRegressor(pruning_purity_threshold=0.05)

DecisionTree.DecisionTreeRegressor(Nullable(0.05),5,0,#undef)
```

回帰モデルの当てはめ

　次に、作成したデータ集合にモデルを当てはめる。両方のモデルを用いる。

```
fit!(regr_1, XX, y)

DecisionTree.DecisionTreeRegressor(Nullable{Float64}(),5,0,Decision Tree
Leaves: 25
Depth:  8)
```

　これが 1 つ目のモデルである。ここでの決定木は 25 の葉ノードを持ち、深さが 8 である。

```
fit!(regr_2, XX, y)

DecisionTree.DecisionTreeRegressor(Nullable(0.05),5,0,Decision Tree
Leaves: 6
Depth:  4)
```

　これが 2 つ目のモデルである。ここでは、できた決定木の枝刈りを行っている。この決定木は 6 つの葉ノードを持ち、深さが 4 である。
　次に、テストデータでの予測にモデルを用いる。

```
julia> #予測
julia> X_test = 0:0.01:5.0
julia> y_1 = predict(regr_1, hcat(X_test))
julia> y_2 = predict(regr_2, hcat(X_test))
```

　これは 501 個の要素からなる行列 Array{Float64,1} を生成する。
　結果をより理解するため、各々のモデルを用いた結果をプロットしてみよう。

```
julia> #結果のプロット
julia> scatter(X, y, c="k", label="data")
julia> plot(X_test, y_1, c="g", label="no pruning", linewidth=2)
julia> plot(X_test, y_2, c="r",
```

－ 150 －

```
        label="pruning_purity_threshold=0.05", linewidth=2)

julia> xlabel("data")
julia> ylabel("target")
julia> title("Decision Tree Regression")
julia> legend(prop=Dict("size"=>10))
```

決定木は、データを過学習しやすい傾向がある。より一般化（汎化）するには枝刈りが必要である。しかし、もし必要以上に枝刈りを行うと、正しくないモデルになる。よって、一番最適化された枝刈りレベルを見つけることが必要である。

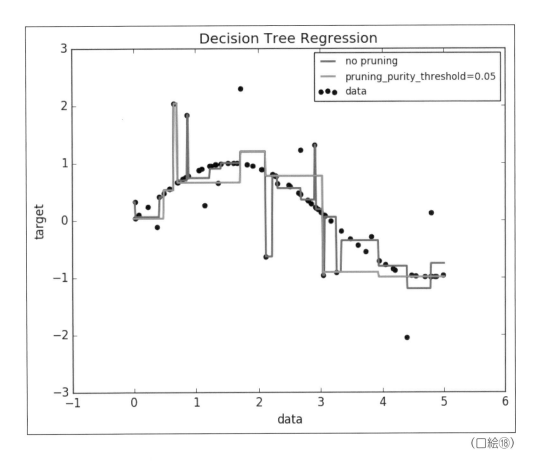

（口絵⑱）

1つ目の決定木はデータ集合に過学習していることが非常に明白である。一方で、2つ目の決定木は比較的一般化されている。

第 6 章　教師付き機械学習

6.4　ナイーブベイズを用いた教師付き学習

ナイーブベイズはこれまでで、最も著名な機械学習のアルゴリズムの 1 つである。これは、テキスト分類の技術で広く使われている。

ナイーブベイズは教師付きアルゴリズムの部類に入る。確率的分類器であり、ベイズの定理を基にしている。すべての特徴量の対は互いに独立であるという「ナイーブ」な仮定を行う。

この仮定にもかかわらず、ナイーブベイズ分類器は非常に良く機能する。最も有名な利用例がスパムフィルターである。このアルゴリズムの有効性は、必要なパラメータを推定するのに必要な訓練データが非常に小さくて済むことで示される。

他の方法に比べて、これらの分類器と学習器は非常に高速である。

$$P(A|B) = \frac{P(B|A)\ P(A)}{P(B)}$$

この式では、

- A と B は事象である。
- $P(A)$ と $P(B)$ は、A と B の確率である。
- これらは事前確率であり、互いに独立である。
- $P(A|B)$ は、B が真である条件下での A の確率である。これを、推定器 (B、属性値) が仮定された場合のクラス (A、標的) の事後確率という。
- $P(B|A)$ は、A が真である条件下での B の確率である。これは尤度と呼び、クラスの値が仮定されたときの推定器の確率である。

6.4.1　ナイーブベイズの長所

以下がナイーブベイズのいくつかの長所である。

- 作成と理解が比較的単純である。
- 訓練が容易で、大きなデータ集合を必要としない。
- 比較的高速である。
- 無関係な特徴量に影響を受けない。

6.4.2　ナイーブベイズの短所

ナイーブベイズの短所は、すべての特徴量が独立であるという「ナイーブ」な仮定である。これは常には真ではない。

6.4.3　ナイーブベイズ分類器の使用例

いくつかのナイーブベイズ分類器の使用例を示す。

- 152 -

- **ナイーブベイズテキスト分類**：これは確率学習法として用いられ、文書を分類するのに最も成功しているアルゴリズムの1つである。
- **スパムフィルター**：これは最も有名なナイーブベイズの使用例である。ナイーブベイズは通常のメールからスパムメールを同定するのに用いられる。サーバ側の多くのメールフィルターは他のアルゴリズムと合わせてこれを用いている。
- **推薦（推奨）システム**：ナイーブベイズは、推薦システム構築に用いられる。推薦システムは、将来ユーザが好みそうな製品を予測して提案するのにも用いられる。これは未知データをもとに行われ、協調フィルターと共に用いられる。一般的にこの方法は、他のアルゴリズムよりも拡張性が高く、良く機能する。

　ナイーブベイズ分類器が実際にどのように動くかを理解するためには、ベイズの定理を理解する必要がある。これは18世紀にThomas Baysによって作られた。彼は様々な数学の原理を発展させ、これらは今日、ベイズ法として知られている。これらは事象の確率と、追加情報を得たときに確率をどう更新するべきかを非常によく記述している。

　ベイズ法をもとにした分類器は、すべての特徴量の値に基づいて、各クラスの観測確率を割り出すために、訓練データを用いる。よって、この分類器がラベルなし、または未知のデータに用いられるとき、観測確率を利用して、新たな特徴量がどのクラスに属するかを予測する。これは非常に単純なアルゴリズムであるが、そのパフォーマンスは他の多くのアルゴリズムに匹敵するかそれ以上である。

　ベイズ分類器が適する状況は以下のとおりである。

- 多数の属性を持っていて、出力の確率の計算で、それらすべてを同時に考慮しなければならないデータ集合。
- 弱い効果を持つ特徴量は一般的には無視されるが、ベイズ推定はこれらも予測器作成に用いる。多くのこのような弱い特徴は、決定に大きな変化を引き起こすことがある。

6.4.4　ベイズ法はどのように動作するのか？

　ベイズ法は、手元の証拠をもとに、ある事象の尤度を推定するというコンセプトに依存している。状態の可能な出力は、事象である。例えば、コイン投げの場合、表か裏を得る。同様に、メールは通常のメールかスパムメールである。この試行は、ある1つの事象が起こる1回の機会について示す。前出の例では、コイン投げが試行にあたる。

(1)　事後確率

事後確率 ＝ 条件付き確率＊事前確率／エビデンス

　分類においては、事後確率は、観測された特徴量の値が与えられたとき、ある特定の対象がクラスxに属する確率を示す。例えば、「温度と湿度が与えられたときの雨の確率は？」である。

第 6 章　教師付き機械学習

$$P(\text{rain} \mid xi), xi = [45\text{degrees}, 95\%\text{humidity}]$$

- xi をサンプル i の特徴ベクトルとする。i は $\{1,2,3,....n\}$ に属する。
- wj をクラス j の表記とする。j は $\{1,2,3,......n\}$ に属する。
- $P(xi \mid wj)$ は、観察標本 xi がクラス wj に属すると仮定したときの確率である。

事後確率の一般的な表記は以下のとおりである。

$$P(wj \mid xi) = P(xi \mid wj) * P(wj)/P(xi)$$

ナイーブベイズの主な目的は、決定ルールを作成できるように、与えられた訓練データの事後確率を最大にすることである。

(2)　クラス条件付き確率

ベイズ分類器は、データ集合のすべての標本が独立等分布であると仮定している。ここで、独立とは、ある観測の確率が他の観測の確率に影響を受けないことを意味する。

我々が議論した非常に有名な例が、コイン投げである。ここでは最初のコイン投げの出力はその後のコイン投げには影響しない。表または裏の出る確率は、偏りのないコインでは常に 0.5 である。

追加された仮定は、特徴量が条件付き独立という性質を持つということである。これはもう 1 つの「ナイーブ」な仮定で、尤度またはクラス条件つき確率の推定は、すべての x の確率を評価する必要がなく、訓練データから直接行うことができる。

例を用いて理解してみよう。電子メールがスパムメールかそうでないかを判定するサーバ側のメールフィルタプログラムを作成しなければいけないと仮定する。約 1,000 通の電子メールがあり、そのうち 100 通がスパムメールとする。

今、"Hello, Friend" という文章の記載された新たなメールを受け取った。では、この新規メールのクラス条件付き確率はどのように計算すべきだろう。

このテキストのパターンは 2 つの特徴量からなる。"hello" と "friend" である。次に、この新規メールのクラス条件付き確率を計算する。

クラス条件付き確率は、以下のように「メールがスパムだったときに "hello" が含まれる確率」＊「メールがスパムだったときに "friend" が含まれる確率」である。

$$P(X=[\text{hello, friend}] \mid w=\text{spam}) = P(\text{hello} \mid \text{spam}) * P(\text{friend} \mid \text{spam})$$

"hello" という単語を含んだメールの数と、"friend" という単語を含んだメールの数がどれだけ多いかは簡単にわかる。しかしながら、1 つの単語は他の単語の出現に影響しないという「ナイーブ」な仮定をとった。我々は、"hello" と "friend" は、しばしば一緒に出現することを知っている。よって、我々の仮定は破られていることになる。

-154-

（3）　事前確率

　事前確率は、ある事象が起こる事前知識である。ある特定のクラスの起こる一般的な確率である。事前事象が一様分布に従うとき、事後確率はクラス条件付き確率とエビデンスを使って求められる。

　訓練データが、全データであるとき、事前知識は訓練データの推定を用いて得られる。

（4）　エビデンス

　もう1つ、事後確率を計算するのに必要な値がある。エビデンスである。エビデンスの $P(x)$ は、特定パターン x の起こる確率であり、クラスラベルと独立である。

6.4.5　bag-of-words モデル

　前出の例で、メールの分類を扱ってきた。そのためにはパターンの分類が必要である。パターン分類のために最も重要なタスクは、次の2つである。

- 特徴量抽出
- 特徴量選択

　しかし、どうやって適した特徴量を認識するのだろうか？　適した特徴量には以下のようないくつかの性質がある。

- その特徴量は、作成している分類器の使用例において重要でなければならない。
- 選択された特徴量は、異なるパターンをよく識別するのに十分な情報量を持っていて、分類器を訓練するのに使用できる。
- その特徴量は、変形や拡大縮小に影響を受けてはならない。

　モデルに当てはめ、機械学習アルゴリズムに適用する前に、まず最初に、電子メールのテキストを特徴ベクトルとして表現する必要がある。テキスト文書の分類には bag-of-words モデルを用いる。このモデルでは、すべての電子メール（訓練データ集合）に出現する様々な単語の集合で語彙を作成し、各単語の出現頻度を数える。

（1）　ナイーブベイズのスパムフィルターを用いる利点

　以下に、スパムフィルターにナイーブベイズを用いる利点を示す。

- ナイーブベイズを用いたスパムフィルターは個別化することができる。これは各ユーザに合わせた訓練ができることを意味する。我々はしばしば、ニュースレターやメーリングリストや製品のアップデートを購読する。これらは他のユーザにとってはスパムである可能性がある。また、受け取ったメールが自分の仕事に関わるいくつかの単語を含んでいても、他のユーザにはスパムに分類される可能性がある。正規の購読者・関係者であれば、これ

－ 155 －

第 6 章　教師付き機械学習

らのメールをスパムに分類しようとは思わない。これらの分類に、ルールやフィルターを
用いようとするかもしれないが、ベイジアンスパムフィルターはこれらの仕組みよりはる
かに優れている。

- ベイズスパムフィルターは偽陽性を避けるのに有効であり、普通のメールをスパムと判定
  する確率がとても低い。例えば、"Nigeria" という単語を含んだメールや Nigeria からで
  あるという内容のメールを受け取るが、これらは実際にはフィッシング詐欺である。しか
  し、そこに自分の関係者や友人がいたり、仕事関連のことがある場合、このメールは、自
  分にとっては迷惑メールではない可能性がある。

(2)　ナイーブベイズフィルターの短所

　ベイズフィルターはベイジアンポイゾニングに対して脆弱である。ベイジアンポイゾニング
は、多数の通常の文章がスパムメールと共に送られるという状況下での技術である。このよう
な状況では、ベイズフィルターは分類に失敗し、通常メールであると判定する。

6.4.6　ナイーブベイズの例

　Julia を使って、いくつかのナイーブベイズモデルを作ってみよう。

```
julia> Pkg.update
julia> Pkg.add("NaiveBayes")
```

必要な NaiveBayes パッケージを追加した。
次に、いくつかのダミーデータ集合を作成しよう。

```
julia> X = [1 1 0 2 1;
       0 0 3 1 0;
       1 0 1 0 2]
julia> y = [:a, :b, :b, :a, :a]
```

X と y の 2 つの行列を作成した。y の要素が X の列に示されている。

```
julia> m = MultinomialNB(unique(y), 3)
julia> fit(m, X, y)
```

MultinomialNB のインスタンスをロードし、それにデータ集合を当てはめた。

```
julia> Xtest = [0 4 1;
       2 2 0;
       1 1 1]
```

－ 156 －

ここで、このモデルをテストデータでの予測に用いる。

```
julia> predict(m, Xtest)
```

得られた出力は以下のとおりである。

```
julia> 3-element Array{Symbol,1}:
    :b
    :a
    :a
```

これは、最初の列が b、2 列目が a、3 列目が a であることを意味している。

この例はダミーのデータ集合に対してのものだった。実際のデータ集合に対してナイーブベイズを適用してみよう。以下の例では、有名な iris データ集合を用いる。

```
julia> #必要なライブラリのインポート

julia> using NaiveBayes
julia> using RDatasets

julia> iris = dataset("datasets", "iris")

julia> #列に観測項目、行に変数

julia> x = array(iris[:, 1:4])

julia> p,n = size(x)
julia> #デフォルトでは、species は PooledDataArray である

julia> y = [species for species in iris[:,5]]
```

iris のデータ集合を含む RDatasets をロードした。特徴ベクトル (sepal length、sepal width、petal length、petal width) の行列を作成した。

第6章 教師付き機械学習

```
# how much data use for training
train_frac = 0.9
k = int(floor(train_frac * n))
idxs = randperm(n)
train = idxs[1:k]
test = idxs[k+1:end]
```

訓練に用いるデータ数

ここで、データ集合を訓練データとテストデータに分割する。

```
model = GaussianNB(unique(y), p)
fit(model, X[:, train], y[train])

accuracy = countnz(predict(model, X[:,test]).==
                   y[test]) / countnz(test)

println("Accuracy: $accuracy")

Accuracy: 1.0
```

これは非常に単純で、ナイーブベイズ分類器にデータ集合を当てはめる。さらに、モデルの精度を計算している。精度が 1.0 であることがわかり、これは 100% であることを示している。

6.5 まとめ

本章では、機械学習とその利用例について学んだ。学習し、改善する能力をコンピュータに与えることは、世界的に幅広い用途で行われている。用途例としては、疾患の大流行の予測、天気予報、ゲーム、ロボット、自動運転車、パーソナルアシスタンスなど、さらに多岐にわたる。

機械学習には 3 つの異なるタイプがある。教師付き学習、教師なし学習、強化学習である。

本章では、教師付き学習を学んだ。特に、ナイーブベイズと決定木を扱った。今後の章で、アンサンブル学習と教師なし学習について学ぶ。

References

- https://github.com/JuliaStats/MLBase.jl
- http://julialang.org/
- https://github.com/johnmyleswhite/NaiveBayes.jl
- https://github.com/bensadeghi/DecisionTree.jl
- https://github.com/bicycle1885/RandomForests.jl
- http://scikit-learn.org/stable/

第**7**章

教師なし機械学習

Unsupervised Machine Learning

前章では、教師付き機械学習アルゴリズムと実世界の状況での利用方法について学んだ。

教師なし学習はそれらと少し異なり、幾分難しくなる。その目的はシステムに何かを学ばせることだが、我々自身も何を学ぶべきかはわかっていない。教師なし学習には 2 つの方法がある。

1 つ目の方法は、データ集合の類似性/パターンを見つけることである。パターンが見つかったときには、その類似度に基づいたクラスタを作成することができる。ここで見つけたクラスタは分類でき、ラベルを付けることができると仮定する。

アルゴリズムはそのクラスタの名前を持たないため、アルゴリズム自体によって名前を割り当てることはできない。類似度に基づいてクラスタを見つけることはできるが、それ以上のものではない。実際に意味のあるクラスタを見つけるには、適切なサイズのデータ集合が必要である。

教師なし学習は、類似のユーザを見つけたり、推薦システム、テキスト分類などに広く使用されている。

ここでは、様々なクラスタリングアルゴリズムについて詳しく説明する。本章では、以下のことを学ぶ。

- ラベルのないデータの扱い方
- 教師なし学習とは何か？
- クラスタリングとは何か？
- 様々なクラスタリング手法
- k-平均法アルゴリズムおよび二分割 k-平均法、その長所と短所
- 階層的クラスタリング
- 凝集型クラスタリング、その長所と短所
- DBSCAN アルゴリズム

クラスタリング手法を深く掘り下げる前に、2 つ目の方法について説明する必要がある。それによって、2 つ目の方法とその用途がクラスタリングとどのように異なるかがわかるだろう。2 つ目の方法は一種の強化学習である。本方法は、アルゴリズムの成功を示す報酬（reward）を含む。明示的な分類（カテゴリー化）は行われない。この種のアルゴリズムは、実世界のアルゴリズムに最適である。このアルゴリズムでは、システムは以前の報酬またはそれに与えられ

第 7 章　教師なし機械学習

た罰則に基づいて振る舞う。この種の学習は、偏見がなく、事前に分類された観察がないため強力である。

　これはあらゆる行動の可能性を計算し、どのような行動がどのような結果を導くかを予め知っている。

　この試行錯誤法は、計算量的に莫大であり、多くの時間が必要である。まず、試行錯誤に基づかないクラスタリング法を説明しよう。

7.1　クラスタリングの理解

　クラスタリングは、有用かつ意味のあるグループ（クラスタ）にデータを分割する技術である。クラスタはデータの自然な構造を捉えて形成され、それらのデータ間には意味のある関係がある。これは、他のアルゴリズムまたはさらなる分析のための準備や要約の段階のみに用いることも可能である。クラスタ分析は生物学、パターン認識、情報検索など、多くの分野で役割を担っている。

　クラスタリングは様々な分野に応用されている。

- **情報検索**：特定のクラスタに情報を分離することは、多くの情報源や大きなデータプールから検索し、情報収集するための重要なステップである。ニュース集約 Web サイトの例を用いよう。ニュース集約 Web サイトは、ユーザが興味を持つニュース欄を簡単に閲覧できるように、類似したニュースのクラスタを作成する。

  これらのニュースの種類は、階層的な視点を形成する部分クラスを持つこともできる。例えば、スポーツニュース欄では、サッカー、クリケット、テニスやその他のスポーツに関するニュースが閲覧できる。
- **生物学**：クラスタリングは生物学において大いに役立っている。生物学者は、長年の研究の末に生物の大部分を階層構造に分類した。これらの分類クラスの特徴を用いて、未知の生物も分類できる。既存のデータを用いて類似点や興味深いパターンを見つけることもできる。
- **マーケティング**：企業は顧客や販売データを利用して、類似ユーザまたはセグメントのクラスタを作成し、投資の最大のリターンを得るために、それらのセグメント上にターゲットを絞ったプロモーション／キャンペーンを行うことができる。
- **天気**：クラスタ分析は、気候や気象分析において広く使用されている。気象ステーションは膨大な量のデータを生成する。クラスタリングは、このデータに関する知見を生成し、パターンおよび重要な情報を見つけるために使用されている。

7.1.1　クラスタ作成法

　クラスタを作成する方法はたくさんある。クラスタ作成の基本方法についていくつか説明しよう。

- まずデータ対象をグループ化する。このグループ化は、対象を記述しているデータに基づいてのみ実施される。
- 類似の対象は一緒にグループ化される。それらは相互関係を示している可能性がある。
- 非類似の対象は他のクラスタに保持される。

（口絵⑲）

- 上図は、いくつかの明確なクラスタを明示しており、クラスタ内の様々なデータ対象間の類似性がより高く、他のクラスタのデータ対象間での類似性が低いときに形成される。

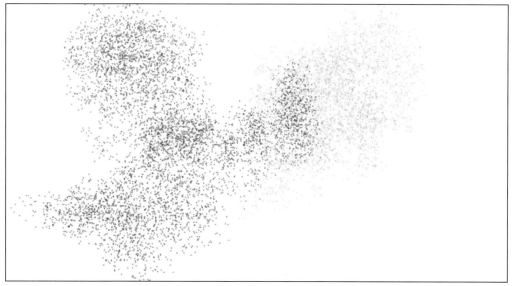

（口絵⑳）

　しかし、上記のデータ点の特定表現形式では、明確に形成可能なクラスタが存在しないことがわかる。これは異なるクラスタのデータオブジェクト間に類似性があるときである。

7.1.2 クラスタリングの種類

様々な要因に依存する様々な種類のクラスタリング機構が存在する。

- 入れ子構造か非入れ子構造か、階層構造か分割構造か
- 重複しているか、排他的か、ファジィか
- 部分構造か完全構造か

(1) 階層的クラスタリング

クラスタが部分集合を形成しない場合、クラスタは非入れ子構造と呼ばれる。したがって、部分的クラスタリングは、互いに重複しない明確なクラスタの作成と定義される。このようなクラスタでは、データ点は1つのクラスタにのみ属する。

クラスタ内に部分クラスタがある場合、階層的クラスタリングと呼ばれる。

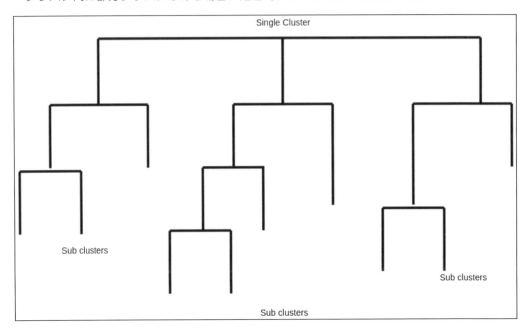

上図は、階層クラスタを表す。階層クラスタは、木構造として構成されたクラスタである。
ここで、各クラスタはそれ独自の子クラスタを持つ。各ノードは、パーティション分割によって得られた独自のクラスタを持つ個々のシステムと考えることもできる。

(2) 重複、排他的、ファジィクラスタリング

様々な種類のクラスタを作成する技術は、以下の3つの方法に分類できる。

- **排他的クラスタ**：本節では、どのようにクラスタが形成されていただろうか？ ここでは、2つの異なる種類のクラスタを表す2つの図を見てきた。最初の図では、クラスタが明確に定義されており、クラスタ間の分離が良好であることを認めた。これらは排他的クラスタと呼ばれる。これらのクラスタでは、データ点は他のクラスタのデータ点と明確な非類

似性を有する。

- **重複クラスタ**：2つ目の図では、2つのクラスタを分離する明確な境界が存在していなかった。ここで、いくつかのデータ点はいずれのクラスタにも存在し得る。この状況は、データ点がいずれかのクラスタに識別する特徴がない場合に起こる。
- **ファジィクラスタリング**：ファジィクラスタリングはユニークな概念である。ここで、データ点は各クラスタに属し、その関係は1（排他的に所属）から0（非所属）の間の重みで定義される。したがって、クラスタはファジィ集合とみなされる。確率的な規則によって、すべてのデータ点の重みの合計は1に等しくなければならないという制約が付加される。

  ファジィクラスタリングは、確率的クラスタリングとしても知られている。一般的に、明確な関係を持つために、データ点は集合への重みが最も高いクラスタに関連付けられる。

（3） 部分クラスタリングと完全クラスタリングの違い

完全クラスタリングでは、すべてのデータ点はクラスタの特徴を正確に表すため、いずれかのクラスタに割り当てられる。このような種類のクラスタは完全クラスタと呼ばれる。

どのクラスタにも属していないデータ点が存在することがある。これは、これらのデータ点がノイズを表しているか、クラスタに対する異常値である場合である。このようなデータ点はいずれのクラスタにも取り込まれず、これは部分クラスタリングと呼ばれる。

7.2 k-平均法クラスタリング

k-平均法（k-means 法）は、使いやすさと実装の容易さのため、クラスタリング技術で最も人気がある。k-medoids 法という名前の仲間（類似の方法）もある。これらの分割法は、データ集合の1水準の分割を実施する。k-平均法について詳しく説明しよう。

7.2.1 k-平均法アルゴリズム

k-平均法はあるプロトタイプ、初期値から開始する。データ集合内のデータ点の重心が必要である。この技術は、n 次元空間内に存在する対象に用いられる。

この技術は、k 個の重心を選択する。この k の値は、ユーザによって指定され、様々な要因を考慮して選択される。k の値は必要なクラスタ数を定義する。したがって、必要な k 値よりも大きいまたは、小さい数値を選択すると、望ましくない結果につながる可能性がある。

今度は、各データ点が最も近い重心に割り当てられる。特定の重心に多くのデータ点が関連付けられると、クラスタが形成される。重心は、現在のクラスタの一部であるデータ点に応じて更新される。

この工程は重心が一定になるまで繰り返し実施される。

第 7 章　教師なし機械学習

(1)　k-平均法のアルゴリズム

　k-平均法のアルゴリズムを理解することで、問題解決法をより良く理解できる。以下で、k-平均法のアルゴリズムを段階ごとに理解しよう。

1. あらかじめ定義された k 値により、重心の数を選択する。
2. 最近傍の重心にデータ点を割り当てる。この段階においてクラスタが形成される。
3. 再びクラスタの重心を計算する。
4. 重心が一定になるまで、ステップ 2 と 3 を繰り返す。

　最初の段階では、平均を重心として使用する。

　ステップ 4 は、アルゴリズムのその前の段階（ステップ 2 と 3）を繰り返すことを示している。これは、時には非常に小さな変更が多くの反復回数を招くことがある。したがって一般的に、新たに計算された重心に 1%以上の変化がある場合にのみ、ステップ 2 と 3 の繰り返しを行う。

(2)　データ点の最近傍重心への関連付け

　計算された重心とデータ点の重心との間の距離はどのように測定するのだろうか？

　尺度としてユークリッド (L2) 距離を使用し、データ点はユークリッド空間にあると仮定する。また、必要に応じて様々な近接度を使用することもできる。例えば、マンハッタン (L1) 距離をユークリッド空間に使用することもできる。

　アルゴリズムが様々なデータ点との類似性を処理するので、データ点の必要な特徴集合のみを用いることは良いことである。高次元データでは、各次元ごとに繰り返し計算する必要があるため、計算量が大幅に増加する。

　距離尺度には以下のようないくつかの選択肢がある。

- **マンハッタン (L1) 距離**：これは重心として中央値をとる。そしてクラスタの重心から対象データ点の L1 距離の総和を最小化する関数として動作する。
- **二乗ユークリッド (L2^2) 距離**：これは重心として平均値をとる。これは、クラスタの重心から対象データ点の L2 距離の二乗の総和を最小化する関数として動作する。
- **コサイン距離**：これは重心として平均値をとる。これは、クラスタの重心から対象データ点のコサイン類似度の総和を最大化する関数として動作する。
- **ブレグマン・ダイバージェンス**：これは重心として平均値をとる。これは、クラスタの重心からの対象データ点のブレグマン・ダイバージェンスの合計を最小化する。

(3)　初期重心の選択法

　これは、k-平均法アルゴリズムにおける非常に重要なステップである。初期重心を無作為選択することから開始する。これは、一般に非常に貧相なクラスタをもたらす。たとえこれらの重心がよく分布していても、所望のクラスタとは程遠くなる。

　この問題に対処するテクニックがある。様々な初期重心の複数回の試行である。この後、二

乗誤差の最小和 (MSSE) を有するクラスタ集合が選ばれる。これは常にうまくいくとは限らず、データ集合のサイズや必要な計算能力のために必ずしも実現可能ではないかもしれない。

無作為な初期化を繰り返すことで、重心は問題を克服することができないかもしれないが、他にも以下のような使用できるテクニックが存在する。

- 階層的クラスタリングを使用して、いくつかの標本点を取得することから始め、階層的クラスタリングを用いたクラスタ作成を行う。ここで、このクラスタリングにより k 個のクラスタを取得し、初期重心としてこれらのクラスタの 重心を使用できる。この方法には、以下のようないくつかの制約がある。
    - 標本データは大きくするべきではない (高価な計算)。
    - 所望のクラスタ数では、k 値は小さくなければならない。
- 別の技術は、すべてのデータ点の重心を取ることである。この重心から、最も遠位の点 (最遠点) を求める。また、無作為選択した最遠重心を取得するためにこの工程に従う。しかし、この方法には以下のようないくつかの問題がある。
    - 最遠点を求めることは計算量的に莫大である。
    - この方法は、データ集合に外れ値があるときに、望ましくない結果を生じることがある。したがって、要求されているとおりに高密度領域を取得できないことがある。

（4） k-平均法アルゴリズムの時空間的複雑性

k-平均法は、データ点と重心を保持するだけなので多くのメモリ空間を必要としない。

k-平均法アルゴリズムのストレージの要件は $O((m + k)n)$ である。ここで各変数の意味は以下のとおりである。

- m はデータ点の数である。
- n は属性の数である。

k-平均法アルゴリズムの時間的要件は様々に変動するが、一般に適度になっている。計算時間はデータ点の数に比例して増加する。

k-平均法アルゴリズムの時間的要件は $O(l * K * m * n)$ である。ここで変数 l の意味は以下のとおりである。

- l は重心に収束するのに必要な反復回数である。

k-平均法は、必要なクラスタ数が、k-平均法に正比例するデータ点の数よりも著しく小さい場合に最適に動作する。

7.2.2　k-平均法に関するいくつかの問題点

基本的な k- 平均法クラスタリングアルゴリズムに関するいくつかの問題点が存在する。これ

(1) k-平均法における空クラスタ

空のクラスタが得られる状況がある。これは、データ点が割り当てられる段階で特定のクラスタに割り当てられたデータ点がないときである。この問題は以下の手順で解決できる。

1. 現行の選択で様々な重心を選択する。そうしないと、二乗誤差が閾値よりもかなり大きくなる。
2. 様々な重心の選択には、現行の重心の最遠点を求めるのと同じ方法をとる。これは一般に二乗誤差に寄与する点を排除する。
3. 複数の空クラスタがある場合、この工程を何度か繰り返す必要がある。

(2) データ集合の外れ値

二乗誤差を用いて分析するとき、外れ値は決定的要因となり、形成するクラスタに影響を与える可能性がある。これはデータ集合に外れ値があるとき、目的のクラスタや、類似の特徴を持たない、グループ化されたデータ点を真に代表するクラスタを生成できないことがあることを意味する。

また、これは二乗誤差の合計がより大きくなる。したがって、クラスタリングアルゴリズムを適用する前に外れ値を除くのが通例である。

外れ値を削除したくない場合もあるかもしれない。Web上での異常動作や過激な評判などのいくつかのデータ点は、ビジネス上興味を引き、重要である。

7.2.3 様々な種類のクラスタ

k-平均法には限界がある。k-平均法の最も一般的な限界は、自然なクラスタの同定が困難であることである。自然なクラスタとは、以下のようなものを意味する。

- 非球形または非円形の形状の場合。
- 様々なサイズのクラスタの場合。
- 様々な密度のクラスタの場合。

高密度クラスタとそれほど高密度でないクラスタが混在する場合、k-平均法は失敗する可能性がある。

様々なサイズのクラスタを次の図に示す。

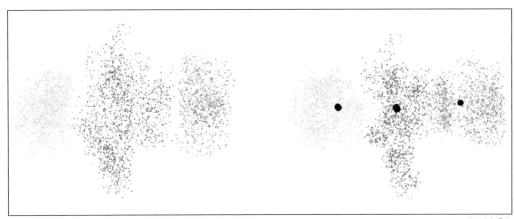

（口絵㉑）

　上図には2つの画像がある。1つ目の画像はオリジナルのデータ点であり、2つ目の画像には3つのk-平均クラスタが存在する。これらは正確ではないことが理解できる。これは、様々なクラスタサイズが存在する場合に起こる。

　様々な密度クラスタを次の図に示す。

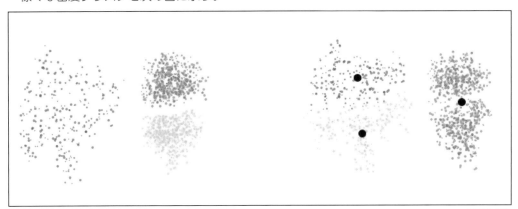

（口絵㉒）

　上図には2つの画像がある。1つ目の画像はオリジナルのデータ点であり、2つ目の画像には3つのk-平均クラスタが存在する。これらは正確ではないことが理解できる。クラスタは様々な密度を取っている。

　非球状クラスタを次の図に示す。

（口絵㉓）

- 167 -

第7章　教師なし機械学習

この図には2つの画像がある。1つ目の画像はオリジナルのデータ点であり、2つ目の画像は2つのk-平均クラスタが存在する。これらは正確ではないことが理解できる。クラスタは自然な非円形または非球状を取っており、k-平均法アルゴリズムはそれらを適切に検出できていない。

(1)　k-平均法：長所と短所

k-平均法には多くの長所と短所がある。まずは、以下に長所について述べる。

- k-平均法は、様々な種類のデータに使用できる。
- 理解して実装するのが容易である。
- 繰返し反復および複数回の試行を伴うにも関わらず、効率的である。
- 二分割k-平均法という、簡単なk-平均法の派生型の方がより効果的である。これについては後で詳しく説明する。

k-平均法クラスタリングのいくつかの弱点または欠点は、以下のとおりである。

- あらゆるタイプのデータに適しているとは限らない。
- 先の例で見たように、様々な密度、サイズ、または非球状のクラスタではうまく動作しない。
- データ集合に外れ値がある場合に問題が生じる。
- k-平均法は中心を計算することでクラスタを作成するという大きな制約がある。したがって、用いるデータは「中心」を持つようなものでなければならない。

7.2.4　二分割k-平均法アルゴリズム

二分割k-平均法は、単純なk-平均法アルゴリズムの拡張である。これは、すべてのデータ点の集合を2つのクラスタに分割することによりk個のクラスタを生成するものである。そして、これらのクラスタの1つを取り出して、再び分割する。この工程は、k個のクラスタが形成されるまで続く。

二分割k-平均法のアルゴリズムは以下のとおりである。

1. 最初に必要なことは、すべてのデータ点からなるクラスタを持つクラスタ群のリストを初期値とすることである。
2. 以下の操作を繰り返す。
    1. クラスタ群のリストから1つのクラスタを除く。
    2. ここで、クラスタを2分割する試行を複数回実施する。
    3. 上記のステップを1回から試行回数まで、繰り返す。
3. k-平均法を用いたクラスタの2分割を実施する。
    - 2つのクラスタは、誤差平方和が最も小さい結果を示すものを選択する。
    - これらの2つのクラスタは、クラスタのリストに追加される。

－ 168 －

4. 前のステップは、k 個のクラスタがリストに得られるまで実行する。

クラスタの分割にはいくつかの方法がある。

- 最大クラスタ
- 最大誤差平方和を有するクラスタ
- 上記の両方

本例では、RDatasets の iris のデータ集合 (iris データセット) を用いる。

```
using Clustering
using Gadfly
iris = dataset("datasets", "iris")
features = array(iris[:, 1:4])'
# group the data onto 3 clusters
result = kmeans( features, 3 )
plot(iris, x = "PetalLength", y = "PetalWidth",
     color = result.assignments, Geom.point)
```

データを 3 つのクラスタにグループ化する

このコードは、有名な iris データ集合での簡単な例である。ここでは `PetalLength` (がく片の長さ) と `PetalWidth` (がく片の幅) を用いてデータ点をクラスタリングしている。

結果は次のとおりである。

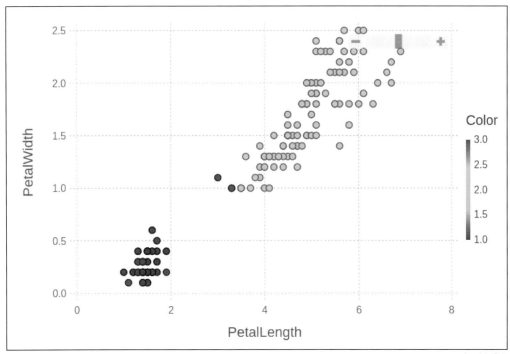

(口絵㉔)

7.2.5 階層的クラスタリングの詳細

これは、k-平均法に続き2番目によく使用されるクラスタリング法である。同じ例を以下のようにもう一度用いる。

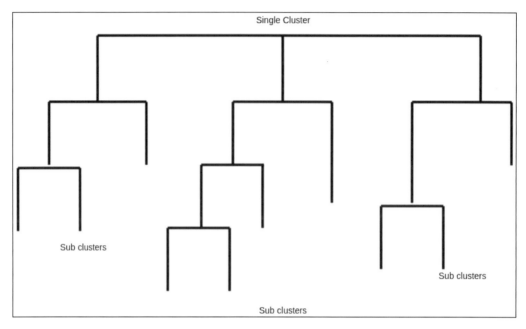

ここで、最上位のルート（根の部分）は、すべてのデータ点または1つのクラスタを表す。ここでは、ノードによって表される3つの部分クラスタがある。これらの3つのクラスタはすべて2つの部分クラスタを持っている。そして、これらの部分クラスタには、さらに部分クラスタがある。これらの部分クラスタは、純粋な、つまり多くの特徴を共有するクラスタを求めるのに役立つ。

階層的クラスタリングには2つの方法がある。

- **凝集型階層的クラスタリング**：これはクラスタ近接の概念に基づいている。最初に、各データ点を個々のクラスタとして処理することから開始し、段階的に最近傍点をマージしていく。
- **分割型階層的クラスタリング**：ここでは、すべてのデータ点を含む1つのクラスタから開始し、個々の点を有するクラスタが残るまで分割していく。この場合、分割法を指定する。

階層的クラスタは、デンドログラムという名前でも知られている樹状図として表現される。これは、クラスタと部分クラスタの関係、およびクラスタのマージまたは分割（集約または分割）様式の表現に使用される。

7.2.6 凝集型階層的クラスタリング

これは、階層的クラスタリングのボトムアップアプローチである。ここでは、各観測は個々のクラスタとして処理される。これらのクラスタの対は、類似度に基づいて結合（マージ）さ

れ、上の段階に移動する。

　これらのクラスタは、最小距離に基づいて相互にマージされる。これら2つのクラスタがマージされると、それらは新しいクラスタとして処理される。これらのステップは、データ点のプールに残っているクラスタが単一になるまで繰り返される。

　凝集型階層的クラスタリングのアルゴリズムは以下のとおりである。

1. 最初に、近接行列が計算される。
2. 最も近い2つのクラスタがマージされる。
3. 第1のステップで作成された近接行列は、2つのクラスタのマージ後に更新される。
4. クラスタが1つ残るようになるまで、ステップ2とステップ3が繰り返される。

(1)　近接度の計算法

　先のアルゴリズムのステップ3は非常に重要なステップである。これは、2つのクラスタ間の近接度の測定値である。

　以下のように、これを定義するいろいろな方法がある。

- **MIN**：異なるクラスタの2つの最近接点は、これらのクラスタの近接度を定義する。これは最短距離である。
- **MAX**：MINとは反対に、MAXはクラスタ内の最遠点を取り、これらのクラスタの近接度としているこれら2点間の近接度を計算する。
- **Average**：もう1つの方法は様々なクラスタ内のすべてのデータ点の平均を取り、これらの点に従って近接度を計算する。

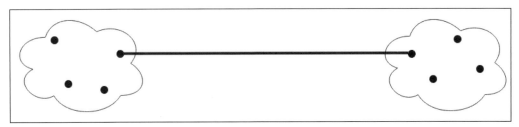

上図は、MINを用いた近接度を示す。

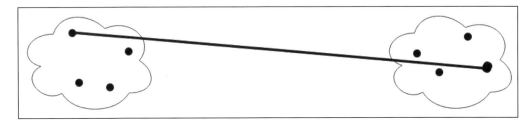

上図は、MAXを用いた近接度を示す。

上図は、Average を用いた近接度を示す。
これらのメソッドは、以下のようにも知られている。

- **単一リンケージ**：MIN
- **完全リンケージ**：MAX
- **平均リンケージ**：Average

重心法として知られる別の方法もある。

重心法では、近接距離はクラスタの 2 つの平均ベクトルを用いて計算される。各ステージにおいて、2 つのクラスタは、最小の重心距離の有無に基づいて結合される。

以下の例を考える。

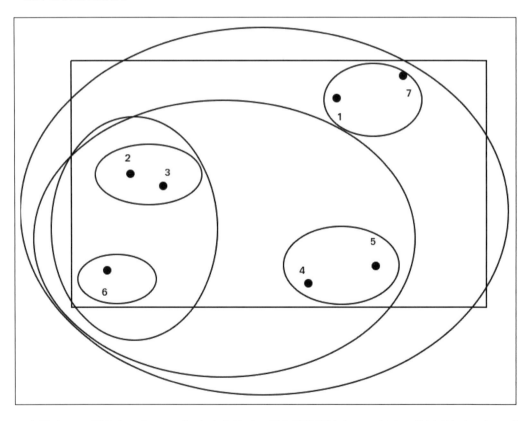

上図は、xy 平面内の 7 つのデータ点を示す。凝集型階層的クラスタリングを開始すると、プロセスは次のようになる。

1. {1}、{2}、{3}、{4}、{5}、{6}、{7}
2. {1}、{2,3}、{4}、{5}、{6}、{7}
3. {1,7}、{2,3}、{4}、{5}、{6}、{7}
4. {1,7}、{2,3}、{4,5}、{6}
5. {1,7}、{2,3,6}、{4,5}
6. {1,7}、{2,3,4,5,6}
7. {1,2,3,4,5,6,7}

これは 7 つのステップに分割され、クラスタ全体を完成させた。
これは以下の樹状図でも示される。

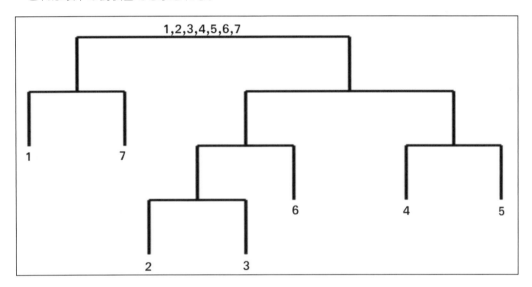

これは、先に示した凝集型階層的クラスタリングの 7 つのステップを表す。

(2) 階層的クラスタリングの長所と短所

先述の階層的クラスタリングは、所定の問題に多かれ少なかれ適することがある。階層的クラスタリングの長所と短所を理解することで、これを理解できる。

- 凝集型クラスタリングは、大域的な目的関数を欠いている。このようなアルゴリズムは、局所的な極小値を持たず、初期データ点の選択に問題が生じないという利点がある。
- 凝集型クラスタリングは、様々なサイズのクラスタをうまく処理する。
- 凝集型クラスタリングは、より良い品質のクラスタを生成すると考えられている。
- 凝集型クラスタリングは、一般的に計算コストが高く、高次元データではうまく動作しない。

第 7 章　教師なし機械学習

7.2.7　DBSCAN テクニックの理解

DBSCAN はノイズを含む適用対象に対する密度に基づく空間クラスタリング (Density-based Spatial Clustering of Applications with Noise) を指す。シード (起点) の密度に基づく広がりを用いてクラスタを求めるデータクラスタリングアルゴリズムである。

高密度の領域を見つけ、それらの間の低密度を用いて他の領域と区別する。

(1)　では、密度とは何か？

中心に基づく方法では、指定された半径内のデータ点の数を用いて、データ集合内の特定点での密度を計算する。これは実装が簡単で、データ点の密度は指定された半径に依存する。

例えば、大きな半径はデータ m における密度に相当する。ここで、m は半径内のデータ点の数である。半径が小さい場合、1 個のデータ点しか存在しないため、密度は 1 になる。

(2)　中心に基づく密度を用いてデータ点を分類する方法

- **コア点**：密度に基づくクラスタ内にあるデータ点が、コア点である。これらは高密度領域内にある。
- **境界点**：これらのデータ点はクラスタ内にあるが、コア点ではない。コア点に近接して存在する。これらは高密度領域の境界または先端に存在する。
- **ノイズ点**：コア点または境界点ではない点は、ノイズ点である。

(3)　DBSCAN アルゴリズム

相互に非常に近接するデータ点は、同じクラスタにまとめられる。これらのデータ点に近接するデータ点も一緒にまとめられる。非常に遠位のデータ点 (ノイズ点) は棄却される。

DBSCAN のアルゴリズムは以下のようになる。

1. データ点は、コア点、境界点、またはノイズ点に分類される。
2. ノイズ点は除去される。
3. 特定半径を用いてコア点間にエッジが形成される。
4. これらコア点はクラスタになる。
5. これらコア点に関連付けられた境界点は、これらのクラスタに割り当てられる。

(4)　DBSCAN アルゴリズムの長所と短所

先述の階層的クラスタリングは、所定の問題に多少なりとも適することがある。階層的クラスタリングの長所と短所を理解することで、これを理解することができる。

- DBSCAN は、様々な形状やサイズのクラスタを扱うことができる。密度を用いてクラスタの定義を生成するので、これを実施できる。
- ノイズに強い。より多くのクラスタを見つけるという点で k-平均法よりも優れた性能を有する。

－ 174 －

7.2 k-平均法クラスタリング

- DBSCAN は、密度の変動するデータ集合で問題となる。
- また、高次元データでは密度を求めることが困難なため、高次元データの処理も問題となる。
- 最近傍点の計算は計算量が多くなる。

7.2.8 クラスタの検証

クラスタの検証は、生成されたクラスタが適切かどうかを示すため重要である。クラスタの検証時に考慮すべき重要な点は以下のとおりである。

- データ中に非無作為構造が実在するかを識別できる。
- 実際のクラスタ数を決定できる。
- データがクラスタに適合している度合いを評価できる。
- 2 つのクラスタ集合を比較して、どのクラスタが良いかを求められる可能性がある。

7.2.9 例

凝集型階層的クラスタリングと DBSCAN の例に、`ScikitLearn.jl` を用いる。

前述のように、`ScikitLearn.jl` は、Python 用の現実の scikit-learn と同様のライブラリの提供を目的とする。

最初に、必要なパッケージを解析環境に追加する。

```julia
julia> Pkg.update()
Julia> Pkg.add("ScikitLearn")
julia> Pkg.add("PyPlot")
```

Python 環境の scikit-learn が必要である。まだインストールされていない場合、以下の方法でインストールできる。

```
$ conda install scikit-learn
```

その後、本分析例を開始できる。`ScikitLearn.jl` で使用できる様々なクラスタリングアルゴリズムを試す。これは以下のように `ScikitLearn.jl` の例で提供される。

```julia
julia> @sk_import datasets: (make_circles, make_moons, make_blobs)
julia> @sk_import cluster: (estimate_bandwidth, MeanShift,
MiniBatchKMeans, AgglomerativeClustering, SpectralClustering)

julia> @sk_import cluster: (DBSCAN, AffinityPropagation, Birch)
julia> @sk_import preprocessing: StandardScaler
```

– 175 –

第 7 章　教師なし機械学習

```julia
julia> @sk_import neighbors: kneighbors_graph
```

　公式の scikit-learn ライブラリからデータ集合とクラスタリングアルゴリズムをインポート
した。これらのいくつかは近隣の距離計算に依存するため、以下のように kNN（訳注：k-最近
傍アルゴリズム；`neighbors: kneighbors_graph`）もインポートした。

```julia
julia> srand(33)

julia> # データ集合の作成

julia> n_samples = 1500
julia> noisy_circles = make_circles(n_samples=n_samples, factor=.5,
noise=.05)
julia> noisy_moons = make_moons(n_samples=n_samples, noise=.05)
julia> blobs = make_blobs(n_samples=n_samples, random_state=8)
julia> no_structure = rand(n_samples, 2), nothing
```

　この特殊なスニペットは、必要なデータ集合を生成する。生成されたデータ集合は、これら
の様々なアルゴリズムを検証するのに十分なサイズである。

```julia
julia> colors0 = collect("bgrcmykbgrcmykbgrcmykbgrcmyk")
julia> colors = vcat(fill(colors0, 20)...)

julia> clustering_names = [
    "MiniBatchKMeans", "AffinityPropagation", "MeanShift",
    "SpectralClustering", "Ward", "AgglomerativeClustering",
    "DBSCAN", "Birch"];
```

これらのアルゴリズムに名前を割り当て、画像の塗りつぶしに色を割り当てた。

```julia
julia> figure(figsize=(length(clustering_names) * 2 + 3, 9.5))
julia> subplots_adjust(left=.02, right=.98, bottom=.001, top=.96,
wspace=.05, hspace=.01)

julia> plot_num = 1

julia> datasets = [noisy_circles, noisy_moons, blobs, no_structure]
```

ここで、様々なアルゴリズムとデータ集合に関し、画像作成方法を割り当てる。

－ 176 －

7.2 k-平均法クラスタリング

```
for (i_dataset, dataset) in enumerate(datasets)

    X, y = dataset
    # normalize dataset for easier parameter selection
    X = fit_transform!(StandardScaler(), X)

    # estimate bandwidth for mean shift
    bandwidth = estimate_bandwidth(X, quantile=0.3)

    # connectivity matrix for structured Ward
    connectivity = kneighbors_graph(X, n_neighbors=10,
                include_self=false)[:todense]()
```

\# パラメータ選択を簡単にするためデータ集合を正規化する
\# 平均移動のためのバンド幅を推定
\# 作成したウォードに対する連結性行列

ここで、簡単にパラメータ選択を行うためデータ集合を標準化し、距離測定に必要なアルゴリズム kneighbors_graph を初期化する。

```
# PyCall does not support numpy sparse matrices
# make connectivity symmetric
connectivity = 0.5 * (connectivity + connectivity')

# create clustering estimators
ms = MeanShift(bandwidth=bandwidth, bin_seeding=true)
two_means = MiniBatchKMeans(n_clusters=2)
ward = AgglomerativeClustering(n_clusters=2, linkage="ward",
                                connectivity=connectivity)
spectral = SpectralClustering(n_clusters=2,
                                eigen_solver="arpack",
                                affinity="nearest_neighbors")
```

\# PyCall は、連結性対象性を示す Numpy のスパース行列をサポートしない
\# クラスタリング推定量を生成する

ここで、使用例に応じて動作するアルゴリズムに必要なクラスタリング推定量を作成する。

```
dbscan = DBSCAN(eps=.2)
affinity_propagation = AffinityPropagation(damping=.9, preference=-200)

average_linkage = AgglomerativeClustering(
    linkage="average", affinity="cityblock", n_clusters=2,
    connectivity=connectivity)

birch = Birch(n_clusters=2)
clustering_algorithms = [
    two_means, affinity_propagation, ms, spectral, ward, average_linkage,
    dbscan, birch]
```

様々なアルゴリズムに対し類似の推定量である。

その後、本例のデータ集合にこれらのアルゴリズムを用いる。

– 177 –

第 7 章　教師なし機械学習

```
for (name, algorithm) in zip(clustering_names,
clustering_algorithms)
    fit!(algorithm, X)
    y_pred = nothing
    try
        y_pred = predict(algorithm, X)
    catch e
        if isa(e, KeyError)
            y_pred = map(Int, algorithm[:labels_])
            clamp!(y_pred, 0, 27) # not sure why some algorithms
            return -1
        else rethrow() end
    end
    subplot(4, length(clustering_algorithms), plot_num)
    if i_dataset == 1
        title(name, size=18)
    end

    for y_val in unique(y_pred)
        selected = y_pred.==y_val
        scatter(X[selected, 1], X[selected, 2],
color=string(colors0[y_val+1]), s=10)
    end

    xlim(-2, 2)
    ylim(-2, 2)
    xticks(())
    yticks(())

    plot_num += 1
end
```

得られた結果は次のとおりである。

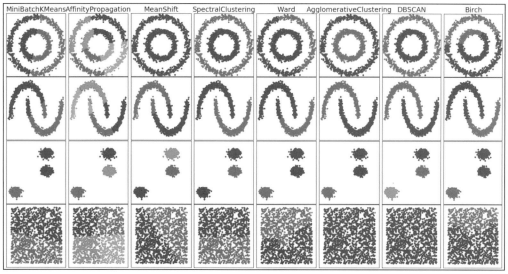

（口絵㉕）

- 凝集型クラスタリングおよび DBSCAN は、最初の 2 つのデータ集合ではとても良好に動作することを確認した。
- 凝集型クラスタリングは 3 つめのデータ集合では良好に動作しなかったが、DBSCAN は動作した。
- 凝集型クラスタリングおよび DBSCAN の両者が 4 つめのデータ集合ではあまり機能しなかった。

7.3　まとめ

　本章では、教師なし学習と教師付き学習との相違点を学んだ。教師なし学習が用いられる様々な使用例を説明した。

　様々な教師なし学習アルゴリズムを概観し、そのアルゴリズムの長所と短所をそれぞれ学んだ。

　様々なクラスタリング技術とクラスタ形成法を説明した。クラスタリングアルゴリズムが互いにどのように異なっており、特定の使用事例にどのように適しているかを学んだ。

　k-平均法、階層的クラスタリング、および DBSCAN について学んだ。

　次章では、アンサンブル学習について学ぶ。

References

- https://github.com/JuliaLang/julia
- https://github.com/JuliaStats/Clustering.jl
- http://juliastats.github.io/
- https://github.com/stevengj/PyCall.jl
- https://github.com/cstjean/ScikitLearn.jl

第8章 アンサンブル学習モデルの作成

Creating Ensemble Models

　群衆は、特に群衆のメンバーが個々に偏見を持つときは、各一個人よりも優れた意思決定ができる。その思想は機械学習にも当てはまる。

　単一のアルゴリズムが真の予測関数を作成できないとき、アンサンブル機械学習法が用いられる。訓練時間とモデルの複雑さよりもモデルの性能に焦点が置かれているとき、アンサンブル学習法が望ましい。

　本章では、以下の内容について説明する。

- アンサンブル学習法とは何か？
- アンサンブル学習器の作成法
- 組み合わせ法
- ブースティング、バギング、ランダム性の導入
- ランダムフォレスト

8.1　アンサンブル学習法とは何か？

　アンサンブル学習法は問題を処理するために用意された様々なモデル群を持つ機械学習方法である。これは、複数のモデルが生成され、それらから得られた結果を統合して最終結果を生成するプロセスである。また、アンサンブル学習モデルは、本質的に並列処理である。したがって、複数プロセッサへのアクセス権がある場合、以下のように訓練とテストではるかに効果がある。

- **機械学習の通常法**：特定の仮説を学習するため訓練データを使用する。
- **アンサンブル学習法**：仮説の集合を作成するため訓練データを使用する。これらの仮説は、最終的なモデルを構築するために結合される。

　したがって、アンサンブル学習法は様々な戦略を用いる目的関数を様々な個々の学習器に用意し、長い時間をかけてこれらの学習を結合する方法である、と言うことができる。

－181－

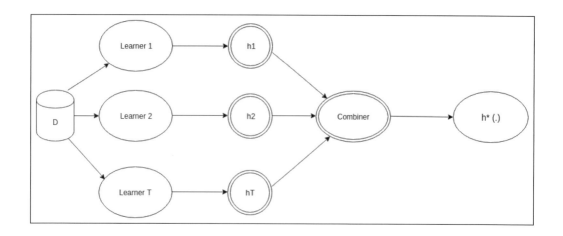

8.1.1 アンサンブル学習法の理解

すでに説明したように、アンサンブル学習法は個々の学習器の学習を組み合わせる。以下のように、精度を上げるための複数の学習モデルの集合である。

- 基本学習器：個々の学習器は基本学習器と呼ばれる。基本学習器は特殊な状況に適合しているが、汎化は良好でない。
- 基本学習器の弱い汎化能力に依存するので、すべての場面に適するわけではない。
- アンサンブル学習法はこれら基本（弱い）学習器を用いて、強い学習器を作成し、その結果は比較的非常に高精度のモデルとなる。
- 一般に決定木アルゴリズムが基本学習アルゴリズムとして用いられる。同種の学習アルゴリズムの使用は均一な学習器をもたらす。しかし、様々なアルゴリズムも使用できるが、やはり均一な学習器が生じることになる。

8.1.2 アンサンブル学習器の作成法

可能な限り多様な基本学習器の使用を推奨する。これで、より高精度な大部分の状態を処理し予測するアンサンブル学習器が実現する。この多様性は様々なデータ集合の部分集合を用いて、あるいは入力データを変換して生成され、学習のために同時に様々な方法が用いられる。

また、個々の基本学習器が高精度なときは、アンサンブルで高精度が達成されるチャンスである。

一般的に、アンサンブル学習器の構築は以下のような2段階工程である。

1. 第1段階は、基本学習器の作成である。それらは一般に並列方式で作成されるが、基本学習器が事前に作成された学習器に影響を受ける場合は、連続（直列）的方式で作成される。
2. 第2段階は、これら基本学習器の連結で、使用例に適したアンサンブルを作成する。

様々な種類の基本学習器や連結技術の使用により、様々なアンサンブル学習モデルを併せて

作成できる。

以下のようにアンサンブル学習モデルを作成する様々な方法が存在する。

- 訓練データ集合を部分抽出する。
- 入力特徴量を処理する。
- 出力特徴量を処理する。
- ランダム性を導入する。
- 分類器の学習パラメータを修正する。

(1) 組み合わせ法

組み合わせ法は以下のような2つのカテゴリに分類できる。

- 静的組み合わせ器 (static combiners)
- 適応的組み合わせ器 (adaptive combiners)

静的組み合わせ器 (static combiners)：組み合わせ器の選択基準は、自律的組成ベクトルある。静的方法は、訓練可能法および非訓練可能法に全体的に分けられる。

訓練可能法：組み合わせ器は、アンサンブル学習器の性能強化のため様々な訓練段階を経る。以下に広く用いられている2つの方法を示す。

- **荷重平均化法 (weighted averaging)**：各分類器の回収量は自身の性能計測により以下のように重み付けされる。
  - 様々なバリデーションセット (評価用データ集合) による予測精度の計測である。
- **重積一般化法 (stacked generalization)**：アンサンブルの回収量を、メタ分類器 (複数分類器の組み合わせ) の特徴ベクトルとして処理する。

非訓練可能法：個々の分類器の性能は多数決法では影響しない。様々な組み合わせ器が用いられる。分類器で与えられる回収量の種類に依存する。

- **多数決法 (voting)**：これは、単一のクラスラベルが、各分類器で生成されるときに用いる。各分類器は特定クラスで投票による多数決を取る。アンサンブル学習でより大領域の多数決を取るクラスが勝者となる。
- **平均化法 (averaging)**：信頼推定量がすべての分類器により得られるときは、平均化法を用いる。アンサンブル学習で事後データが最大数のクラスが勝者となる。
- **Borda カウント**：これはすべての分類器によりランクが得られるときに用いる。

適応的組み合わせ器 (adaptive combiners)：これは、以下のような入力が与えられた特徴ベクトルに依存するある種の組み合わせ器関数である。

第8章 アンサンブル学習モデルの作成

- すべての領域に局在する関数。
- 分割統治法は、様々な入出力空間に特化したモジュール化した単純分類器とアンサンブル学習器を作成する。
- 各特化分類器は、その領域で良好に動作する必要があるがすべてではない。

8.1.3 訓練データ集合の部分抽出法

訓練データに何らかの小さなばらつきがあるときに、出力分類器に大きな変動が起こる可能性が高い場合は、その学習器は不安定であると見なされる。

- **不安定な学習器**：決定木、ニューラルネットワークなど。
- **安定な学習器**：最近傍法、線形回帰など。

この特殊なテクニック（部分抽出法）は、不安定な学習器により適合している。
部分抽出法で用いられる最も一般的なテクニックは以下のとおりである。

- バギング（Bagging）
- ブースティング（Boosting）

(1) バギング

バギングはブートストラップ凝集法とも呼ばれる。同じデータ集合の復元抽出で得た部分集合での訓練で用いられる付加的なデータを生成する。同サイズの訓練データ集合を発生する繰り返しによる複数の組み合わせ学習器を作成する。

復元抽出が実施され、平均して各識別器は訓練データの 63.2% を訓練する。

バギングは、複数のデータ集合で訓練後、多数決法により結果を統合する。多数決により最も得票を得たクラスが勝者となる。バギングは、このように複数のデータ集合を用いることで、バリアンス（すなわち、ばらつき）の減少が達成される。導入された分類器間に相関がない場合に、精度が良くなる。

ランダムフォレストは、アンサンブル学習器の一種で、バギングを用いる最も強力な学習法の1つである。

バギングのアルゴリズムを以下に見ていく。

訓練：
- 各繰り返しにつき、$t=1$ から T まで（合計 T 回）以下の工程を実行する。
  - N 個の標本の復元抽出による訓練データ集合から無作為抽出を行う。
  - この標本を用いて基本学習器（決定木やニューラルネットワークなど）が学習を行う。

テスト：
- テスト標本の各繰り返しにつき、t=1 から T まで（合計 T 回）以下の工程を実行する。
    - すべて訓練したモデルで開始する。
    - 予測は以下に基づいて行う。
        - **回帰**：平均化
        - **分類**：多数決

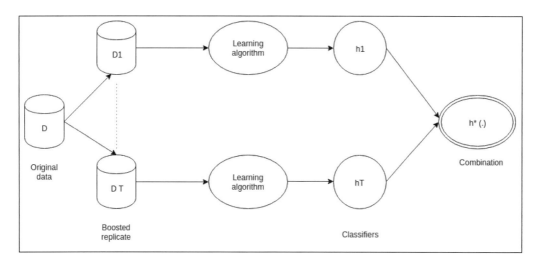

〈バギングの動作時〉

バギングは、それを用いないと過学習となるような場面で動作する。
以下にそのような場面を見ていく。

- アンダーフィッティング：
    - **高バイアス**：訓練データの適合が良くないとき、モデル不十分となる。
    - **低バリアンス**：データ集合に変動が認められるとき、分類器の実行で必要な小規模変動が存在する。
- 過学習：
    - **低バイアス**：モデルが訓練データに過剰に適合している。
    - **高バリアンス**：データ集合に小さな変動が認められるとき、分類器の実行で必要な大規模変動が存在する。

バギングは、バイアスに影響することなくバリアンスを減少させることを目的とする。したがって、訓練セットのモデル依存性が減少する。

(2) ブースティング

ブースティングはバギング法とは異なる。PAC（Probably Approximately Correct；確率的に近似的に正しい）フレームワークに基づいている。

第 8 章　アンサンブル学習モデルの作成

PAC 学習：誤った分類誤差よりも大きな信頼度と低い精度がある確率。

- **精度 (accuracy)**：これは、テストデータ集合の標本を正確に識別するパーセンテージである。
- **信頼度 (confidence)**：これは、与えられた試行の精度を達成する確率である。

〈ブースティング方法〉

　ブースティング方法は「弱学習器」の概念に基づく。アルゴリズムが、二値分類測定で 50% よりも若干良く動作するとき、弱学習器と呼ばれる。この方法は、複数の弱学習器を組み合わせるが、その目的は以下のとおりである。

- 信頼度向上
- 精度向上

　これは様々なデータ集合における、これらの様々な弱学習器で実施する。

〈ブースティングアルゴリズム〉

- 訓練：
  - 標本はデータ集合から無作為抽出する。
  - 最初に標本で学習器 *h1* が訓練する。
  - この学習器 *h1* の精度は、データ集合で評価する。
  - 同様の工程が、複数の学習器に対し様々な標本を用いて実施される。これらは様々に分類するように分割する。
- テスト：
  - テストデータ集合において、学習は全学習器の多数決法を利用する。

　信頼度測定は、若干のトレードオフをもつ精度の実施と同様に実施する。

　ブースティングはアルゴリズムというよりは、「フレームワーク」である。フレームワークの主目的は、弱い学習アルゴリズム W をとって、強い学習アルゴリズムに変換することである。以下で、適応的ブースティングアルゴリズム (adaptive boosting algorithm) の略称である AdaBoost について説明する。最初に成功した実用化アルゴリズムであるために AdaBoost は有名となった。

　これは、多数のハイパーパラメータを定義したり、多項式時間で実行したりする必要はない。このアルゴリズムの長所は、それが与えられたデータに自動的に適応する能力を持っているということである。

(3)　AdaBoost：標本抽出によるブースティング

- *n* 回の反復後、以下のように訓練データ集合で分布 *D* をもつ弱学習器がブースティングで

得られる。

- すべての標本は最初の構成要素として選択され等分布である。
- 訓練集合の部分抽出が分布 Dn に基づいて試行され、モデルは弱学習によって訓練される。
- 誤分類されたインスタンスの重みは、後続の分類器が比較的困難な事例で動作するように調整される。
- 分布 $D(n+1)$ が、誤分類された標本が増加し、正確に分類された標本が減少する確率で生成される。
- t 回の反復後、モデルの性能に応じて、個々の仮説の投票に重み付けがなされる。

AdaBoost の強力さは、最終的に重み付けされた組み合わせからではなく、標本の適応的な再抽出に起因する。

〈ブースティングの動作内容〉

- すべての分類器は、データ集合の特定の部分集合に特殊化している。
- アルゴリズムは、難易度水準の増加する標本に集中する。
- ブースティングは、バリアンス（ばらつき）を減少できる（バギング同様）。
- 弱学習器の高バイアス結果を除くこともできる（バギングにはない）。
- 訓練エラーとテストエラーの性能は以下のとおりである。
    - 訓練エラーをほぼゼロまで減らすことができる。
    - 過学習は存在せず、テストエラーで明確である。

〈バイアスとバリアンスの分解〉

以下で、バギングとブースティングによる、分類エラーのバイアス－バリアンス分解への影響について述べる。

- 学習アルゴリズムから予測できるエラーの特徴は以下のとおりである。
    - バイアス項は、目的関数に基づく分類器の性能測定である。
    - バリアンス項は、分類器の頑健性を測定し、すなわち訓練データ集合に変動がある場合、モデルへの影響がどうなるかである。
- バギングとブースティングはバリアンス項を減らすことができ、そのためモデルのエラーを減らすことができる。
- 誤分類された標本に焦点を当てているため、ブースティングはバイアス項を減らそうとすることも証明されている。

8.1.4　入力特徴量の取り扱い

複数の分類器を作成できる他の技術は、学習アルゴリズムに与える入力特徴量の集合を操作することによる。

様々なサイズの特徴量とネットワークの様々な部分集合を選択できる。入力特徴量の部分集

第8章　アンサンブル学習モデルの作成

合は、自動ではなく手動で選択できる。この技術は画像処理で広く使用されており、非常に有名な例の1つに主成分分析がある。

　多くの試行で作成されたアンサンブル分類器は、実存の人間のように振る舞うことができる。

　また、入力として与えた特徴のいくつかを削除しても、分類器の性能に影響することが判明した。これは全体的な多数決投票に影響し、このように生成されたアンサンブル学習器は期待通りには動作できない。

8.1.5　ランダム性の導入

　これは、アンサンブル学習器を作成するもう1つの一般的に有用なテクニックである。この方法は、学習器アルゴリズムにランダム性を導入する。逆伝播法によるニューラルネットワークも、同様の隠れ重み技術を用いて作成される。その計算が同様に準備した具体例につながることはありそうにないが、様々な重みで開始した場合には、後に続く分類器は非常に多様になりうる。

　意思決定木の装備の中で最も計算コストがかかる部分の1つに、意思決定木の作成がある。これは意思決定木の幹部分は高速であるが、意思決定木に深みが増すと、限定的に高コストになる可能性がある。

　高コストな部分は木構造の選択である。一度、木（ツリー）構造が選択されると、訓練データを利用して葉（ツリーの予測である）を埋めることは非常に低コストである。非常に生産的で成功した選択肢は、様々な構造と無作為な特徴量をもつ木を利用することである。ツリーの累積はフォレスト（森）と呼ばれ、このようにして作成された分類器はランダムフォレストと呼ばれる。

　ランダムフォレストは、以下のような3つの引数を取る。

- 訓練データ
- 決定器の深さ
- 数値の形成

　この計算では、K個の各ツリー（木）が自由に生成され、並列化が容易になる。すべてのツリーについて、所定の深さの完全な2分木が生成される。このツリーの枝で利用される要素は、無作為かつ、規則的に置換されて選択され、1つの枝内でも同じ要素が多く認められることを意味する。訓練データに基づいて、実際の予測を行う葉で満たされる。この最終段階は、訓練データが利用される主要時間である。そして、その後の分類器は、K個のランダムツリーの投票（多数決のための）のみが含まれる。

　この方法の最も驚くべき点は、それが非常にうまく動作することである。任意の与えられたツリーで選択された特徴量は最小であるため、構成要素の大部分が有意でないとき、最善の動作をする傾向がある。ツリーの一部は、無意味な特徴量を参照することもある。

　これらのツリーは基本的にランダムな予測を行う。可能であれば、ツリーの一部が良好な特徴量を照会し、適切な予測を行う（葉が訓練データに照らして評価されるという理由で）。十分なツリーがある場合、任意のものはノイズとして洗い流され、良好なツリーだけが最終的分類

－188－

に影響する。

8.2 ランダムフォレスト

ランダムフォレストは Leo Breiman および Adele Cutler によって開発された。機械学習の分野でのその強みは、2012 年の Strata のブログ記事に明示されている。「決定木のアンサンブル (しばしばランダムフォレストとも呼ばれる) は、現代で最も成功した汎用アルゴリズムである。これは、自動的にデータの構造、相互作用、相関を同定できることによる。」

また、「Kaggle の解法のほとんどに、この方法を積極的に利用するトップエントリが最低 1 つある」ことが注目されてきた。さらに、ランダムフォレストが Microsoft の Kinect (Kinect は、Xbox コンソールと Windows PC 用の、動作検出のための情報ガジェットである) の本体部分の認識のために好まれるアルゴリズムとなっている。

ランダムフォレストは、一連の決定木で構成されている。結果として、意思決定木の分析を開始する。

上述のとおり、意思決定木はツリー状の図であり、各ノード上には 1 つの単一の特徴を考慮した選択肢がある。特徴が配置された場合、ツリーは葉に至るまで、その意思決定で示されるように、ノードからノードを移動する。この葉の名前は、指定された特徴量のリストの期待値である。出力の選択として、直接決定木を利用できる。

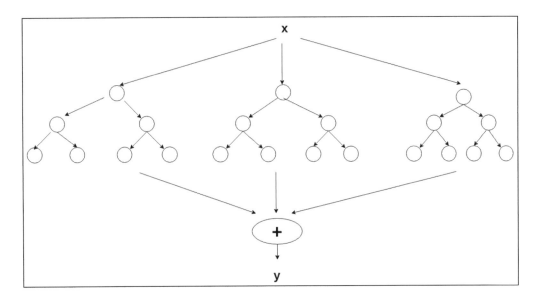

各ツリーは以下のように構築される。

- n 個の標本例を無作為に取る。ここで、n は訓練データ集合の事例数である。
  - これらの n 個の例の選択は復元抽出で行われる。この特定のデータ集合はツリーの構築に使用される。
- ノードは $x<X$ で分割され、X は入力変数の数である。X はフォレストの成長を変動させない。

第8章 アンサンブル学習モデルの作成

- ツリーは最大の深さに至ることができるので、枝刈りは行われない。

ランダムフォレストのエラー率は、以下の要因に依存する（原著論文に記載されている）。

- ツリー同士の相関が高くなると、ランダムフォレストのエラー率が増加する。
- 個々のツリーが弱い場合にエラー率は増加し、個々のツリーが強化されると減少する。

上述の x は、相関および強度に影響することがわかっている。x が増えると強度と相関の両方が増加し、x が減少すると両方が減少する。x が最小エラーを持つ特定の値または範囲を求めることを試みる。

oob (out of bag) エラーを用いて、x の値の最良の値または最良範囲を求める。

このツリーはデータ点のすべてを効果的に分類するものではない。ツリーの深さを増大することでこれを変えることができた。したがって、ツリーは標本のノイズを取り込むだけで、標本データを効果的に100%予測できる。最も極端な例では、その計算結果は各標本を含む単語参照数に比例する。これは過学習と呼ばれ、テスト予測が外れるため利用は散々な結果となる。過学習の克服を最終目標として念頭に置き、標本の重みを提示し、各分割のための特徴量の不規則な部分集合を考慮するだけで、多数の決定木を準備することができる。

ランダムフォレストの明確な結論は、ツリーの予測についての「最大獲得票」によって制御される。この方法は、別名でバギングと呼ばれる。バイアス（モデルの適応性が不十分なためのエラー）を増加させることなく、バリアンス（訓練セットのノイズに由来するエラー）を減少させる。

8.2.1　ランダムフォレストの特徴量

- ランダムフォレストは既存の特徴量と比較してかなり正確である。
- ビッグデータに対して効果的かつ効率的に使用できる。高速であり、実行に高価なハードウェアを必要としない。
- ランダムフォレストの重要な特徴の1つは、いくつかの入力変数を処理する能力である。
- ランダムフォレストは、フォレストの構築プロセス中に汎化エラーの推定量を示すことができる。分類に重要な変数を与えることもできる。
- データがスパース（疎）である場合、ランダムフォレストは、精度の高い有効なアルゴリズムである。欠損値の予測にも利用できる。
- 作成されたモデルは、後で受け取る可能性のあるデータに利用することができる。
- 不均衡なデータ集合では、分類集団に存在するエラーのバランスをとるための特徴を提供する。
- これらの特徴の一部は、教師なしクラスタリングにも利用でき、外れ値検出の有効な方法としても利用できる。
- ランダムフォレストのもう1つの重要な特徴は、過剰適合がないことである。

－ 190 －

8.2.2　ランダムフォレストの動作

　様々な選択肢を把握して活用するためには、その選択肢を表す追加データが重要である。大部分の選択肢は、ランダムフォレストによって生成される2つの情報対象に依存する。

　現在のツリーの訓練セットを復元抽出した時点で、約33%の例が標本だけのために十分に残っている。

　ランダムフォレストにツリーが追加されるにつれて、oobからの情報は、分類エラーの推定量を得るのに役立つ。各ツリーの構築後、情報の大部分がツリーを通過していき、すべての例の対ごとに近接度が計算される。

　一方、2つの例で同じ端末ノードが共有される場合、それらの近接度を1だけ増加させる。分析完了後、これらの近接度は正規化される。近接度は、欠損情報の補填、外れ値の発見、および情報の詳細な見方を提供の一部に利用される。

8.2.3　out-of-bag（oob）エラーの推定

　ランダムフォレストは、テスト集合のエラーの不偏推定を行うために交差検定を行う必要がない。ランダムフォレストの構築中に、以下のように推定する。

- すべてのツリーは、元の情報から交互にブートストラップサンプルを用いて構築される。データの約33%はブートストラップテストのために残されており、k番目のツリーの構築の一部としては利用されない。
- ツリー構築中に考慮されなかったデータが存在することがある。分類を行うために、これらのデータをk番目に用いる。ツリーの約33%で分類テスト集合を構築する。実行終了にあたり、データnがoobであったときに多数決の大多数の投票を受けたクラスになるようにjを取る。すべてのデータの中点でjがnの真のクラスと等しくない回数が、oobエラー推定量である。これは、様々なテストで不偏である。

(1)　ジニ重要度

　不純度の測定値は決定木によく用いられる。誤分類が測定され、複数の分類器が存在する状況で利用されるジニ不純度と呼ばれる。

　ジニ係数という指標も存在する。これは二項分類に適用される。適切なクラスに入る確率に従って標本をランク付けできる分類器が必要である。

(2)　近接度（proximity）

　上述したように、ランダムフォレストの構築中はツリー枝刈りを実施しない。したがって、末端のノードは多数のインスタンスを持たない。

　近接尺度を求めるために、訓練セットから全データをツリーで実行する。データxとデータyが同じ末端のノードに到着したとき、近接度を1増加させる。

　実行後、ツリーの数を2倍にし、この数字で1だけ増したデータの近接度を割る。

第 8 章　アンサンブル学習モデルの作成

8.3　Julia での実装

ランダムフォレストは、以下のようにして Kenta Sato による Julia の登録済みパッケージで利用できる。

```
Pkg.update(); Pkg.add("RandomForests")
```

これは Julia の CART（決定木のアルゴリズムの 1 つ）ベースのランダムフォレストの実装である。このパッケージは以下をサポートする。

- 分類モデル
- 回帰モデル
- out-of-bag（oob）エラー
- 特徴量の重要度
- 様々な設定可能なパラメータ

このパッケージには以下のような 2 つの別々のモデルがある。

- 分類
- 回帰

各モデルには、当てはめメソッドを適用することによる訓練された独自のコンストラクタがある。これらのコンストラクタは、以下のようなキーワード引数を使用して構成できる。

```
RandomForestClassifier(;n_estimators::Int=10,
                        max_features::Union(Integer,
FloatingPoint, Symbol)=:sqrt,
                        max_depth=nothing,
                        min_samples_split::Int=2,
                        criterion::Symbol=:gini)
```

以下は分類用のものである。

```
RandomForestRegressor(;n_estimators::Int=10,
                        max_features::Union(Integer,
FloatingPoint, Symbol)=:third,
                        max_depth=nothing,
                        min_samples_split::Int=2)
```

- 192 -

以下は回帰用のものである。

- n_estimators：これは弱推定器の数である。
- max_features：これは、各分割での候補特徴量の数である。
  - Integer（整数）を指定すると、特徴量の固定数が使用される。
  - FloatingPoint（浮動小数点数）を指定すると、区間 (0.0, 1.0] で与えられた比率が使用される。
  - Symbol を指定すると、候補の特徴量の数は戦略により決まる。
    - :sqrt:ifloor(sqrt(n_features))
    - :third:div(n_features, 3)
- max_depth：各ツリーの最大深度
  - デフォルトの引数 nothing は、最大深度の制限がないことを意味する
- min_samples_split：ノードを分割しようとする部分標本の最小数
- criterion：不純物測定の基準（分類のみ）
  - :gini：ジニ係数
  - :entropy：交差エントロピー

RandomForestRegressor は、不純物測定量として常に平均二乗誤差を用いる。現在、回帰モデルの設定可能な基準はない。

8.3.1　学習と予測

本例では、Ben Sadeghi が提供する優れた DecisionTree パッケージを用いる。

パッケージは、以下の使用可能なモデルをサポートしている。

- DecisionTreeClassifier
- DecisionTreeRegressor
- RandomForestClassifier
- RandomForestRegressor
- AdaBoostStumpClassifier

インストールは以下のように簡単である。

```
Pkg.add("DecisionTree")
```

分類例を用いて開始する。

```
using RDatasets:dataset
```

第8章　アンサンブル学習モデルの作成

```
using DecisionTree
```

以下のように有名な iris データ集合を用いる。

```
iris = dataset("datasets", "iris")
features = convert(Array, iris[:, 1:4]);
labels = convert(Array, iris[:, 5]);
```

これは刈り取られたツリー分類器を生成する。

```
# 完全ツリー分類器を訓練する
model = build_tree(labels, features)
# ツリーの枝刈り：結合純度 90% 以上の葉をマージする（デフォルト：100%）
model = prune_tree(model, 0.9)
# 5 ノードの深さのツリーの綺麗な表示（オプション）
print_tree(model, 5)
```

```
Feature 3, Threshold 3.0
L-> setosa : 50/50
R-> Feature 4, Threshold 1.8
    L-> Feature 3, Threshold 5.0
        L-> versicolor : 47/48
        R-> Feature 4, Threshold 1.6
            L-> virginica : 3/3
            R-> Feature 1, Threshold 7.2
                L-> versicolor : 2/2
                R-> virginica : 1/1
    R-> Feature 3, Threshold 4.9
        L-> Feature 1, Threshold 6.0
            L-> versicolor : 1/1
            R-> virginica : 2/2
        R-> virginica : 43/43
```

これは、先の画像に与えられたようなツリーを生成する。この学習モデルを適用する。

```
# 学習したモデルを適用
apply_tree(model, [5.9,3.0,5.1,1.9])
# 各ラベルの確率を得る
apply_tree_proba(model, [5.9,3.0,5.1,1.9], ["setosa",
"versicolor", "virginica"])
# 枝刈りされたツリーに n - 分割交差検定を実行する
# 枝刈り閾値 90%、3 - 分割交差検定を用いる
```

－194－

```
accuracy = nfoldCV_tree(labels, features, 0.9, 3)
```

以下のような結果が生成される。

```
Fold 1
Classes:
3x3 Array{Int64,2}:
 15   0   0
  1  13   0
  0   1  20
Any["setosa","versicolor","virginica"]
Matrix:
Accuracy:
3x3 Array{Int64,2}:
 18   0   0
  0  18   5
  0   1   8
3x3 Array{Int64,2}:
 17   0   0
  0  11   2
  0   3  17
0.96
Kappa:     0.9391727493917275

Fold 2
Classes:   Any["setosa","versicolor","virginica"]
Matrix:
Accuracy: 0.88
Kappa:     0.8150431565967939

Fold 3
Classes:   Any["setosa","versicolor","virginica"]
Matrix:
Accuracy: 0.9
Kappa:     0.8483929654335963

Mean Accuracy: 0.9133333333333332
```

ここで次のようにランダムフォレスト分類器を訓練する。

第 8 章　アンサンブル学習モデルの作成

```
# ランダムフォレスト分類器を訓練する。
# ランダム特徴量 2、ツリー数 10、ツリーごとの標本割合 0.5 ( オプション )、ツリー深度 6 ( オプション ) を用いる。
model = build_forest(labels, features, 2, 10, 0.5, 6)
```

以下のようにランダムフォレスト分類器を作成する。

```
3x3 Array{Int64,2}:
 14    0    0
  2   15    0
  0    5   14
3x3 Array{Int64,2}:
 19    0    0
  0   15    3
  0    0   13
3x3 Array{Int64,2}:
 17    0    0
  0   14    1
  0    0   18
```

ここで、以下のようにこの学習モデルを適用し、精度を確認する。

```
# 学習モデルを適用する
apply_forest(model, [5.9,3.0,5.1,1.9])
# 各モデルの確率を得る
apply_forest_proba(model, [5.9,3.0,5.1,1.9], ["setosa",
"versicolor", "virginica"])
# ランダムフォレストについて n- 分割交差検定を実行する
# ランダム特徴量 2、ツリー数 10、3 分割、ツリーごとの標本割合 0.5 を用いる
( オプション )
accuracy = nfoldCV_forest(labels, features, 2, 10, 3, 0.5)
```

結果は以下のようになる。

```
Fold 1
Classes: Any["setosa","versicolor","virginica"]
Matrix:
Accuracy:0.86
```

```
Kappa:      0.7904191616766468

Fold 2
Classes: Any["setosa","versicolor","virginica"]
Matrix:
Accuracy:0.94

Kappa:      0.9096929560505719

Fold 3
Classes: Any["setosa","versicolor","virginica"]
Matrix:
Accuracy:0.98
Kappa:      0.9698613622664255

Mean Accuracy:0.9266666666666666
3-element Array{Float64,1}:
 0.86
 0.94
 0.98
```

ここで、回帰木の訓練を行う。

```
n, m = 10^3, 5 ;
features = randn(n, m);
weights = rand(-2：2, m);
labels = features * weights;
# 回帰木の訓練、葉当たり 5 標本の平均化を用いる ( オプション )
model = build_tree(labels, features, 5)
apply_tree(model, [-0.9,3.0,5.1,1.9,0.0])
# n-分割交差検定を実行する。3 分割、葉当たり 5 標本の平均化を用いる ( オプション )
# 決定係数 (R^2) の配列を返す
r2 = nfoldCV_tree(labels, features, 3, 5)
```

以下のようなツリーを作成する。

```
Fold 1
Mean Squared Error:    3.300846200596437
Correlation Coeff:     0.8888432175516764
Coeff of Determination:0.7880527098784421
```

第 8 章　アンサンブル学習モデルの作成

```
Fold 2
Mean Squared Error:     3.453954624611847
Correlation Coeff:      0.8829598153801952
Coeff of Determination:0.7713110081750566

Fold 3
Mean Squared Error:     3.694792045651598
Correlation Coeff:      0.8613929927227013
Coeff of Determination:0.726445409019041

Mean Coeff of Determination:0.7619363756908465

3-element Array{Float64,1}:
 0.788053
 0.771311
 0.726445
```

ここで、パッケージによる回帰フォレストの訓練は容易に行える。

```
# 回帰フォレストの訓練、ランダム特徴量 2、10 ツリーを使用
# 葉当たり 5 標本の平均化 ( オプション )、ツリーあたり標本の 0.7 ( オプション )
model = build_forest(labels,features, 2, 10, 5, 0.7)
# 学習モデルを適用
apply_forest(model, [-0.9,3.0,5.1,1.9,0.0])
# 回帰フォレストに n - 分割交差検定を実行
# 2 ランダム特徴量、10 ツリー、3 分割、葉当たり 5 標本の平均化 ( オプション )
# ツリーあたり標本の 0.7 分割 ( オプション ) を使用
# 決定係数 (R^2) の配列を返す
r2 = nfoldCV_forest(labels, features, 2, 10, 3, 5, 0.7)
```

以下のような出力が生成される。

```
Fold 1
Mean Squared Error:     1.9810655619597397
Correlation Coeff:      0.9401674806129654
Coeff of Determination:0.8615574830022655

Fold 2
Mean Squared Error:     1.9359831066335886
```

－ 198 －

```
Correlation Coeff:      0.950439305213504
Coeff of Determination:0.8712750380735376

Fold 3
Mean Squared Error:      2.120355686915558
Correlation Coeff:      0.9419270107183548
Coeff of Determination:0.8594402239360724

Mean Coeff of Determination:0.8640909150039585

3-element Array{Float64,1}:
 0.861557
 0.871275
 0.85944
```

8.4　アンサンブル学習法が優れている理由

　Dietterich は、個々の学習器よりも優れたアンサンブル学習器の汎化能力が優れていることを理解するために 3 つの理由を提示した。

　以下の 3 つの理由は、より良い仮説を導くアンサンブル学習の優位性を理解するのに役立つ。

- 第 1 の理由は、訓練情報は 1 つの最善の学習器の選択に適切なデータを与えない。例えば、訓練情報集合で同様に良好に動作する多数の学習器があるかもしれない。このように、これらの学習器の結合は優れた意思決定であるかもしれない。
- 第 2 の理由は、学習アルゴリズムの探索手順が良くない可能性があることである。例えば、最善の仮説が存在する可能性の有る無しに関わらず、平均を上回る仮説を生成することを含め、様々な理由によって、学習アルゴリズムがそれを達成できない可能性がある。最善の仮説を達成する可能性を高めて、その部分にアンサンブル学習を改善できる。
- 第 3 の理由は、検索対象の仮説空間に 1 つの目的関数が存在しない可能性があるということである。この目的関数は様々な仮説空間を組み合わせており、ランダムフォレストを作成する様々な決定木を組み合わせることに類似している。

　評価されたアンサンブル技術に関する多くの仮説的研究が存在する。例えば、ブースティングとバギングは、これらの 3 点を達成する方法である。

　また、ブースティングは、無限大の学習後でも過学習の悪影響を認めず、また訓練エラーがゼロになった後も、汎化エラーを減少させる徴候さえ示すことも認められる。多くの研究者がこの驚異を検討しているが、仮説の説明は未だ議論の的である。

　バイアスとバリアンスの分解は、アンサンブル技術の実装研究の一部として頻繁に用いられる。バギングはバリアンスをほぼ除くことができるが、それにより、不安定な学習器、決定木、

第8章　アンサンブル学習モデルの作成

ニューラルネットワークなどの大きなバリアンスが認められる学習器には理想的となる。

　ブースティングは、バリアンスの減少にもかかわらずバイアスを最小化できるが、それにより、決定木などの弱学習器がより実行可能になる。

8.4.1　アンサンブル学習の応用

　アンサンブル学習は、以下のようなアプリケーションで広く用いられている。

- 光学文字認識（OCR）
- テキストの分類
- 顔認識
- コンピュータ支援医療診断

　アンサンブル学習は、機械学習技術が使用されるほぼすべての場面で使用できる。

▎8.5　まとめ

　アンサンブル学習は弱識別器や正確度の低い識別器を組み合わせることにより高精度な識別器を生成する方法である。本章では、アンサンブル学習器を構築するための方法のいくつかを説明し、アンサンブル法は、アンサンブル学習器内の任意の単一分類器より優れた性能を達成できる3つの基本的理由を見てきた。

　バギングとブースティングを詳細に説明した。バギングは、ブートストラップ凝集法とも呼ばれ、復元抽出に用いたものと同じデータ集合の部分抽出により、追加データを生成する。また、AdaBoostがうまく動作する理由を学び、ランダムフォレストの詳細を理解した。ランダムフォレストは、過学習のない、高精度で効率的なアルゴリズムである。また、最高のアンサンブル学習モデルの1つと考えられているランダムフォレストの方法とその理由を検討した。DecisionTreeパッケージを用いてランダムフォレストモデルをJuliaで実装した。

References

- http://cs.nju.edu.cn/zhouzh/zhouzh.files/publication/springerEBR09.pdf
- http://web.engr.oregonstate.edu/~tgd/publications/mcs-ensembles.pdf
- http://www.machine-learning.martinsewell.com/ensembles/ensemble-learning.pdf
- http://web.cs.wpi.edu/~xkong/publications/papers/ecml11.pdf

第9章 時系列
Time Series

　意思決定モデリングと検証の実証能力は、集中治療室の救急医療から軍事指令と制御フレームワーク（枠組み）に至る、いくつかの実世界の応用の重要な構成要素である。推論のための既存の方法論やテクニックは、意思決定の質と計算処理のしやすさとの間のトレードオフが必須である応用分野では、徐々に役立たなくなってきた。時間が重要な要素の意思決定モデリングを扱う良い方法は、一過性の手順の実証に迅速に戻って、時間が重大な環境を管理することが必要である。

　本章では、以下の内容について説明する。

- 予測とは何か？
- 意思決定プロセス
- 時系列とは何か？
- モデルの種類
- 傾向分析
- 季節性の分析
- ARIMA
- 平滑化

9.1　予測とは何か？

　投資収益を最大化するために、近い将来の在庫の需要を把握する必要がある組織の例を考えてみよう。

　例えば、不確実な需要には多くの在庫のフレームワーク（枠組み）が適用される。これらのフレームワークの在庫パラメータには、需要と予測のエラー分布の評価が必要である。

　これらのフレームワークの2つの段階である予測と在庫管理は、自律的に頻繁に分析される。需要予測と在庫管理との間の相互関係は、在庫のフレームワークの実施に影響するため、これを理解することが不可欠である。

　予測の必要条件は以下のとおりである。

- 各意思決定は、遅かれ早かれ運用されるようになるため、将来の条件の特徴に基づいて実

第 9 章　時系列

施する必要がある。
- 特徴は組織全体を通じて必要とされ、無関係な予測者集団によって作成されることは絶対にあってはならない。
- 予測は包み隠されることはない。予測は絶えず必要で、時間の経過につれて実際に実行した予測の効果が測定され、もとの予測は再検討され、意思決定は調節され、これはループになっている。

　意思決定者は、予測モデルを用いて意思決定を行う。これらは様々な戦略の効果を思慮深く研究するための手順を実証するために定期的に使用される。
　意思決定の構成要素を以下のように 3 群に分けると便利である。

- 制御不能要素
- 制御可能要素
- 供給源 (リソース) (問題の状態を定義する)

9.1.1　意思決定プロセス

　システムとは何だろうか？ フレームワーク (枠組み) は特別な方法で一緒に設定される部品で構築され、特定の目的に合うように最終目標を念頭に置いている。部品同士の相関関係から、フレームワークの行うこととその全体の能力が明らかになる。この方針に沿うと、フレームワーク内部の連結性はやはり個々の部品より重要である。すべてが宣言され実行されるとき、様々なフレームワークの構築ブロックとなるフレームワークは部分システムと呼ばれる。

(1)　システムのダイナミクス

　変動のないフレームワークは定常的フレームワークである。ビジネスフレームワークのかなりの部分は迅速フレームワーク (rapid frameworks) であり、その状態がある時間後に変動することを意味する。ここでは、フレームワークとしてある時間後の変動様式を記述する。また、フレームワークが典型的パターンを取るとき、行動パターンを持つと言う。フレームワークが定常的であるか、動的であるかどうかは、時間の経過とともにどのように変化するかに依存する。
　意思決定プロセスは以下のような構成要素からなる。

- **性能指標 (またはインジケータ)**：強力な指標の開発はすべての組織で重要と見られている。性能指標は結果の望ましい水準を与え、すなわち、選択の標的である。目標は、予測する行動の理解に不可欠である。
  - **戦略**：投資収益、成長、および技術革新
  - **戦術**：コスト、数量、および顧客満足
  - **運用**：目標設定と標準規格への準拠
- **供給源 (リソース)**：リソースは、予測の時間範囲内で変動しない一貫した構成要素である。

－ 202 －

リソースは、意思決定の問題を特徴付ける変数である。戦略的意思決定は、通常、戦術と運用の選択肢の両者よりも長い時間軸を持っている。

- **予測**：予測情報は、意思決定者の環境に由来する。制御不能な入力が意思決定または予測に必要である。
- **意思決定**：意思決定の入力は、考えられる可能な方法すべての集積である。
- **相互作用**：先の意思決定部品間の関連は、入力、リソース、予測、および結果の間の状況と最終結果の結合を表す論理的、科学的な機能である。意思決定の結果が戦略に従っている時点で、1つ以上の危険な環境の部品を変換し、それ以外の部分で魅力的な変化の実現を目指す。これは、問題の部品間の結合について既知の場合、成功する。
- **行動**：意思決定は、意思決定者が選択した戦略の選択を含んでいる。戦略が選択結果に影響を与える様式は、予測や様々な入力の相互関連の方法や結果を識別する方法に依存している。

9.2　時系列とは何か？

時系列は、洞察の配列と見なすことができ、通常は一定の間隔で収集される。時系列情報は、通常多くの応用で発生する。

- **経済学**：例えば、毎月の失業、入院など
- **投資**：例えば、毎日の為替レート、株価など
- **環境**：例えば、毎日の降雨量、大気質の計測値など
- **医療**：例えば、2〜8秒ごとの心電図や脳波の活動

時系列分析のためのテクニックは、一般的な確率過程やマルコフ連鎖の技術より前から存在している。時系列分析の目標は、時系列データの記述と概要、低次元モデルへの当てはめ、望ましい予測の実施である。

9.2.1　傾向、季節性、周期、残差

時系列を記述する1つの簡単な戦略は、古典的な分離である。このアイデアは、該当の配列は以下の4つの構成要素に分離可能であるというものである。

- **傾向 (Tt)**：平均の長期的変動
- **季節の影響 (It)**：カレンダーの暦に関連した周期変動
- **周期 (Ct)**：他の周期変動（ビジネス周期など）
- **残差 (Et)**：他の無作為ないし系統的変動

その考え方は、これらの4つの要素に対して別々のモデルを作成し、それらを以下のように結合することである。

- **加算的**：$Xt = Tt + It + Ct + Et$
- **相乗的**：$Xt = Tt\ It\ Ct\ Et$

(1) 標準線形回帰との違い

この情報は、不可避的に独立したものではなく、もちろん、不可分に分布していない。時系列の特徴の1つは、観察が順方向に並んだ順序データであることである。信頼性のうえで列が不可欠であり、列の変動で情報の重要度が変わる可能性がある。

(2) 分析の基本目的

基本的な目的は、通常、時系列パターンを記述するモデルを決定することである。このようなモデルの用途は以下のとおりである。

- 時系列パターンの重要な特徴を記述する。
- 過去が未来に影響する様式か、あるいは2つの時系列の「相互作用」様式を説明する。
- 時系列の将来価値の予測
- いくつかの製造状況で製品の品質を測定する変数の管理基準として役立つ。

(3) モデルの種類

「時間領域」モデルには2つの基本的な型がある。

- 時間指標を x 変数として用いる通常の回帰モデル
    - データの初期記述に役立ち、いくつかの簡単な予測法の基礎を形成する
- ARIMA モデル（自己回帰移動平均モデル）
    - 時系列の現在の値を、過去の値および過去の予測誤差に関連付けるモデル

(4) 最初に考慮すべき重要な特徴

時系列を考えるときに、まず考慮すべきいくつかの重要な問題は以下のとおりである。

- 傾向があるか？
    - 時間の経過とともに測定値が増減する傾向のあるパターン
- 季節性の影響があるか？
    - 季節、四半期、月、曜日などのカレンダー時間に関連した高低の規則的な繰り返しパターンがあるか？
- 外れ値はあるか？
    - 回帰では、外れ値は傾向線から離れている。時系列データでは、外れ値は他のデータから離れている。
- 季節要因に関係のない期間があるか？

- 一定期間にわたり一定の分散があるか？
- どちらかの側に突出した変動があるか？

　以下のプロットは、時間の経過とともに変動する乱数の例である。時系列プロットは、単に変数が時間に対してプロットされていることを意味する。心拍数、市場の変動、地震グラフなどについても同様のプロットができる。

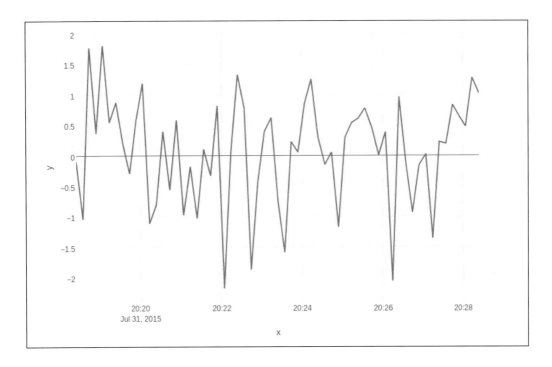

プロットのいくつかの特徴は以下のとおりである。

- 期間全体にわたって一定の傾向（上向きまたは下向き）はない。時系列はゆっくりと上下にさまようように見える。
- いくつかの明らかな外れ値がある。
- 分散が一定であるかどうかを判断することは困難である。

(5) 系統的パターンとランダムノイズ
　大部分の様々な分析と同様に、時系列解析では、系統的なパターン（識別可能なセグメントの集合配置として）とランダムノイズ（エラー）からなる情報が認められ、パターンを認識しにくくする。ほとんどの場合、時系列分析システムには、ノイズを通した何らかの型のフィルタリングが含まれており、最終的な目標を念頭に置いてパターンを識別しやすくしている。

第9章　時系列

（6）　時系列パターンの2つの一般的側面
ほとんどの場合、時系列パターンは2つの断片の基本的なクラスと見なして描画することができる。

- パターン
- 規則性

パターンは、ある時間後に進行し、データで捉えられた時間の範囲内で一般的に（おそらく）再ハッシュ（繰り返し）のない直線または（規則的な）非線形部分である。

規則性は形式的に類似した特徴を持つことがある。いずれにせよ、しばらくするとそれは体系的間隔で自己的に再ハッシュする。これらの2つの一般的なクラスの時系列成分は、実際の現実のデータに共存することがある。

例えば、企業の売り出しは、数年にわたる急成長を示す可能性があるが、それでも予測可能な季節パターンに従っている（例えば、毎年10月に年間取引の30%、3月に10%が行われる）。

9.2.2　傾向分析
時系列データでパターン断片を識別する検証済みの「プログラムされた」システムは存在しない。いずれにせよ、パターンの長さは反復的であり（一貫した様式で増減する）、データ分析の一部は、通常はそれほど困難ではない。時系列情報にかなりの誤差が含まれている場合、時間経過パターン識別実証における初期段階は平滑化である。

（1）　平滑化
平滑化（スムージング）は、個々の知覚の非体系的部分が互いに相殺するような、あるタイプのデータ近傍平均化を確実に含んでいる。最も広く知られている方法は、移動平均平滑化である。これは、時系列のすべての成分を、n個の包括的成分の単純なまたは重みづけした平均で置き換える。ここで、nは、平滑化「窓」の幅である。

平均の代わりに中央値を利用できる。中央値の長所は以下のとおりである。

- 平滑化ウィンドウ内では、その結果は外れ値によってバイアスが少なくなる。
- データに外れ値がある場合、中程度平滑化（ミドルスムージング）は、同じウィンドウ幅を考慮に入れて、移動平均平滑化よりも滑らかで、より「信頼性の高い」曲線を定期的に与える。

中程度平滑化（ミドルスムージング）の基本的短所は、明確な外れ値がなければ、移動平均平滑化よりもギザギザのカーブを与え、重み付けを考慮しないことである。

(2) 関数の当てはめ

多くの単調な時系列情報は、線形関数によって十分に近似することができる。合理的で単調な非線形部分がある場合、最初に非線形性を避けるためにデータを変換する必要がある。通常、対数関数、指数関数、（あまりないが）多項式関数を利用することができる。

9.2.3 季節性の分析

季節依存性（季節性）は、時系列設計のうちの一般的なものの1つである。例えば、購買傾向の時系列グラフを見ると、毎年10月と12月の終わりに大きなスパイクがあることがわかる。このパターンは毎年繰り返される。

(1) 自己相関

時系列の季節パターンは、コレログラムを用いて分析することができる。コレログラムは、所定のラグ（遅れ）の範囲内の連続的ラグについての連続相関係数（およびそれらの標準誤差）である自己相関関数（ACF）をグラフで数値的に示す。

すべてのラグに対する2つの標準誤差の範囲は、一般に、コレログラムでは別に設定されるが、一般に自己相関のサイズはその依存性よりも重要である。

以下は、mtcarsデータ集合のコレログラムである。

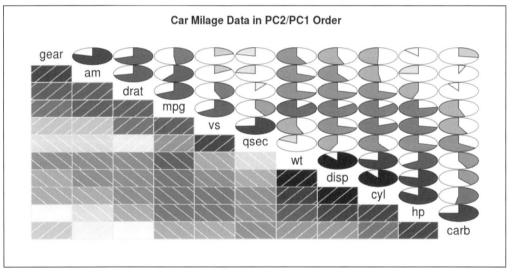

（口絵㉖）

〈コレログラムの試験〉

コレログラムを調べるとき、連続的ラグに対する自己相関が形式的に依存していることを念頭に入れる必要がある。例えば、第1主成分が第2主成分、第2主成分が第3主成分に強固に関連している場合、第1主成分は同様に第3主成分とある程度同様に等しくなければならない。

第9章　時系列

（2）　偏自己相関

連続依存性（serial dependencies）を調べるもう1つの有用な方法は、自己相関の拡張である**偏自己相関能力**を見ることであり、ここでは中間構成要素（ラグ（遅れ）内側の要素）への依存が除去される。

（3）　連続依存性の除去

k 番目の成分の特定のラグ（遅れ）に対する連続依存性（serial dependencies）は、時系列を差分すること、すなわち、時系列の i 番目の構成要素を $(i\sim k)$ 番目の構成要素との差に変換することで除去できる。

このような変換の背景には次の2つの説明がある。

- 隠された特性の季節依存性（seasonal dependencies）を時系列内で認識できる。
- ARIMA およびその他の手順では、系列を定常的にする必要がある。それ自体、季節依存性を取り除く必要がある。

9.2.4　ARIMA モデル

これまで、時系列分析手順での数理モデリングについて議論した。実生活では、パターンはあまり明確ではなく、観測値は一般的にかなりの誤差がある。

その必要条件は以下のとおりである。

- 隠されたパターンを見つける
- 予測の作成

ここで、ARIMA モデルとそれを得ることがどのように有用かを理解しよう。

（1）　共通プロセス

- 自己回帰手順：
  - ほとんどの時系列は、特に時間的ラグのある（過去の）成分から、時系列の背中合わせの成分を表す係数または係数の配置を評価することができるので、連続依存性の成分で構成される。
  - 定常的前提条件。自己回帰手順は、パラメータが分類されるある特定の範囲内でのみ安定である。以前の効果が積み重なり、連続点に影響を与え、系時列が定常的にならないことがある。
- 移動平均手順。自己回帰手順から自律的手順に、時系列内のすべての構成要素は、自己回帰構成要素では表現できない過去の誤差（または任意のショック）の影響を受ける可能性がある。
- 可逆性の必要性。移動平均手順と自己回帰手順との間には「二重性（duality）」が存在する。
  - 移動平均の式は、自己回帰構造に変換できる。いずれにしても、記述された定常的

状態から差分をとっていない場合には、移動平均パラメータが特定の条件を満たす場合、つまりモデルが可逆である場合には、これを実行する必要がある。また、時系列は定常的にならない。

(2)　ARIMA の方法論

自己回帰移動平均モデル

Box and Jenkins (1976) が提案した一般的モデルは、自己回帰的 (autoregressive) で、さらに移動平均パラメータ (moving normal parameter) とモデルの詳細化に差分 (differencing) を明示的に取り込んでいる。

特に、モデルの 3 種類のパラメータは以下のとおりである。

- 自己回帰パラメータ (autoregressive parameters) (p)
- 差分パスの量 (quantity of differencing passes) (d)
- 移動平均パラメータ (Moving normal parameters) (q)

Box と Jenkins が示した文書では、モデルは ARIMA (p、d、q) として省略されている。

〈同定〉

ARIMA の入力系列は定常的である必要がある。時間経過に対し、静的平均、差分、自己回帰である必要がある。その後、ほとんどの場合、時系列は最初に定常的になるまで差分化する必要がある（これは、同様に、分散を静的にするために規則的にデータの対数変換が必要である）。

静止性を達成するために時系列の量は、差分を取る必要がある時系列の量は d パラメータに反映される。差分の基本水準を決定するためには、データと自己コレログラムのプロットを調べる必要がある。

水準の注目すべき変動（大きな上向き変動または下向き変動）は、通常一次の非季節的差分 (lag (ラグ；遅れ) = 1) を必要とする。

- 傾きの大きな変動は一般に二次の季節的差分を必要とする。

〈推定と予測〉

次のステップは推定である。ここで、残差平方和が最小になるように（関数最小化システムを用いて）パラメータが評価される。パラメータの評価は、時系列の新規推定量（過去に入力データ集合に取り込まれたもの）およびこれらの予測値の信頼区間を計算するために、最終段階の一部（予測）に利用される。

推定手順は、予測された特徴が生成される前に、変換された（差分をとった）情報に対して実行される。予測が入力データと互換性のある値で伝達されるように、系列を統合する必要がある。

第9章　時系列

〈ARIMA モデルの定数〉

　標準自己回帰および移動平均パラメータを用いて、ARIMA モデルは同様に定数を取り込むことがある。この定数の表現は、適合するモデルに依存する。

- モデルに自己回帰パラメータが存在しない場合、時系列の平均は定数の期待値である。
- モデルに自己回帰パラメータが存在する場合、切片は定数で表される。

〈同定フェーズ〉

　推定の開始前に、評価する ARIMA パラメータの特定の数と種類を決める（識別する）必要がある。識別段階の部品として利用される重要な道具は以下のとおりである。

- 配置のプロット
- 自己相関のコレログラム
- 偏自己相関

　選択は直接的ではなく、あまり一般的でない例では、経験ならびにオプションのモデル（および ARIMA の特殊なパラメータも）を持つ実験の適切な配置が必要である。

　いずれの場合でも、5 つの基本モデルのうちの 1 つを利用して、かなりの量の実験的時系列パターンを適切に近似することができる。これらのモデルは、**自己相関のコレログラムと偏自己相関のコレログラム**の形状に基づいている。

- 1 つの自己回帰パラメータ（p）：
    - ACF：指数関数的減衰
    - PACF：ラグ 1 でのスパイク
    - 他のラグとの相関がない
- 2 つの自己回帰パラメータ（p）：
    - ACF：正弦波形状パターンまたは指数関数的減衰の集合
    - PACF：ラグ 1 または 2 でのスパイク
    - 他のラグとの相関がない
- 1 つの移動平均パラメータ（q）：
    - ACF：ラグ 1 でのスパイク
    - 他のラグとの相関がない
    - PACF：指数関数的に減衰する
- 2 つの移動平均パラメータ（q）：
    - ACF：ラグ 1 または 2 でのスパイク
    - 他のラグとの相関がない
    - PACF：正弦波形状パターンまたは指数関数的減衰の集合

－210－

- 1つの自己回帰パラメータ（p）と1つの移動平均パラメータ（q）：
  - ACF：ラグ1で開始する指数関数的減衰

〈季節モデル〉

パターンが時間経過とともに季節的に繰り返す時系列には特殊なモデルが必要である。
これは、季節モデルの単純な ARIMA パラメータと同様である。

- 季節自己回帰（ps）
- 季節差分（ds）
- 季節移動平均パラメータ（qs）

例えば、モデル（0,1,2）（0,1,1）を考えてみよう。
これは、以下を取り込んだモデルを示している。

- 自己回帰パラメータなし
- 2つの一般的な移動平均パラメータ
- 1つの通常の移動平均パラメータ

季節パラメータに利用される季節ラグは、通常、識別証明段階中に決定され、明示的に示されるべきである。

（自己相関関数（ACF）と偏自己相関関数（PACF）を考慮して）評価されるべきパラメータの選択に関する一般的な示唆は、季節モデルにも同様に当てはまる。原則的違いは、季節系列では、自己相関関数（ACF）と偏自己相関関数（PACF）は季節ラグの積で、大きな係数を示す。

（3）　パラメータ推定

パラメータを評価するためのいくつかの異なるテクニックがある。それらすべてが基本的に同じ推定を行う必要があるが、特定のモデルではかなりうまくいくことがある。一般に、パラメータ推定の段階において、与えられたパラメータ値のもとでの監視中の時系列の確率（尤度）を最大にするために、関数最小化の計算が用いられる。

これは、別個のパラメータが与えられている場合、（条件付き）残差平方和（SS）の計算を必要とする。

実際に、それぞれのパラメータが与えられたときに、（条件付き）残差平方和（SS）の計算が必要である。

以下のような様々な方法が、残差平方和の計算に提案された。

- McLeod および Sales による近似最尤推定法（1983）
- バックキャスティングによる近似最尤推定法
- Melard による正確な最尤推定法（1984）

第9章　時系列

(4) モデルの評価
- パラメータ推定量：
  - パラメータの標準誤差から計算される推測 t 値の表示
  - 有意差がない場合、モデルの全体的当てはめに大きな影響を与えることなく、ほとんどの場合、別のパラメータをモデルから削除することができる。
- その他の品質基準：モデルの品質のもう 1 つの正規の明確な測定基準は、予測が既知の（ユニークな）観測値と対比され、部分データを考慮して生成された予測の正確さである。

(5) 中断された時系列 ARIMA
　時系列の質に関し 1 つ以上の離散型事象の影響を評価したいかもしれない。この種の時系列分析における中断は、McDowall、McCleary、Meidinger、および Hay らの論文（1980）の中で微細な要素として描かれている。この論文では、考えられる 3 つの注目すべき効果を認めている。

- 永続的急速中断
- 永続的緩速中断
- 一時的急速中断

9.2.5　指数平滑法
　指数平滑法は、様々な型の時系列データに対する予測法として非常によく知られている。この方法は Brown および Holt によってフリーな形で作成された。Brown は第二次世界大戦中に米海軍で勤務した。彼の任務は、潜水艦の位置を計算するための武器制御情報の追跡システムの設計だった。その後、この方法をスペア部品の興味深い予測（在庫管理の問題）に結びつけた。

(1) 単純指数平滑法
　時系列 t の単純な（平滑化）モデルは、すべての観測を定数（b）と誤差成分（ε）からなるものとみなすことである。つまり、$Xt = b + \varepsilon$ である。
　定数 b は、時系列の各断片で一般に一定であるが、しばらく後には徐々に変化することがある。モデルの当てはめは滅多になされず、定数 b の純粋な推定法ではないが、順序立った定型の時系列法の一部として移動平均（パラメータ）の計算を行う。特に、古い観測値より現時点の新規の迅速な観測値に大きな重み付けがされる。
　指数平滑法は、より古い観測の重みが指数関数的に減少する重み付けを正確に行う。単純指数関数平滑化の具体的な式は以下のとおりである。

$$St = a * Xt + (1-a) * St - 1$$

時系列の経時的な各観測に再帰的に結びついて、新しい平滑値（予測値）が、現在の観測値や過去の平滑観測値の加重平均（パラメータ）として計算される。

過去の平滑化観測値は、過去の観測値と過去の知覚前の平滑化観測値から計算される。その後、それぞれの平滑値は、過去の知覚の加重平均となり、過去の知覚はパラメータ（アルファ α）の推定に依存して指数関数的に減少する。

平滑値が1であることは稀であるが、その場合、過去の観測値は無視される。平滑値が0（ゼロ）の場合、現在の観測値は完全に無視され、平滑値は完全に過去の平滑観測値から構成される（ここで、過去の平滑観測値はそれ以前の平滑観測値から計算され、それに沿ってすべての単一の平滑観測値は基準となる平滑観測値 S0 に等しくなる）。中間の推定量は以下のように過渡的な結果をもたらす。

- 平滑値が1に等しい場合、過去の観測値は完全に無視される。
- 平滑値が0に等しい場合、現在の観測値は完全に無視される。
    - 平滑値は過去の平滑値から完全に構成される（ここで、順次その前の平滑値から計算される。それゆえ、すべての観測値は初期平滑値 S0 に等しくなる）。中間の推定量は過渡的な結果をもたらす。

観察された時系列に隠されたプロセスの仮説モデルである単純指数平滑法は、しばしば正確な予測を行う。

（2）　適合欠如（誤差）の指標

特定の値に照らして予測の正確性を評価する最も直接的方法は、観測値と1段階前の予測値をプロットすることである。このプロットは同様に残差を組み込むことができるので（右のY軸に縮尺を合わせて）、適合の悪い場所も同様に効果的に識別できる。

現在の指数平滑モデルがデータに適合するかどうかを判断するために、予測の精度の視覚的チェックが頻繁に行われる。

- **平均誤差**：平均誤差（ME）の値は、実質的に正規誤差の値として計算される（平均値から1段階前の予測値を引いた値）。
    - 明らかに、この方法の欠点は、正の誤差値と負の誤差値が互いに釣り合って相殺することである。したがって、この尺度は一般的な適合の適切な指標ではない。
- **平均絶対誤差**：平均絶対誤差（MAE）値は、正規絶対誤差値として計算される。
    - 値が0（ゼロ）の場合、適合（予測）は完全とみなされる。
    - 平均二乗誤差（MSE）との比較において、この計測値は異常値を無視するため、多種類の値または、稀な値が平均絶対誤差（MAE）に影響を与えることが平均二乗誤差（MSE）よりも少ない。
- **総二乗誤差（SSE）と平均二乗誤差**：これらの値は、二乗誤差値の総計（または正規（平均）値）として計算される。これは、統計的当てはめ法のなかで最も一般的に利用されている

適合性欠如の指標である。

- **パーセンテージ誤差 (PE)**：上記のすべての測定値は、実際の誤差値に依存する。1 段階前の予測値と観測値との相対的な偏差 (観察された値の大きさに対して) は、むしろ適合の欠如を表現することは賢明に見えるかもしれない。
    - 例えば、月々の取引を予測したいとき、予測値が約 ± 10% の精度で「目標に当たった」場合に、満たされるかもしれない。その日の終わりの予測の明確な誤差に、あまり注意が払われないかもしれないが、むしろ次のように予測の相対的な誤差により焦点を当てている。

$$PEt = 100 ^* (Xt - Ft)/Xt$$

    ここで、*Xt* は時間 *t* での観測値、*Ft* は予測値 (平滑値) である。

- **平均パーセンテージ誤差 (MPE)**：この値は、パーセンテージ誤差値の平均を計算する。
- **平均絶対パーセンテージ誤差 (MAPE)**：平均誤差値の状況と同様に、互いに相殺する実質的な正と負の相対誤差によって、0 に近い平均パーセンテージ誤差が作成される。結果として、一般的な相対的適合の優れた尺度は、平均絶対誤差パーセンテージ誤差である。また、この尺度は一般に平均二乗誤差よりも有意となる。
    - 例えば、平均二乗誤差が 30.8 というのはすぐには解釈できないが、正規予測が ± 5% ずれているということはそれ単独で役に立つ。
- **最良パラメータの自動探索**：準ニュートン関数最小化法 (ARIMA と同様に) は、平均二乗誤差、平均絶対誤差、平均総速度誤差のいずれかを最小にするために用いられる。
- **初期平滑値 S0**：時系列の主観測の平滑値 (予測) を計算することを最終目標とすると、S0 値が必要となる。パラメータの決定 (すなわち、ゼロに近い) に応じて、平滑処理の基礎値は、いくつかの観測値の予測の特性に影響する可能性がある。

9.3　Julia での実装

TimeSeries は登録済みパッケージである。他のパッケージと同様、以下のように Julia パッケージに追加することができる。

```
Pkg.update()
Pkg.add("TimeSeries")
```

9.3.1　TimeArray の時系列型

```
immutable TimeArray{T, N, D<:TimeType, A<:AbstractArray} <:
AbstractTimeSeries
```

```
timestamp::Vector{D}
values::A
colnames::Vector{UTF8String}
meta::Any
function TimeArray(timestamp::Vector{D},
values::AbstractArray{T,N},
colnames::Vector{UTF8String},
meta::Any)
nrow, ncol = size(values, 1), size(values, 2)
nrow != size(timestamp, 1) ? error("values must match length of
timestamp") :
ncol != size(colnames,1) ? error("column names must match width of
array") :
timestamp != unique(timestamp) ? error("there are duplicate
dates") :
~(flipdim(timestamp, 1) == sort(timestamp) || timestamp ==
sort(timestamp)) ? error("dates are mangled") :
flipdim(timestamp, 1) == sort(timestamp) ?
new(flipdim(timestamp, 1), flipdim(values, 1), colnames, meta) :
new(timestamp, values, colnames, meta)
end
end
```

型には4つのフィールドが存在する。

- `timestamp`：timestamp フィールドは、`TimeType` の子タイプ (child type) の値を持つベクトルで、実際には `Date` または `DateTime` のいずれかである。`DateTime` 型は、1日よりも小さい時間枠を表す以外は、Date 型に似ている。TimeArray を構築するには、このベクターをソートする必要がある。ベクトルがソートされていない日付を含む場合、オブジェクトの構築はエラーになる。また、ベクトルは、最も古い日付から最新の日付に並べ替える必要があるが、これはコンストラクタで実行でき、オブジェクトの作成を停止しない。

- `values`：values フィールドは時系列データを保持し、その行数は timestamp 配列の長さと一致する必要がある。これらが一致しない場合、コンストラクタ作成は失敗する。値配列内のすべての値は、同じ型でなければならない。

- `colnames`：colnames フィールドは、UTF8 文字列型のベクトルで、values フィールドに各カラムのカラム名が入っている。このベクトルの長さは values 配列の列の数と一致する必要がある。そうでない場合、コンストラクタ作成は失敗する。

第9章 時系列

- meta：meta フィールドはデフォルトで何も保持しない。これは Void 型で表される。デフォルトでは、プログラマがこのフィールドを無視できるように設計されている。このフィールドを利用したい人にとって、meta フィールドは String 型やより精巧なユーザ定義型などの共通の型を保持できる。オブジェクトの型フィールド外の変数バインディングに依存する不変の名前をオブジェクトに割り当てることができる。

以下で、MarketData パッケージで利用可能な過去の財務データ集合を使用する。

```
Pkg.add("MarketData")
using TimeSeries
using MarketData
```

ここで、データを見ていこう。

```
ohlc[1]
```

これは、以下の出力を生成する。

```
1x4 TimeSeries.TimeArray{Float64,2,Date,Array{Float64,2}}
2000-01-03 to 2000-01-03

                Open        High        Low         Close
2000-01-03 |    104.88      112.5       101.69      111.94
```

以下で、さらにいくつかのレコードと統計を見てみよう。

```
ohlc[[1：3;9]]
```

これは、以下の出力を生成する。

```
4x4 TimeSeries.TimeArray{Float64,2,Date,Array{Float64,2}}
2000-01-03 to 2000-01-13

                Open        High        Low         Close
2000-01-03 |    104.88      112.5       101.69      111.94
2000-01-04 |    108.25      110.62      101.19      102.5
2000-01-05 |    103.75      110.56      103.0       104.0
2000-01-13 |    94.48       98.75       92.5        96.75
```

-216-

以下のように、列名を使用してそれらを処理することもできる。

```
500x2 TimeSeries.TimeArray{Float64,2,Date,Array{Float64,2}}
2000-01-03 to 2001-12-31

               Open        Close
2000-01-03 |  104.88      111.94
2000-01-04 |  108.25      102.5
2000-01-05 |  103.75      104.0
2000-01-06 |  106.12       95.0

2001-12-26 |   21.35       21.49
2001-12-27 |   21.58       22.07
2001-12-28 |   21.97       22.43
2001-12-31 |   22.51       21.9
```

Date を用いてレコードにアクセスするには、以下のように実行する。

```
ohlc[[Date(2000,1,3),Date(2000,2,4)]]
```

これは、以下の出力を生成する。

```
2x4 TimeSeries.TimeArray{Float64,2,Date,Array{Float64,2}}
2000-01-03 to 2000-02-04

               Open       High       Low        Close
2000-01-03 |  104.88      112.5      101.69      111.94
2000-02-04 |  103.94      110.0      103.62      108.0
```

また、以下のように日付の範囲にわたってレコードを一覧表示することもできる。

```
ohlc[Date(2000,1,10):Date(2000,2,10)]
```

これは、以下の出力を生成する。

```
23x4 TimeSeries.TimeArray{Float64,2,Date,Array{Float64,2}}
2000-01-10 to 2000-02-10
```

第9章 時系列

```
                Open        High        Low         Close

2000-01-10 |  102.0       102.25      94.75       97.75

2000-01-11 |  95.94       99.38       90.5        92.75

2000-01-12 |  95.0        95.5        86.5        87.19

2000-01-13 |  94.48       98.75       92.5        96.75


2000-02-07 |  108.0       114.25      105.94      114.06

2000-02-08 |  114.0       116.12      111.25      114.88

2000-02-09 |  114.12      117.12      112.44      112.62

2000-02-10 |  112.88      113.88      110.0       113.5
```

2つの異なる列を使用することもできる。

```
ohlc["Open"][Date(2000,1,10)]
```

これは、以下の出力を生成する。

```
1x1 TimeSeries.TimeArray{Float64,1,Date,Array{Float64,1}}
2000-01-10 to 2000-01-10

                Open
2000-01-10 |  102
```

9.3.2　時間制約の使用
条件が満たされれば、時間範囲で断片化するいくつかの特定の方法がある。

(1)　when メソッド
when メソッドを使用すると、TimeArray の要素を特定の期間に集約できる。
例えば、dayofweek または month がある。以下のような、いくつかの日付用メソッドがある。

```
day   Jan 3, 2000 = 3

dayname  Jan 3, 2000 = "Monday"

week  Jan 3, 2000 = 1

month Jan 3, 2000 = 1

monthname   Jan 3, 2000 = "January"

year  Jan 3, 2000 = 2000

dayofweek   Monday = 1
```

```
dayofweekofmonth  Fourth Monday in Jan = 4

dayofyear   Dec 31, 2000 = 366

quarterofyear  Dec 31, 2000 = 4

dayofquarter  Dec 31, 2000 = 93
```

（2） from メソッド

```
from(cl, Date(2001, 10, 24))
```

これは、以下の出力を生成する。

```
47x1 TimeSeries.TimeArray{Float64,1,Date,Array{Float64,1}}
2001-10-24 to 2001-12-31

           Close
2001-10-24 | 18.95
2001-10-25 | 19.19
2001-10-26 | 18.67
2001-10-29 | 17.63

2001-12-26 | 21.49
2001-12-27 | 22.07
2001-12-28 | 22.43
2001-12-31 | 21.9
```

（3） to メソッド

```
to(cl, Date(2000, 10, 24))
```

このコードは、以下の出力を生成する。

```
206x1 TimeSeries.TimeArray{Float64,1,Date,Array{Float64,1}}
2000-01-03 to 2000-10-24

           Close
2000-01-03 | 111.94
2000-01-04 | 102.5
2000-01-05 | 104.0
2000-01-06 | 95.0

2000-10-19 | 18.94
2000-10-20 | 19.5
```

第9章 時系列

```
2000-10-23 | 20.38
2000-10-24 | 18.88
```

(4) findwhen メソッド

おそらくこれは最もよく使用される効率的なメソッドの1つである。 条件を検証し、Date または DateTime ベクトルを返す。

```
red = findwhen(ohlc["Close"] .< ohlc["Open"]);
```

これは、以下の出力を生成する。

```
252x4 TimeSeries.TimeArray{Float64,2,Date,Array{Float64,2}}
2000-01-04 to 2001-12-31

             Open       High       Low        Close
2000-01-04 | 108.25     110.62     101.19     102.5
2000-01-06 | 106.12     107.0      95.0       95.0
2000-01-10 | 102.0      102.25     94.75      97.75
2000-01-11 | 95.94      99.38      90.5       92.75

2001-12-14 | 20.73      20.83      20.09      20.39
2001-12-20 | 21.4       21.47      20.62      20.67
2001-12-21 | 21.01      21.54      20.8       21.0
2001-12-31 | 22.51      22.66      21.83      21.9
```

(5) find メソッド

find メソッドは findwhen と似ている。以下のように条件を検証し、配列内の条件が真である行を表す入力のベクトルを返す。

```
green = find(ohlc["Close"] .> ohlc["Open"]);
```

これは、以下の出力を生成する。

```
244x4 TimeSeries.TimeArray{Float64,2,Date,Array{Float64,2}}
2000-01-03 to 2001-12-28

             Open       High       Low        Close
2000-01-03 | 104.88     112.5      101.69     111.94
2000-01-05 | 103.75     110.56     103.0      104.0
```

- 220 -

```
2000-01-07 | 96.5       101.0      95.5       99.5
2000-01-13 | 94.48      98.75      92.5       96.75

2001-12-24 | 20.9       21.45      20.9       21.36
2001-12-26 | 21.35      22.3       21.14      21.49
2001-12-27 | 21.58      22.25      21.58      22.07
2001-12-28 | 21.97      23.0       21.96      22.43
```

（6） 数学、比較、論理演算子

これらのメソッドは、TimeSeries パッケージでもサポートされている。
数学演算子は以下のとおりである。

- ＋ or .＋：数学演算子、要素長の加算演算子
- － or .－：数学演算子、要素長の減算演算子
- ＊ or .＊：数学演算子、要素長の乗算演算子
- ./：数学演算子、要素長の除算演算子
- .^：数学演算子、要素長の累乗演算子
- ％ or .％：数学演算子、要素長の余り演算子

比較演算子は以下のとおり。

- .＞：要素長の大なり比較演算子
- .＜：要素長の小なり比較演算子
- .＝＝：要素長の等価比較演算子
- .＞＝：要素長の大なりイコール比較演算子
- .＜＝：要素長の小なりイコール比較演算子
- .！＝：要素長の非等価比較演算子

論理演算子は以下のとおり。

- ＆：要素長の論理演算子 AND
- ｜：要素長の論理演算子 OR
- ！, ~：要素長の論理演算子 NOT
- ＄：要素長の論理演算子 XOR

（7） TimeSeries 型へのメソッド適用

時系列データの一般的な変換には次のようなものがある。

第 9 章　時系列

- 遅延（Lagging）
- 先行（Leading）
- 変換の計算
- ウィンドウ操作と集約操作

〈lag メソッド〉

lag メソッドは、今日のタイムスタンプに昨日の値を入れる。

```
cl[1:4]

# 出力
4x1 TimeSeries.TimeArray{Float64,1,Date,Array{Float64,1}}
2000-01-03 to 2000-01-06

              Close
2000-01-03 |  111.94
2000-01-04 |  102.5
2000-01-05 |  104.0
2000-01-06 |  95.0
```

lag の適用は以下のようにする。

```
lag(cl[1：4])
```

これは、以下の出力を生成する。

```
3x1 TimeSeries.TimeArray{Float64,1,Date,Array{Float64,1}}
2000-01-04 to 2000-01-06

              Close
2000-01-04 |  111.94
2000-01-05 |  102.5
2000-01-06 |  104.0
```

〈lead メソッド〉

lead メソッドは lag メソッドの反対である。

```
lead(cl[1：4])
```

次の出力を生成する。

```
3x1 TimeSeries.TimeArray{Float64,1,Date,Array{Float64,1}}
2000-01-03 to 2000-01-05

                Close
2000-01-03 |  102.5
2000-01-04 |  104.0
2000-01-05 |  95.0
```

cl の長さは 500 行であるので、それまでは行える。ここでは、400 行を lead する。

```
lead(cl, 400)
```

以下の出力を生成する。

```
100x1 TimeSeries.TimeArray{Float64,1,Date,Array{Float64,1}}
2000-01-03 to 2000-05-24

                Close
2000-01-03 |  19.5
2000-01-04 |  19.13
2000-01-05 |  19.25
2000-01-06 |  18.9

2000-05-19 |  21.49
2000-05-22 |  22.07
2000-05-23 |  22.43
2000-05-24 |  21.9
```

〈percentage メソッド〉

最も一般的な時系列操作の 1 つは、パーセンテージの変動を計算することである。

```
percentchange(cl)
```

以下のような出力を生成する。

```
499x1 TimeSeries.TimeArray{Float64,1,Date,Array{Float64,1}}
2000-01-04 to 2001-12-31
```

第9章　時系列

```
            Close
2000-01-04 |  -0.0843
2000-01-05 |  0.0146
2000-01-06 |  -0.0865
2000-01-07 |  0.0474

2001-12-26 |  0.0061
2001-12-27 |  0.027
2001-12-28 |  0.0163
2001-12-31 |  -0.0236
```

これは前のレコードからの変化率を示す。

(8)　TimeSeries 型での統合法

２つの `TimeArray` 型オブジェクトをマージして意味のある配列を生成することができる。

⟨merge メソッド⟩

merge メソッドは２つの TimeArray 型オブジェクトを結合する。デフォルトでは、内部結合 (inner join) となっている。

```
merge(op[1:4], cl[2:6], :left)
```

以下のような出力を生成する。

```
4x2 TimeSeries.TimeArray{Float64,2,Date,Array{Float64,2}}
2000-01-03 to 2000-01-06

            Open      Close
2000-01-03 |  104.88    NaN
2000-01-04 |  108.25    102.5
2000-01-05 |  103.75    104.0
2000-01-06 |  106.12    95.0
```

上の例では、実行したい結合型を与えた。右または外部結合 (outer joins) も実施できる。

⟨collapse メソッド⟩

collapse メソッドは、データをより大きな時間枠に圧縮するために用いる。

－224－

〈map メソッド〉

　これは、timeseries データ内での変換に用いる。このメソッドの第1引数は、二項関数 (タイムスタンプと値) である。このメソッドは2値を返し、それぞれ新規のタイムスタンプと新規の値ベクトルである。

```
a = TimeArray([Date(2015, 10, 24), Date(2015, 11, 04)], [15, 16],
["Number"])
```

以下のような出力を生成する。

```
2x1 TimeSeries.TimeArray{Int64,1,Date,Array{Int64,1}}
2015-10-24 to 2015-11-04

             Number
2015-10-24 | 15
2015-11-04 | 16
```

map メソッドは、以下のように適用する。

```
map((timestamp, values)->(timestamp + Dates.Year(1), values), a)
```

この変換は、与えられた特定時間に対するレコードの変換である。

```
2x1 TimeSeries.TimeArray{Int64,1,Date,Array{Int64,1}}
2016-10-24 to 2016-11-04

             Number
2016-10-24 | 15
2016-11-04 | 16
```

9.4　まとめ

　本章では、予測とは何か？と、ビジネスでの必要性について学んだ。予測は、需要と取るべき次の対応を特定し、さらには、他の分野では天気予報などを支援する。意思決定プロセスは、予測結果に大きく影響される。時系列は、知見の配置であり、一般には標準間隔で収集される。医療、気象、投資市場など様々な分野に用いられる。

　また、本章では様々なモデル型および時系列の傾向分析法を学んだ。時系列分析で季節効果の考慮も学んだ。ARIMA モデルの詳細と、Julia の時系列データライブラリも探索した。

References

- http://timeseriesjl.readthedocs.io/en/latest/
- https://documents.software.dell.com/statistics/textbook/time-series-analysis
- http://home.ubalt.edu/ntsbarsh/stat-data/forecast.htm
- http://userwww.sfsu.edu/efc/classes/biol710/timeseries/timeseries1.htm
- https://onlinecourses.science.psu.edu/stat510/node/47
- http://www.itl.nist.gov/div898/handbook/pmc/section4/pmc4.htm

第10章
協調フィルタリングとレコメンデーションシステム
Collaborative Filtering and Recomendation System

　毎日、我々は意思決定と選択に没頭している。これらは、衣服から視聴できる映画、オンラインで注文する食物にいたる。ビジネスにおいても意思決定を行う。例えば、どの株に投資すべきか。その選択肢の集合は、実際に何をやっているか、何をしたいかによって異なる。例えば、Flipkart や Amazon からオンラインで服を買うとき、何百、何千もの選択肢がある。Amazon の Kindle ストアは非常に巨大で、一生のうちにすべての書籍を読むことができる人はいない。これらの意思決定を行うには、いくつかの背景情報が必要で、何が最適であるかを知るのに少し役立つだろう。

　一般的に、個人は、仲間からの提案や専門家の助言に頼り、選択や意思決定を行う。友人や信頼できる人々が同じ意思決定を行う場面に出くわすかもしれない。例えば、チケットに多額の支払いをしたり、映画を観に行ったり、以前は味わったことのない特別なピザを注文したり、個人が知らない本を読んだりすることなどがある。

　こうした提案法には限界がある。これらは、ユーザの好みや「テイスト」に依存しないからだ。好みに合う多くの映画やピザや本があるかもしれないし、友人やその会社は自分の意思決定者にはならないだろう。このようなユーザの特定の好みは、伝統的な提案や推薦方式ではフォローされない。

　本章では、以下のことを学ぶ。

- レコメンデーションシステムとは何か？
- 相関ルールマイニング
- 内容ベースフィルタリング
- 協調フィルタリングとは何か？
- ユーザベースおよびアイテムベースの協調フィルタリングとは何か？
- 推薦エンジンの構築

10.1　レコメンデーションシステムとは何か？

　レコメンデーション（推薦または推奨）フレームワークは、日付、商品、またはサービスのためにカスタマイズされた提案を行うための学習法を使用している。これらの推薦システムは、一般的に、ターゲット個々との相互作用のいくつかの水準を有している。近年収集された多く

第 10 章 協調フィルタリングとレコメンデーションシステム

のデータおよび今日生成されているデータは、これらの推薦システムにとって大きな恩恵であることを証明した。

今日では、多くの推薦システムが動作し、1 日あたりの数百万件の推薦事項が生成される。

- 購入する書籍、衣服、または商品について電子商取引の Web サイト上での推薦
- 好みに応じた広告
- 興味を持つかもしれない属性のタイプ
- 好みや予算に応じた旅行パッケージ

推薦システムの現世代は、推薦事項を価値のあるものにでき、製品と標的ユーザは数百万件のスケールになっている。製品やユーザ数が増加した場合も、推薦システムが動作し続けることが要求される。しかし、これは別の課題を生む。より良い推薦事項を得るために、アルゴリズムはより多くのデータを処理することになり、これは推薦に要する時間の増加を引き起こす。処理されるデータを限定してしまうと、生成された推薦事項が効果的ではなく、ユーザの信頼する品質に見合わないかもしれない。

我々は、バランスをとって、より少ない時間でより多くのデータを処理するためのメカニズムを工夫する必要がある。

これは、ユーザに基づく協調フィルタリング、または商品に基づく協調フィルタリングを利用して実現される。協調フィルタリングの先に進む前に、アソシエーション（協調）ルールのマイニングも行う。

推薦フレームワークは、データおよび e コマースシステムに不可欠な部分である。これは、膨大なデータと商品空間を介してクライアントにチャネルを提供する効果的な技術である。また、推薦システムがなければ探すことができなかった、あるいは購入しないような商品をユーザが一番最初に見つけられるようにサポートする。これはまた、より多くのユーザが、自分の買いたいと思うものを正しく見つけられるようになるので、売上を増やすのに役立つ。

推薦システムを改善するために多くの研究がなされているが、あらゆる種類の問題に適合できる推薦システムは存在しないと認知されている。

アルゴリズムは、ユーザの操作やデータなしでは機能しない。ユーザとのやりとりには、以下のようなことが必要である。

- ユーザを理解する。
- ユーザに生成された推薦事項を提供する。

ユーザから「良い」データを収集すること、つまり生成される推薦に影響を与える可能性があるノイズの多いデータを排除または除去することは大きな課題である。

あるユーザは一般にインターネット上の様々な情報を縦覧するが、あるユーザは関心のあるデータにのみ焦点を当てる。また、あるユーザはプライバシーを非常に懸念しており、データ収集プロセスの稼働を許可しない。

- 228 -

実際、現在の推薦システムは、一般的にクリーンで有用なデータを与えられたときに良い推薦事項を与える。実際にユーザの利用するデータを理解する、データ収集およびクリーニング段階に多くの努力が払われる。

10.1.1　ユーティリティ行列

一般に、推薦システムでは以下のような2つのクラスに属するエンティティ（物体ないし実態）に遭遇する。

- ユーザ
- 商品

ユーザは特定の商品に対して好みを持っている可能性があり、この好みを見つけてその条件にマッチする商品を表示する必要がある。

映画のユーザ評価の行列の例を見ていく。行列内にユーザ評価が値となる以下のようなユーザー映画行列を作成する。

	Star Wars IV	The Godfather	LOTR 1	LOTR 2	LOTR 3	The Notebook	Titanic
User 1		4			3	3	
User 2	5			3			2
User 3	5		5		4		
User 4		4				3	
User 5	2				3	4	5

この特殊な例では、ユーザ1が「The Godfather」に4の評価を与え、「LOTR 3 (The Lord of the Rings 3)」に3の評価を与え、The Notebook に3の格付けを与えるが、他の映画には評価を与えていない（一般には、ユーザが映画を観なかったという理由による）。また、ユーザが映画に関する閲覧情報を共有しないことを望む可能性もある。

値の範囲は1から5までで、1が最も低く、5が映画の最高の評価である。行列が疎であることは明らかであり、これはエントリの大部分が未知であることを意味する。現実の世界では、遭遇するデータはより疎であり、ユーザからの可能な評価をこれらの空白欄に充填し、推薦事項を与える必要がある。

10.2　相関ルールマイニング

相関ルールマイニングは、頻繁に発生する商品のコレクション間の関連またはパターンを検出していくものであり、**マーケットバスケット分析**とも呼ばれる。

この主な目的は、顧客の購買行動を理解することにあり、顧客が購入しようとした商品、あ

第 10 章　協調フィルタリングとレコメンデーションシステム

るいは実際に購入した商品の中で相関とパターンを見つける、という方法がとられる。例えば、コンピュータキーボードを購入する顧客はコンピュータマウスまたはペンドライブを購入する可能性が高い、などである。

ルールは以下のように与えられる。

- 先例 → その結果 [サポート、信頼]

10.2.1　相関ルールの測定

A、B、C、D、および E .... を様々な商品であるとする。

次に、相関ルールを作成する必要がある。例えば、以下のとおり。

- {A, J} → {C}
- {M, D, J} → {X}

最初のルールは、A および J を一緒に買ったとき、顧客が C も買う確率が高いことを意味する。

同様に、2 番目のルールは、M、D、および J を一緒に買ったとき、顧客が X も買う確率が高いことを意味する。

これらのルールは以下のようにして計量する。

- **サポート**：サポートは全カバー率のことである。これは、合計取引で一緒に購入される商品の確率である。
    - サポート, X → Y:P (X,Y)
    - （X および Y の両者を含む合計取引）/（合計取引の総数）
- **信頼度**：信頼度とは精度（正確性）のことである。最初の商品を購入した場合、2 番目の商品を購入する確率は以下のとおりである。
    - 信頼度, X → Y:P (Y|X)
    - （X および Y の両者を含む合計取引）/（X のみを含む合計取引）

ある商品は頻繁に買われず、アルゴリズムにとってあまり重要ではないかもしれない。これらのルールを生成するには、これらの項目を削除する必要がある。これらは、2 つのしきい値によって定義され、以下のように呼ばれる。

- 最小限サポート
- 最小限信頼度

10.2.2　商品集合の作成法
- 必要最小限のサポートを持つ商品集合が選択される。
- {X, Y} が最小限のサポート基準を満たす場合、X と Y もその基準を満たす。逆はまた真ではない。

Apriori アルゴリズム：以下のように、頻出商品集合に属する部分集合自体が頻繁に使用される。

1. 最初に n に基づいてすべての商品集合を求める。
   - 例えば、$n=2$ のとき、$\{\{X,Y\}, \{Y,Z\}, \{X,S\}, \{S,Y\}\}$ である。
2. ここで、これらの集合を高水準にまとめる。
   - $\{\{X,Y,Z\}, \{X,Y,S\}, \{Y,Z,S\}, \{X,Z,S\}\}$
3. まとめた集合のうち、どれが必要最小限のサポートを持っているかを確認する。
   - 最小限のサポートを生成できなかったセットを削除する。
4. 必要最小限のサポートを持つセットがそれ以上生成されない基準点に水準を上げ続ける。

10.2.3　ルールの作成法
商品集合数が少ないとき、総当たり法を用いる。

- すべての商品集合の部分集合が生成される。空集合は含まれない。
- これらの部分集合の信頼度を計算する。
- 信頼度の高いルールが選択される。

10.3　内容ベースフィルタリング

　内容ベースフィルタリングはユーザのプロフィールを作成し、このプロフィールを用いてユーザと関連する推薦事項を与える。ユーザのプロフィールはユーザの履歴から作成する。

　例えば、e コマース企業は、ユーザの次の詳細を追跡して推薦事項を生成できる。

- 過去に注文した商品
- 商品を見てカートに追加するが、購入しなかった商品
- ユーザが興味を持っている製品の種類を特定するユーザのブラウズ履歴

　ユーザは、これらの商品に手動で評価を与える/与えないが、様々な要因がユーザとの関連性を評価するため考慮できる。これに基づき、そのユーザにとって興味深い新しい商品がユーザに推薦される。

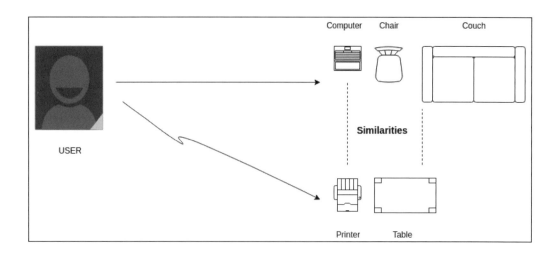

　このプロセスは、ユーザのプロフィールから属性を取得し、購買可能な商品の属性と照合する。購買可能な関連項目がある場合、これらはユーザにとって関心があると考えられ、推薦される。

　したがって、推薦事項はユーザのプロフィールに大きく依存している。ユーザのプロフィールがユーザの好みや関心を正確に表す場合、作成される推薦事項は正確であり、プロフィールがユーザの現在の好みを表現していない場合、作成される推薦事項は正確ではない可能性がある。

10.3.1　内容ベースフィルタリングに含まれる手順

　内容ベースフィルタリングを利用して推薦事項を作成するには、複数の手順が必要である。これらの手順は以下のとおりである。

- 商品属性の分析。推薦された候補の商品は、情報の構造が有効でない可能性がある。それゆえ、最初のステップとして、次のような構造化された方法で、商品属性の抽出を行う。
    - 例えば、eコマース企業の場合、商品属性はカタログで取り扱われている商品の特性または特徴である。
- ユーザのプロフィールの作成。ユーザプロフィールは、様々な要因を考慮して作成される。これは、機械学習の技術を用いて実施される。考慮される様々な要素は以下のとおりである。
    - 注文履歴
    - 商品の閲覧履歴
    - ユーザがどのような種類の製品に興味を持っているかを識別するユーザのブラウズ履歴

これらに加えて、ユーザからのフィードバックも考慮される。例えば、製品を注文した後にユーザが満足した場合の、ユーザが製品を見た回数とそれに費やされた時間である。

- 上記 2 つの構成要素を用いた推薦を行う。以下の生成されたユーザプロフィールおよび抽出された商品属性は、様々な技術を用いて互いに照合される。様々な重みが、ユーザと商品の両方の様々な属性に与えられる。次に、関連性に基づいて発注できる推薦事項を作成する。

ユーザプロフィールの作成は典型的な作業であり、より正確なプロフィールを生成するためには網羅的である必要がある。

ソーシャルネットワークはユーザプロフィールを構築するのに役立つ。これは、ユーザが手動で提供する情報の宝庫である。ユーザは以下のような詳細事項を提供する。

- 本や音楽の種類など、関心のある製品の種類
- 特定の料理、化粧品ブランドなど、嫌いな製品

ユーザへの推薦を開始した後でも、フィードバックを受け取ることは可能であり、推薦システムがより良い推薦を行うことに役立つ。

- **明示的フィードバック**：e コマースの Web サイトで商品を購入すると、通常、最初の使用から 2〜3 日後にフィードバックフォームが送られる。このフォームの主な目的は、本当に商品が好まれているかどうかを企業が知ることである。また好まれていない場合は、商品をより良くするために何ができるかを知ることである。これは明示的フィードバックと呼ばれる。これにより、推薦システムは、商品がユーザに全く合っていなかったのか、それともより良い商品を推薦できたかどうかを知ることができる。
- **暗黙的フィードバック**：ユーザは、フィードバックを手動で入力する必要はなく、そうしない選択もできる。このような場面では、商品に対するユーザの反応を知るために、ユーザの活動は分析され、監視される。

フィードバックは、これらの e コマースサイトの商品評価欄のコメントとして存在することもある。これらのコメントはマイニングでき、ユーザの感情を抽出することができる。

ユーザからの直接的フィードバックがあれば、システムがより簡単になるが、ほとんどのユーザはこの特定のフィードバックを無視することを選択する。

10.3.2　内容ベースフィルタリングの長所

内容ベースフィルタリングには以下のような多くの長所がある。

- 内容ベースフィルタリングは、推薦事項を生成しているユーザのみに依存する。これらは、他のユーザの評価やプロフィールに依存しない。
- 生成された推薦事項は、ユーザのプロフィールと存在する商品の属性に依存するため、ユーザに説明することができる。

第 10 章　協調フィルタリングとレコメンデーションシステム

- 推薦事項は商品の評価に基づいているのではなく、これらの商品の属性およびユーザのプロフィールに基づいて、まだ購入または評価されていない新しい商品も推薦できる。

10.3.3　内容ベースフィルタリングの短所

内容ベースフィルタリングには以下のようないくつかの短所もある。

- 内容ベースフィルタリングはユーザプロフィールが必要になるため、新規ユーザの場合は推薦事項を生成するのが難しい場合がある。良質の推薦を行うには、ユーザの活動を分析する必要があり、内容ベースフィルタリングで作成された推薦事項ではユーザの好みに合わない可能性がある。
- 商品の属性または特徴がすぐに利用できない場合、内容ベースフィルタリングは推薦が困難になる。また、これらの属性を理解するには、十分な専門知識も必要である。
- 内容ベースフィルタリングは、ユーザによって提供されるフィードバックにも依存している。よって、常にユーザのフィードバックを分析し、監視する必要がある。システムが、フィードバックが肯定的か否定的かを理解できない場合、関連する推薦を与えられないことがある。
- 内容ベースフィルタリングはまた、推薦事項を非常に特殊な集合に制限する傾向がある。ユーザが興味を持っているかもしれない類似商品や関連商品を推薦できないことがある。

10.4　協調フィルタリング

協調フィルタリングは、前節で紹介した内容ベースフィルタリングとは異なり、他のユーザや仲間の好みや動作に基づいた有名なアルゴリズムである。

協調フィルタリング：
- ユーザが、他のユーザや仲間が好んでいるもののいくつかを好んだ場合、これらのユーザの好みを目的のユーザへ推薦することができる。
- これは最近傍推薦と呼ばれる。

協調フィルタリングを実装するには、以下のようないくつかの前提がある。

- 仲間や他のユーザの好みや行動を考慮して、目的のユーザを理解し予測することができる。したがって、目的のユーザは、ここで考慮された他のユーザと同様の嗜好を有すると仮定する。
- ユーザがユーザグループの評価に基づいて過去に推薦を得た場合、ユーザはそのグループと同様の嗜好となる。

以下のように、様々な種類の協調フィルタリングがある。

- 234 -

- **メモリベースの協調フィルタリング**：メモリベースの協調フィルタリングは、ユーザまたは商品間の類似性を計算するためのユーザの評価に基づいている。これは以下のように推薦事項の作成に使用される。
  - 評価行列を利用する。
  - 任意の時間にこの評価行列を用いて、目的のユーザに対し推薦事項が生成される。
- **モデルベースの協調フィルタリング**：モデルベースの協調フィルタリングは、モデルを作成するための訓練データと学習アルゴリズムに依存する。このモデルは、実際のデータを用いて推薦事項を生成するために用いられる。
  - この方法は、モデルを提供された行列に適合させ、このモデルに基づいて推薦事項を生成する。

協調フィルタリングの基本的な手順は以下のとおりである。

- 協調フィルタリングは、その嗜好が考慮されるグループに大きく依存しているので、類似の嗜好を有するピアグループを見つけることが奨励される。
- 推薦しようとしている商品は、グループの商品リストにあるはずだが、ユーザのリストには含まれない。
- 行列を作成した後、商品には様々な要因によって特定のスコアが与えられる。
- 最高得点を獲得した商品が推薦される。
- 新しい商品がグループのリストに追加されたときに推薦事項を改善して追加し続けるために、先の手順が必要な間隔で再度実行される。

協調フィルタリングにはいくつかの長所と短所がある。長所を以下に見ていこう。

- ユーザの属性が適切に形成されている場所を理解することは簡単である。
- ユーザと商品はシンプルなシステムであり、推薦器を作成するための特別な理解を必要としない。
- 作成された推薦事項は一般的に良好である。

協調フィルタリングにはいくつかの短所もある。

- 上述のとおり、協調フィルタリングには多くのユーザからのフィードバックが必要である。また、ユーザが信頼できることが必要である。
- 商品の属性にも標準化が必要である。
- 過去の行動に対する仮定は、現在の選択に影響を与える。

10.4.1 ベースライン予測法

ベースラインは、形成できる最も単純で最も容易な予測である。生成するモデルの精度と、生成するアルゴリズムの結果の妥当性を知るためにベースラインを計算することは重要である。

- **分類**：分類問題のベースラインは、予測結果の大半が最も観測されたクラス由来であることを考慮して作成できる。
- **回帰**：回帰問題のベースラインは、予測結果の大部分が平均や中央値などの中心的な傾向指標となることを考慮して形成できる。
- **最適化**：最適化問題を処理するとき、領域内の無作為標本が固定される。

ベースライン予測方法を選択して結果を得たとき、生成したモデルの結果と比較することができる。

生成したモデルがこれらのベースライン法を実行できない場合、モデルを操作して精度を向上させる必要がある。

10.4.2 ユーザベース協調フィルタリング

ユーザベース協調フィルタリングは、標的のユーザといくぶん類似した過去の評価または動作を持つ同様のユーザを見つける協調フィルタリングの主な考え方を利用する。

この方法は、k-最近傍協調フィルタリングとも呼ばれる。

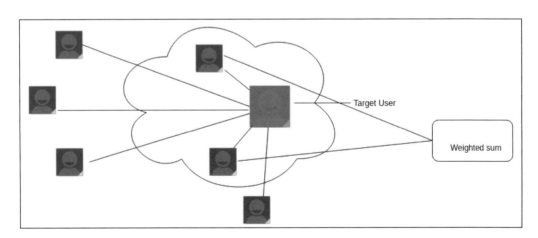

n 人のユーザと x 個の商品がある場合、行列 $R \to n \times x$ が得られる。上の図では、1人の標的ユーザと複数の他のユーザが存在することがわかる。これらの他のユーザのうち、2人は標的ユーザに似ている。したがって、以前の評価または挙動を推薦事項の生成に利用できる。

上記の行列以外にも、ユーザ間の類似度を計算して、どのユーザの評価を用いて推薦事項を生成するかを計算する関数も必要である。

ユーザ (u, v) 間の類似性を見つけるために、以下のようなピアソン相関係数（Pearson's r）を用いて最近傍データを見つける。

$$s(u, v) = \frac{\sum_{i \in I_u \cap I_v} (r_{u,i} - \bar{r}_u)(r_{v,i} - \bar{r}_v)}{\sqrt{\sum_{i \in I_u \cap I_v} (r_{u,i} - \bar{r}_u)^2} \sqrt{\sum_{i \in I_u \cap I_v} (r_{v,i} - \bar{r}_v)^2}}$$

これは、u の近傍である近傍 N⊆U を求める。

- 完全な正の相関 ＝ 1
- 完全な負の相関 ＝ −1

ピアソン相関係数は、共通の評価 (rating) がほとんどない場合でも、2 人のユーザが似ているように見えるという欠点がある。これに対処するには、両方のユーザによって評価された項目にしきい値を適用することができる。

コサイン類似度：これは類似したユーザを見つける別の方法である。ピアソン相関係数とは異なる方法をとる。

統計的方法を用いるピアソン相関係数とは異なり、コサイン類似度はベクトル空間方法を用いる。この方法では、ユーザは行列の一部ではなく、$|I|$ 次元ベクトルで表される。

2 人のユーザ (ベクトル) 間の類似性を測定するために、コサイン距離を計算する。これはベクトルの内積であり、L2 (ユークリッド) ノルムの積を取ることによってベクトルを割る。

$$s(u, v) = \frac{\mathbf{r}_u \cdot \mathbf{r}_v}{\|\mathbf{r}_u\|_2 \|\mathbf{r}_v\|_2} = \frac{\sum_i r_{u,i} r_{v,i}}{\sqrt{\sum_i r_{u,i}^2} \sqrt{\sum_i r_{v,i}^2}}$$

特定の商品について評価 (rating) がない場合、内積は 0 になり、それは削除される。

推薦を生成するために、以下を用いる。

$$p_{u,i} = \bar{r}_u + \frac{\sum_{u' \in N} s(u, u')(r_{u',i} - \bar{r}_{u'})}{\sum_{u' \in N} |s(u, u')|}$$

これは、近傍のユーザの評価 (rating) の重みつき平均を計算する。重みとして、類似度をとる。これは最も一般的に用いられる方法である。

ユーザベース協調フィルタリングのいくつかの欠点を以下に示す。

- スパース性：形成されるマトリックスは通常非常に疎であり、スパース性はユーザおよび商品数の増加に伴って増加する。
- 効果的に最近傍のものを見つけ出し、推薦することは必ずしも容易ではない。

第 10 章　協調フィルタリングとレコメンデーションシステム

- スケーラビリティはあまり高くなく、ユーザおよび商品数の増加に伴って計算上重くなる。
- スパース行列は、同じような人々の実際の集合を予測できないことがある。

10.4.3　アイテムベース協調フィルタリング

ユーザベースのコラボレーティブなフィルタリングにはいくつかの欠点があり、その１つはスケーラビリティである。最近傍データを見つけるために近傍データ間の類似性を求める。これには多くの計算が必要である。高い計算能力要求性のために、数百万人のユーザを有するシステムにユーザベース協調フィルタリングを適用することは可能ではないかもしれない。

したがって、ユーザベース協調フィルタリングの代わりにアイテムベース協調フィルタリングを使用して、望ましいスケーラビリティを実現する。同じユーザ集合である商品が好きで、他の商品が嫌いなパターンを求め、これらは同感覚であると考えて商品が推薦される。

それは、やはり k-最近傍法ないし類似の方法を用いて商品集合内の類似商品を見つける必要がある。

ユーザがいくつかの商品を評価した場面を考える。数日後、その特定のユーザはこれらの商品に戻って評価（rating）を変更する。評価の変更により、ユーザは基本的に他の近傍に移って行く。

したがって、行列をあらかじめ計算したり、最近傍のデータを見つけたりすることは必ずしも推薦されない。これは一般に、推薦事項が実際に必要なときに行われる。

(1)　アイテムベース協調フィルタリングのアルゴリズム

- $i = 1 \sim I$（I は購入可能なすべての商品）の各商品に対し、
  - I を評価した各顧客 x について、
    - 同じ顧客 x に購入された各商品 K に対し、
- I と K の両商品を購入した顧客 x を保存し、
  - 各商品 K について、
    - I と K の類似性を見つける[※1]

この特定の類似性は、以下のようなユーザベース協調フィルタリングで使用されているのと同じ方法を用いて検出される。

- コサインベースの類似性
- 相関ベースの類似性

訳注※1　原書の表記は以下のとおり。
- For (*i=1 to I*) where *I* refers to every item available:
  - For each customer, *x* who rated *I*
    - For each item *K* purchased by the same customer, *x*
- Save that customer, *x* purchased both *I* and *K*
  - For each item *K*
    - Find the similarity between *I* and *K*

推薦事項を生成するために加重平均が使用される。S を i と類似した商品の集合とすると、予測ができる。アイテムベース協調フィルタリングを定義する式は、以下のとおりである。

$$p_{u,i} = \frac{\sum_{j \in S} s(i,j)(r_{u,j} - b_{u,i})}{\sum_{j \in S} |s(i,j)|} + b_{u,i}$$

近傍の数 k について、u は考慮するいくつかの商品を評価することになる。

10.5 映画推薦システムの構築

本節のデータ集合は "GroupLens research" により維持管理され、`http://grouplens.org/datasets/movielens/` で自由に入手できる。

我々は 2 千万件の評価 (rating) のデータ集合 (`ml-20m.zip`) で作業を行うことになる。これは、以下を含んでいる。

- 2 千万件の評価 (rating)
- 138,000 ユーザによる 27,000 の映画に適用する 465,000 タグのアプリケーション

ここでは ALS 推薦器を用いる。これは、荷重ラムダ正則化を用いた**交互最小二乗法 (ALS-WR**；Alternating Least Squares with Weighted-Lamda-Regularization) を用いた行列因子分解アルゴリズム (matrix factorization algorithm) である。

ユーザ u の持つ行列と商品 i を考えよう。

行列 M (ui) = { r (商品 i がユーザ u により評価 (rating) される場合)
0 (商品 i がユーザ u により評価 (rating) されない場合)}

ここで、r は提出された評価 (rating) を表す。

m 人のユーザと n 個の映画があるとする。

第10章　協調フィルタリングとレコメンデーションシステム

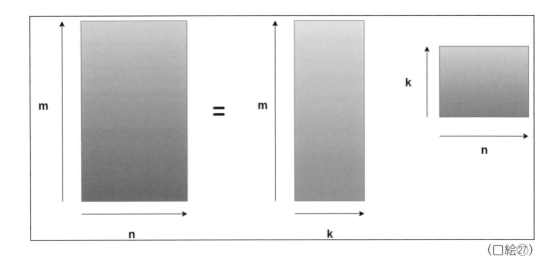

(口絵㉗)

　m 人のユーザと n 個の映画を用いて、ユーザと映画の行列 ($m \times n$) を作成する。
　推薦事項は、以下のように任意のユーザー映画対に対して生成される。

$$(i, j), r_{ij} = u_i \cdot m_j, \forall\ i, j$$

ここで、(i, j) はユーザー映画対である[※2]。
　Julia には Abhijith Chandraprabhu が作成したパッケージ RecSys.jl がある (https://github.com/abhijithch)。パッケージは以下のようにインストールされる。

```
Pkg.update()
Pkg.clone("https://github.com/abhijithch/RecSys.jl.git")
```

以下のように、並列モードで Julia を開始する。

```
julia -p <number of worker processes>
```

　巨大なデータ集合を作成する際には、Julia のプロセスを並列で開始することを推薦する。
　サンプルセクションには movielens.jl が存在する。これを用いて推薦事項を生成する。
　それを Atom (Juno)、Sublime、Vim などのテキストエディタを用いて、呼び出して開くことができるディレクトリに保存する。

```
using RecSys

import RecSys:train, recommend, rmse
```

訳注[※2]　行列 M から、ALS を用いて、欠損値の推定を図のような行列分解の形で行う。r_{ij} は上図で左辺の行列の ij 成分を表す。u_i は、行列分解を表した図中で、右辺の最初の行列の i 行目の行ベクトル、m_j は右辺 2 番目の行列の j 番目の列ベクトルを表す。

```
if isless(Base.VERSION, v"0.5.0-")
    using SparseVectors
end
```

本事例ではパッケージ RecSys を用い、メソッド train、recommend、および rmse をインポートする。

```
type MovieRec
    movie_names::FileSpec
    als::ALSWR
    movie_mat::Nullable{SparseVector{AbstractString,Int64}}

    function MovieRec(trainingset::FileSpec, movie_
    names::FileSpec)
        new(movie_names, ALSWR(trainingset, ParShmem()), nothing)
    end

    function MovieRec(trainingset::FileSpec, movie_
    names::FileSpec,thread::Bool)
        new(movie_names, ALSWR(trainingset, ParThread()), nothing)
    end

    function MovieRec(user_item_ratings::FileSpec,
    item_user_ratings::FileSpec, movie_names::FileSpec)
        new(movie_names, ALSWR(user_item_ratings, item_user_
        ratings,ParBlob()), nothing)
    end
end
```

このコードは複合型を作成する。複合型とは、インスタンスを単一の値として扱うことができる名前付きフィールドのコレクションである。これはユーザ定義のデータ型である。

このユーザ定義データ型には、3つのフィールドと3つのメソッドがある。フィールド als は、ALSWR 型に属し、RecSys で定義されている。

この関数は、以下のように様々な型の入力に対して多重ディスパッチを使用する。

- trainingset および movie_names
- trainingset、movie_names、および thread
- user_item_ratings、item_user_ratings、および movie_names

第 10 章　協調フィルタリングとレコメンデーションシステム

```
function movie_names(rec::MovieRec)
    if isnull(rec.movie_mat)
        A = read_input(rec.movie_names)
        movie_ids = convert(Array{Int}, A[:,1])
        movie_names = convert(Array{AbstractString}, A[:,2])
        movie_genres = convert(Array{AbstractString}, A[:,3])
        movies = AbstractString[n*" - "*g for (n,g) in
        zip(movie_names, movie_genres)]
        M = SparseVector(maximum(movie_ids), movie_ids, movies)
        rec.movie_mat = Nullable(M)
    end

    get(rec.movie_mat)
end
```

　このコードは関数 movie_names を作成し、データ集合 movielens を処理し、CSV ファイルのデータ型と欠損値を扱う。この CSV ファイルは、推薦システムの入力として使われる。
　ここで、システムの訓練のため、train 関数を用いる。

```
train(als, num_iterations, num_factors, lambda)
```

この特殊な場面では、以下のように動作させる。

```
train(movierec::MovieRec, args...) = train(movierec.als, args...)
```

これは、交互最小二乗法 (ALS) を用いて movielens に対してモデルを訓練する。

```
rmse(movierec::MovieRec, args...; kwargs...) = rmse(movierec.als,
args...; kwargs...)
```

また、以下のように作成する推薦事項に対しテストを開始する。

```
rmse(als, testdataset)
```

推薦を開始し、以下のように実行する。

```
recommend(movierec::MovieRec, args...; kwargs...) =
recommend(movierec.als, args...; kwargs...)
```

— 242 —

```
function print_recommendations(rec::MovieRec,
recommended::Vector{Int}, watched::Vector{Int}, nexcl::Int)
    mnames = movie_names(rec)

    print_list(mnames, watched, "Already watched:")
     (nexcl == 0) || println("Excluded $(nexcl) movies already
watched")
    print_list(mnames, recommended, "Recommended:")
    nothing
end
```

これは、映画の推薦事項を表示する。

受け取った推薦事項は以下のとおりである。

```
[96030] Weekend It Lives, The (Ax 'Em) (1992) - Horror
[96255] On Top of the Whale (Het dak van de Walvis) (1982) -
Fantasy
[104576] Seasoning House, The (2012) - Horror|Thriller
[92948] Film About a Woman Who... (1974) - Drama
[6085] Neil Young: Human Highway (1982) - Comedy|Drama
[94146] Flower in Hell (Jiokhwa) (1958) - Crime|Drama
[92083] Zen (2009) - Drama
[110603] God's Not Dead (2014) - Drama
[105040] Dragon Day (2013) - Drama|Sci-Fi|Thriller
[80158] Cartoon All-Stars to the Rescue (1990) -
Animation|Children|Comedy|Drama|Fantasy
```

以下の推薦事項を生成する関数を test と名付ける。

```
function test(dataset_path)
    ratings_file = DlmFile(joinpath(dataset_path, "ratings.csv");
    dlm=',', header=true)
    movies_file = DlmFile(joinpath(dataset_path, "movies.csv");
    dlm=',', header=true)
    rec = MovieRec(ratings_file, movies_file)
    @time train(rec, 10, 10)

    err = rmse(rec)
```

第10章　協調フィルタリングとレコメンデーションシステム

```
    println("rmse of the model: $err")

    println("recommending existing user:")
    print_recommendations(rec, recommend(rec, 100)...)

    println("recommending anonymous user:")
    u_idmap = RecSys.user_idmap(rec.als.inp)
    i_idmap = RecSys.item_idmap(rec.als.inp)
    # take user 100
    actual_user = isempty(u_idmap) ? 100 : findfirst(u_idmap, 100)
    rated_anon, ratings_anon = RecSys.items_and_ratings
    (rec.als.inp, actual_user)
    actual_movie_ids = isempty(i_idmap) ? rated_anon :
    i_idmap[rated_anon]
    nmovies = isempty(i_idmap) ? RecSys.nitems(rec.als.inp) :
    maximum(i_idmap)
    sp_ratings_anon = SparseVector(nmovies, actual_movie_ids,
    ratings_anon)
    print_recommendations(rec, recommend(rec, sp_ratings_anon)...)

    println("saving model to model.sav")
    clear(rec.als)
    localize!(rec.als)
    save(rec, "model.sav")
    nothing
end
```

- この関数は、データ集合のパスを引数として取る。ここでは、grouplens からダウンロードした ml-20m.zip を展開したディレクトリのパスを示す。
- 評価 (rating) ファイルと映画ファイルを受け取り、先ほど作成した MovieRec 型の rec オブジェクトを作成する。
- rmse にオブジェクトを渡し、エラーを調べる。
- print_recommendations を呼び出すが、これは、recommend 関数を呼び出して既存のユーザの推薦事項を生成する。
- 後で使用するためモデルを保存する。

- 244 -

10.6 まとめ

　本章では、推薦エンジンがどのようなものであるのか、また推薦エンジンがビジネスにとってどのように重要であるのか、そして顧客にどのような価値を提供するのかについて学んだ。そして、相関ルールマイニングとマーケットバスケット分析、およびこのシンプルな方法が業界でどのように利用されているかについて説明した。その後、内容ベースフィルタリングとその長所と短所について説明した。次に、協調フィルタリングおよび、様々な種類の協調フィルタリング、すなわちユーザベース協調フィルタリングとアイテムベース協調フィルタリングについて説明した。ユーザベース協調フィルタリングの目的は、過去の評価（rating）または行動が標的ユーザと幾分似ている類似ユーザを見つけることであるが、アイテムベース協調フィルタリングは、類似したユーザを見つけて商品を推薦するために商品の評価パターンを探索する。

第11章
深層学習入門
Introduction to Deep Learning

革新的な人々は常に、考えることのできる機械を作りたいと切望してきた。プログラム可能な PC が最初に考えられた時点で、人々はこのコンピュータが賢くなりうるのかどうか考えに耽った。そのようなコンピュータが構築された 100 年以上も前のことである (Lovelace 1842)。

今日、**人工知能 (AI)** は、数々の妥当な応用および大胆な探索地点を持つ繁栄した分野である。皆がルーチンワークを自動化し、画像や音声を処理して意味を取り出し、いくつかの病気の診断を自動化し、他にもいろいろやってくれる知能を持ったプログラムを期待している。

最初に人工知能 (AI) が始まったとき、人工知能分野は、人間にとっては知的に難しいがコンピュータにとっては比較的簡単な問題に取り組んでいた。これらの問題は厳格な科学の原理の規則集によって記述することが可能である。しだいに人工知能にとっての真の試金石は、人間にとって実行するのは簡単だが定式的に記述するのが難しいような仕事を解決していくことであることが明らかになった。我々にとっては自然な事柄、例えばスピーチ（および皮肉）を理解したり、特に顔など画像を同定する能力である。

こういった問題を解くことは、世界を事実の鎖あるいは木（すべての事実がより簡単な事実の連結で定義される）と見なす限り、コンピュータが経験を積んだり、世界を理解したりして学習することを可能にする。これらの事実を理解することで、人間の管理者にとって、コンピュータに必要な大部分の情報を定式的に提示する必要がなくなる。

このような段階的な事象のとらえ方によって、コンピュータがより簡単な概念から構築することで入り組んだ概念を学習することを可能にする。こうした概念がどのように互いに重なり合って作られているのかを示すダイアグラムを描けば、それはとても巨大で多数の層からなるものになる。したがって、この手の人工知能による処理法を、深層学習（ディープラーニング）と呼ぶことにしよう。人工知能の初期の成果の多くは、無味乾燥な定式的な状態で実施されており、コンピュータが世界を多く学習する必要はなかった。以下に例を挙げてみる。

- IBM のディープブルーというチェスをするフレームワークは、1997 年に当時の世界チャンピオンであった Gary Kasparov を破った。

以下のような要因も考慮すべきである。

- チェスは明らかに極端に簡単な世界である。

第11章 深層学習入門

- チェスはたった64個のマス目と32個の駒からなり、それらはあらかじめ決められた様式でしか動くことができない。
- 実りあるチェスシステムを考え出すのは偉大な成果だが、これが偉大なのはチェスの駒の置き方や可能な動きをコンピュータに記述するのが難しいためではない。
- チェスは、完全な定式的原理による極度に短い仕様書で完全に記述できるものであり、ソフトウェアエンジニアによって、より早い段階でそれほどの苦労なく実現された。

コンピュータは、以下に示すように人間に比べてある領域では優れたパフォーマンスを示すが、別の領域ではそうでもない。

- 抽象的な課題であり、人間にとって最も精神的な努力を要する類いのもので、コンピュータにとっては最も簡単な類いのものである。コンピュータは、その手の課題により適している。
  - このことの1例は、複雑な数学の課題を遂行することである。
- 主観的で自然な課題は、コンピュータよりも平均的な人間の方がよりうまく遂行することができる。
  - 1人の人間が普通の人生を送るには、世界についての情報のとてつもない量の測定が必要である。
  - これらの学習の多くは主観的で自然であり、それゆえ定式的に表現することが難しい。
  - コンピュータは、賢い振る舞いをするためにこれと同じ情報を必要とする。人工知能の鍵となる困難の1つは、これらの因果の学習をコンピュータに落とし込む方法である。

人工知能のベンチャーの中には、これらの世界についての情報を定式的方言でハードコーディングしようと試みてきたところもある。コンピュータは、論理的演繹規則を用いて、これらの定式的方言における根拠付けを行うことができる。これは、人工知能の処理する知識ベース法として知られている。しかし、知識ベース法で顕著な成功を収めたものはこれまで1つもない。

ハードコーディングされた情報に依存するフレームワークが直面した困難から、AIのフレームワークに、生の情報からパターン抽出を行うことによる独自の学習能力が必要であることが提案される。これは機械学習として知られており、先の章で学んだものである。

こういった簡単な機械学習の計算の実施は、与えられた情報の表現に強く依存している。

例えば、将来の天気を予測するのにロジスティック回帰を用いるとき、AIのフレームワークは観測対象を直接見るのではない。

- 専門家はフレームワークにほんの少しの重要なデータを与えるだけである。例えば、変動する温度、風向きと風速、湿度など。

11.1 線形代数の再考

- 天気の表現に取り込まれる個々のデータは特徴量として知られている。ロジスティック回帰は、ある天気についてのこれらの特徴量が様々な季節あるいは場所での様々な天気とどのように関係するのかを明らかにする。
- どのような場合であれ、ロジスティック回帰は特徴量が定義される様式に全く影響を与えることができない。

この問題に対する1つの答えは、機械を用いて、表現それ自体と同様に表現から有効な写像をどのように求めるかを明らかにすることである。この方法論は表現学習として知られている。学習された表現はしばしば、手作業でデザインされる表現よりもずっと望ましい結果をもたらす。さらに、これらの表現は、ほとんど無視できるほどの人間の介入だけで、AIフレームワークが素早く新しいタスクに適合することを可能にする。

表現学習の計算は、特徴量の適切な構成を、簡単な作業なら数分、複雑な業務なら数時間から数か月で求めることができる。複雑な仕事に対して、実際に概要を強調表示するには、大量の人による時間と労力を要し、コンピュータでのものよりもはるかに多い。

本章では、以下の基本的な導入から開始し、いくつかの話題を見ていく。

- 基礎的基盤
- 機械学習と深層学習の違い
- 深層学習とは何か?
- ディープフィードフォワードネットワーク
- 単層および多層ニューラルネットワーク
- 畳み込みネットワーク
- 実践的方法と応用

11.1　線形代数の再考

線形代数は、広く利用されている数学の1分野である。線形代数は、離散型数学というよりは、連続型数学の1分野である[※1]。十分に理解することは、機械学習と深層学習のモデルの理解のために必要である。数学的対象 (オブジェクトということもある) の復習のみを行う。

11.1.1　スカラーの要点

スカラーとは単なる数値のことである (線形代数で検討する一般的には様々な数の配列などもっと多くの他の対象との対義語として)。

訳注 ※1　原文は "Linear algebra is a part of discrete mathematics and not of continuous mathematics." であり、これをそのまま訳すと「線形代数は、離散型数学の分野であり、連続型数学分野ではない」となる。しかし、この主張そのものが間違いであるように思われる。原著者が参考にしている文章には、"linear algebra is a form of continuous rather than discrete mathematics" とあるため、上記のように翻訳した。

第 11 章　深層学習入門

11.1.2　ベクトルの概要

ベクトルとは、組織化された数値の集合または配列である。リスト内の個々の数は、インデックスによりすべて認識できる。例えば、

$$x = [x1, x2, x3, x4 ..... xn]$$

- ベクトルは空間上の 1 点を定めていると考えることもできる。
- 個々の要素は、異なった軸上の座標を表現する。
- ベクトル内の要素の値の位置もインデックス化できる。したがって、配列内の特定の値へのアクセスがより簡単になる。

11.1.3　行列の重要性

- 行列は数の二次元配列である。
- 各要素はどれも 1 つだけではなく 2 つのインデックスを用いて指定する。
- 例えば、二次元空間上での 1 点は (3,4) で指定されることがある。これは、この点が x 軸上で 3 点の位置にあり、y 軸上で 4 点の位置にあるという意味である。
- [(3,4), (2,4), (1,0)] など、前述したような数の配列群を取り扱うこともある。このような配列は行列と呼ばれている。

11.1.4　テンソルとは何か？

もし、二次元 (行列) よりも多くの次元が必要になった場合は、テンソルを使用する。
テンソルは定められた軸の数を持たない数の配列である。
このような対象は次のような構造をもつ：$T(x, y, z)$
$[(1,3,5), (11,12,23), (34,32,1)]$

11.2　確率論と情報理論

確率論は不確かな説明を論じるための科学的な体系である。確率論は不安定性を評価する方法を与え、新しい非決定論的な記述を推論するための格言を与える。
AI の応用においては、確率論を以下のように使用する。

- 確率論の法則は AI フレームワークがどのように根拠づけるかを定義するので、アルゴリズムは確率論を用いて推定された様々な表現を記述、あるいは近似するために設計されている。
- 確率と統計は提案された AI のフレームワークの振る舞いについて仮説に基づき調査を行うためにも利用できる。

確率論は、非決定論的な数式を駆使し、不確実性の範囲内で根拠づけられるようにするのに対し、データは確率分布内での不確実性を測定できるようにする。

11.2.1 なぜ確率なのか？

機械学習は確率論を非常に多く使用し、主として決定論的なコンピュータの性質に依拠するコンピュータサイエンスの他部門とは異なる。

- これは機械学習が信頼のできる方法で不確実な量を取り扱わねばならないためである。
- 時には、統計的（非決定論的）な量を取り扱うことが必要な場合もあるかもしれない。不確実性と偶然性は非常に多くの原因から生じ得る。

すべての解析は不確実性の見解の範囲内で根拠付けできる必要がある。実際、定義から確かな過去の数値的な説明を持ってしても、完全に確かである、または起こることが確実に保証されるような、いかなる提案も考えることは難しい。

不確実性は以下のように、3つの原因が考えられる。

- モデル化されるフレームワークの中に存在する偶然性。
  - 例えば、カードゲームで遊んでいるとき、我々はカードが完全にランダムにシャッフルされていると仮定する。
- 断片化された可観測性。フレームワークを駆動するような大部分の変数が観測できないときには、そのシステムが決定論的なものであったとしても、確率論的に見え得る。
  - 例えば、答えが多数選択肢によって与えられている問題の場合には、1つの選択のみが正しい答えであり、他の選択肢を選んでも何にもならない。挑戦者の意思決定で与えられた結果は決定論的なものではあるが、その候補者の視点から見れば、結果は非決定論的である。
- 断片化したモデリング。観測したデータの一部を破棄しなければならないモデルを用いるとき、データの破棄された部分は、モデルの予測において不安定性をもたらす要因となる。
  - 例えば、個々の商品の周りの領域を精密に監視できるロボットを製作すると仮定しよう。ロボットがこれらの商品の将来の位置を予測する際に空間を離散化すると、離散化によってロボットはたちまち商品の正確な位置についてあやふやになってしまう。どの商品も離散化された一区画中のどこでも占めることが可能であるからである。

確率は不確実性を取り扱うための拡張された論理とみなすこともできる。論理は、他の推薦結果の真偽について疑いがもたれたとき、どの提案が真または偽と推定されるかを明らかにする定式的規則の集合を与える。

確率論的仮説は、様々な推薦確率が与えられた状況下で、その提案が本物である確率を決定する定式的原理の集合を与える。

第 11 章　深層学習入門

11.3　機械学習と深層学習の違い

　機械学習と深層学習は共通の目的を達成しようとしている点では同じであるが、両者は様々な点で異なっている。機械学習は両者のうちではよりメジャーであり、科学者や数学者はこの数十年というものずっと研究を続けてきた。深層学習は（それに比べると）比較的新しい概念である。深層学習は（多層の）ニューラルネットワークによる学習に基づき、目標を達成する。機械学習と深層学習の違いを理解することは、どこで深層学習を適用すべきか、どのような問題が機械学習によって解決され得るかを知るうえで重要である。

　パターン認識のアルゴリズムを構築するためのさらに極端な方法は、該当領域と決定目標だけに依存する楽に集められる情報を利用することによって達成されるということがわかった。

　例えば、画像認識において、様々な画像を集め、アルゴリズムをそれらの画像に対して適用する。これらの画像の一部と見せる情報を利用することにより、モデルが動物、人間や他の例も認識できるように訓練することができる。

　機械学習は様々な分野と結びついており、今日では画像認識や文字認識に限定されるものではない。現在ではロボティクス、株式市場、自動走行車、ゲノム解析の一部として特によく利用されている。これまでの章で機械学習について学んだので、これからさらに進んで深層学習とどう違うのかを理解することにしよう。

11.3.1　深層学習とは何か？

　深層学習がポピュラーになり始めたのは 2006 年のことである。深層学習は階層型学習としても知られている。その応用は広く、人工知能と機械学習の視界を拡大し続けてきた。深層学習は、社会からも大変興味を持たれている。

　深層学習は、以下に述べるような機械学習技術の 1 分類を指す。

- 教師なしあるいは教師付きの特徴量抽出を実行する。
- 非線形情報処理の多層化を活用したパターン解析や分類を実行する。

　深層学習は、特徴量あるいは要因からなる階層構造で構築される。この階層構造では、より下層レベルの特徴量がより上層のレベルの特徴量を定義するのに役立つ。深層学習においては、人工ニューラルネットワークが通常は利用される。

- 伝統的な機械学習モデルはパターンやクラスタを学習する。ディープニューラルネットワークは非常に少ないステップ数で計算方法を学習する。
- 一般的に言って、ニューラルネットワークが深くなればなるほど、性能も上がっていく。
- ニューラルネットワークは新しいデータが利用可能になるごとに（自分自身が）更新される。
- 人工ニューラルネットワークはフォールトトレラント (fault tolerant) である。つまり、ネットワークの一部が破壊されるようなことがあれば、その事象はネットワーク全体の性

能に影響を及ぼすかもしれないが、ネットワークの主要な機能は温存されるだろうということである。
- 深層学習のアルゴリズムは多数の階層の表現を学習し、計算を並列に行うため、複雑さが増加する傾向になる。

今日まで話を進めると、多くの人々が深層学習とみなすものに対する広範な熱狂が存在している。最も有名な種類の深層学習のモデルは、巨大なスケールの画像認識タスクに部分的に用いられているのだが、畳み込みニューラルネットワーク（Convolutional Neural Nets）、あるいは単に ConvNets として知られているものである。

深層学習は（深層畳み込み多層ニューラルシステムのように）我々が使う必要のある類いのモデルを強調し、情報を利用して欠測パラメータを埋めることができる。

深層学習を行うには信じられないほど多くの条件が必要である。高次元の世界のモデルから始めるので、ビッグデータとも呼んでいる大量の情報の取り扱いと、かなりの量の計算パワー（汎用 GPU/ ハイパフォーマンスコンピューティング）をまさに必要とする。畳み込みは深層学習（特にコンピュータビジョンの応用）の一部として広く利用されている。

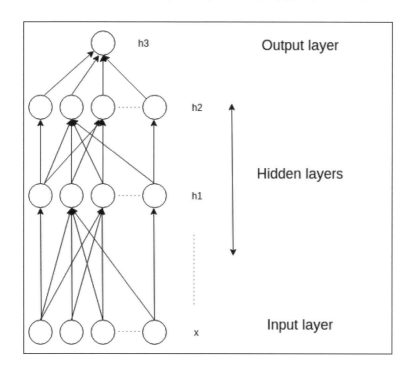

上図には、以下のような3つの層が示されている。

- **出力層 (Output layer)**：ここで教師付きターゲットを予測する
- **隠れ層 (Hidden layers)**：中間関数の抽象表現
- **入力層 (Input layer)**：生の入力

第 11 章 深層学習入門

　人工的に模擬されたニューロンは、多層人工ニューラルシステムの基本的構成要素である。本質的な概念は人間の脳をシミュレートし、複雑な問題を解く過程を模擬することである。ニューラルシステムを作るための主要概念は、これらの理論とモデルに基づいていた。

　多くのより重大な飛躍が、深層学習のアルゴリズムに関してここ数十年の間にもたらされた。これらはラベル付けされていない情報から特徴量指標を作るのに利用することができ、多数の層からなるニューラルシステムであるディープニューラルネットワークを事前に訓練するのにも利用することができる。

　ニューラルネットワークは、巨大なイノベーション企業、例えば Facebook、Microsoft、そして Google など深層学習の研究に多額の投資をしている企業において興味深い問題というだけでなく、学問的な探査のうえでも興味深い課題である。

　深層学習の計算によって支えられた複雑なニューラルネットワークは、重大な問題の解決に関しては最善だと考えられている。例えば、

- **Google 画像検索**：インターネット上の画像を Google の画像検索ツールを用いて検索することができる。この検索を実行するには、画像をアップロードするか、あるいは、インターネット上から検索するため画像の URL を与えればよい。
- **Google 翻訳**：このツールは画像から文字を読み取り、会話を理解して、いくつかの言語で翻訳あるいは意味を伝えてくれる。

　もう 1 つの大変有名な応用例は、Google や Tesla によって作られた自動走行車である。これらは深層学習によって強化され、最善の行程を見つけ出し、リアルタイムで交通の中を走行し、もし人間のドライバーによって運転がなされていたならそうするような必要なタスクを遂行する。

11.3.2　ディープフィードフォワードネットワーク

　ディープフィードフォワードネットワークは最も有名な深層学習のモデルである。これらは次のようにも呼ばれている。

- フィードフォワードニューラルネットワーク
- **多層パーセプトロン (MLPs)**

－ 254 －

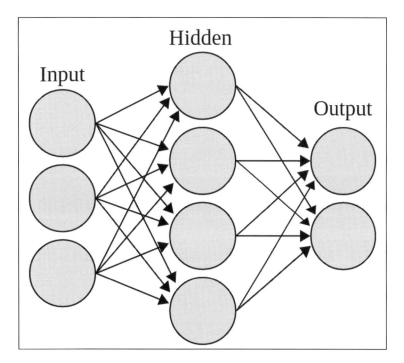

　フィードフォワード型ニューラルネットワークの目的はパラメータに基づいて学習し、以下のように出力 y に写像するような関数を定義することである。

$$y = f(x, theta)$$

　図中にも示したように、フィードフォワード型ニューラルネットワークはデータが一方向に流れるのでそう呼ばれている。x から始まり、中間の計算のための関数を通過して、y を生成する。

　このような系にそれ以前の層との結合（フィードバック）も含まれるとき、そのシステムは再帰型ニューラルネットワークとして知られている。

　フィードフォワードシステムは機械学習の専門家にとって非常に重要なものの 1 つである。フィードフォワードシステムは多数の必要不可欠なビジネス用途のアプリケーションの基盤を形作っている。例えば、会話の自然言語処理に使用されている畳み込みネットワークシステムは、フィードフォワードシステムの特殊なタイプである。

　フィードフォワードシステムは再帰的ネットワークへと至る妥当な布石である。再帰的ネットワークシステムには数多くの自然言語への応用がある。フィードフォワードニューラルネットワークは、いくつもの様々な関数から構成されるものとして表現されるので、ネットワークと呼ばれている。このモデルは、関数がどのように一緒に作られるかを描く有向非巡回グラフと関係がある。

　例えば、f(1)、f(2)、f(3) という 3 つの関数を持っているとする。

　これらは、以下のように互いに関連付けられている。

$$f(x) = f(3)(f(2)(f(1)(x)))$$

第11章　深層学習入門

これらの鎖状構造は、最も普通に使用されているニューラルシステムの構造である。この場合、

- $f(1)$ はネットワークの第1層として知られている。
- $f(2)$ は第2層として知られている、他も同様。
- 鎖の全長が、そのモデルの深さとなる。これが深層学習という名の起源である。
- フィードフォワードネットワークの最終層は出力層あるいは産出層（yield layer）として知られている。

ニューラルネットワークの訓練中は、以下のステップに従う。

1. $f(x)$ を $f^*(x)$ に近づける。訓練に使用する情報には、ノイズや、異なる訓練集合から不正確にラベル付けされたものが含まれている。
2. どの x のデータ例も $y \approx f^*(x)$ というラベルで関連づけられる。
3. 訓練事例は、各観測点 x で出力層が何をするべきかを直接決定する。つまり、出力層は y に近い値を生成しなければならないということである。

(1)　ニューラルネットワーク内の隠れ層の理解

他の層の実行に関しては、訓練の情報から直接指定されるわけではない。訓練情報は個々の層がどうすべきかについてはなにも語らないが、学習アルゴリズムは、望みの結果をもたらすためにこれらの層をどのように活用するかを決めなければならない。

むしろ、関数 f^* の推定の際に、最適な実行をするためにそれらの層をどのように活用するかを決めるのが、学習アルゴリズムである。訓練情報は個々の層の望ましい出力がどのようなものであるかを明示することはないので、これらの層は隠れ層と呼ばれる。

(2)　ニューラルネットワークの動機付け

- これらの系は、概ね神経科学によって動機付けられているという理由で、ニューラルと呼ばれている。
- 系の各々の隠れ層は一般にベクトル値を持つ。
- これら隠れ層の y の次元は、モデルの幅を決定する。
- どのベクトルの要素も部分的な仮定を置くことにより、ニューロンの一部分として解釈し得る。
- 層を単一のベクトルからベクトルへの関数としての働きを持つと考えるのではなく、層は数多くの並列に働くユニットからできており、個々のユニットがベクトルからスカラーへの関数としての働きを持っていると考えるべきである。
- 個々のユニットは、様々な数多くのユニットからの入力を受け取り、固有の活性値を出力するという理由で、ニューロンに似ている。
- ベクトル値表現をもつ非常に多くの層を使用することは、神経科学に由来している。

11.3 機械学習と深層学習の違い

- これらの表現を見つけ出す用途で関数 $f(i)(x)$ を決定することは、神経科学における有機的なニューロンの働きについての観察から、多少の示唆を得たものである。

前出の章で正則化について学んだ。深層学習モデルについて、なぜ正則化が重要で必要とされているかについて学習することにしよう。

11.3.3 正則化の理解

機械学習の主要な論点は、訓練情報のみならず新しい入力に対しても良い性能を発揮できるアルゴリズムを作成する方法についてである。機械学習の一部として使用される数々の技術は、訓練誤差の増加による弊害の可能性もあるほど、明確にテスト誤差を減少させることが意図されている。こうしたテクニックは、正則化と総称されている。

深層学習の専門家にとって利用しやすい、多くの種類の正則化がある。実際の現場では、より効果的な正則化のシステムを求めて、長い間研究に多大な努力が払われてきた。

多数の正則化のシステムが存在する。

- 機械学習のモデルにおける追加の制約。
    - 例えば、パラメータ値に対して制約を含めること。
- パラメータ値の微妙な必要条件に相当する、目的関数中の追加の項。
- もし戦略的に注意深く行われるなら、これら追加の必要条件と制約条件は、テストデータに関しての性能を著しく向上させ得る。
- これらの制約条件と制限は、ある種の事前学習をコード化するのにも使用できる。
- これらの制約条件と制限により、モデルは汎化の方向に向かいやすくなる。
- アンサンブル学習でも、より良い結果を生成するのに正則化を使用している。

深層学習に関しては、ほとんどの正則化の方法は、推定量を正則化することで行う。推定量を正則化するために以下のことが言える。

- バイアスの増加とバリアンスの減少の取引を行う必要がある。
- 効果的な正則化項は有益な取引をする、つまり、バイアスをそれほど上昇させずにバリアンスを劇的に減少させるものである。

過学習や汎化において、訓練中のモデルについて以下のような状況だけを考える。

- アンダーフィッティングやバイアスの誘導を考慮に入れて、生成過程における真の情報を避ける。
- 生成過程における真の情報を含む。
- バイアスではなくバリアンスのほうが推定誤差を支配しているような場合は、過学習を考慮して、生成過程に関する情報や付加的に他の多くの生成過程に関する情報も含む。

－257－

第 11 章　深層学習入門

正則化の目的は、上述した2番目の過程にモデルを取ることである。

極端に複雑なモデル族は、当然のことながら、目的関数や真の情報を生成する過程を含んでいない。どのような場合でも、ほとんどの深層学習のアルゴリズムの使用例は、真の情報を生成する過程がほとんど確実にモデル族から外れた可能性がある場合である。深層学習のアルゴリズムは通常、かなりの程度で、画像認識や音声認識や自動走行車など複雑な用途と関係している。

このことは、モデルの本質的な複雑さを制御することは、ただ単に正しいパラメータの集合を用いて適切なサイズのモデルを見つければよいという問題ではないということを意味している。

11.3.4　深層学習モデルの最適化

望ましい知識を大容量のデータから抽出するアルゴリズムを設計するうえで、最適化法は重要である。深層学習は、新しい最適化技術が生み出されている、急速に発展を遂げている分野である。

深層学習のアルゴリズムは、多く連結による強化を含んでいる。例えば、モデル内で演繹を実行する場合、例えば PCA など、改善課題を処理することが挙げられる。

検証あるいは認証の計算を行うために、診断の最適化が定期的に利用される。深層学習で必要となる最適化課題の大部分で、最も難題となるのはニューラルネットワークの準備である。

ニューラルシステム訓練問題を1例解決するだけでも、数日、あるいは数ヶ月にわたり多数のマシンを特定の最終目標に向かって動かさなければならないことは非常によくあることである。この問題は重大かつ高費用であるため、その強化のために作成する最適化戦略の特殊な手順が作成されてきた。

(1)　最適化の例

コスト関数 $J(\theta)$ を著しく減少させるニューラルネットワークのパラメータ θ を求めるため、通常は訓練集合全体で評価される実行の指標に加え、追加の正則化項を取り入れる。

機械学習のタスクのための訓練アルゴリズムとして用いられる最適化は、完全に純粋な最適化とは異なる。より複雑なアルゴリズムは、訓練中に学習率を調整したり、あるいはコスト関数の二次導関数中のデータに影響を与えたりする。最終的に、いくつかの最適化法が、基本的な最適化アルゴリズムを結合させ、より高水準戦略として作成される。

深層学習モデルの訓練に用いられる最適化アルゴリズムは、伝統的な最適化アルゴリズムと以下のようにいくつかの点で異なる。

- 機械学習は、大抵の場合には回りくどい様式で動作する。ほとんどの機械学習の状況では、何らかの実行指標 P を考慮するが、テスト集合について定義され、扱いにくい類いのものであることがある。それゆえ、まさに回りくどい様式で P を更新する。P の強化を期待して様々なコスト関数 $J(\theta)$ を減少させる。

－258－

これは純粋な最適化、すなわち J の最小化が深層学習の目的である、というのとは逆である。深層学習モデル作成のための最適化アルゴリズムも同様に、通常機械学習の目的関数の特殊構造の特化に取り込まれている。

11.4 Julia での実装

普及したプログラミング言語において、高品質の良好な検証を経た深層学習用ライブラリが以下のように多数存在する。

- Theano (Python) は CPU と GPU を両方使用できる。(モントリオール大学の MILA 研究室の提供)
- Torch (Lua) は Matlab 様の環境である。(Ronan Collobert、Clement Farabet および Koray Kavukcuoglu による)
- Tensorflow (Python) はデータフローのグラフを用いる。
- MXNet (Python、R、Julia、C++)
- Caffe は最も人気があり幅広く使われている。
- Keras (Python) は Theano をベースにしている。
- Mocha (Julia) (Chiyuan Zhang による)

ここでは主に Julia の Mocha について一通り見ていくことにしよう。これは MIT の博士課程の学生 Chiyuan Zhang によって書かれた驚くべきパッケージである。

開始には、以下のようにパッケージを追加する。

```
Pkg.update()
Pkg.add("Mocha")
```

11.4.1 ネットワークアーキテクチャ

Mocha において、ネットワークアーキテクチャとは以下のような層の集合を指す。

```
data_layer = HDF5DataLayer(name="data", source="data-list.txt",
batch_size=64, tops=[:data])
ip_layer   = InnerProductLayer(name="ip", output_dim=500,
tops=[:ip], bottoms=[:data])
```

- ip_layer の入力は data_layer の出力と同じ名前を持つ。
- 同じ名前同士は結合する

第11章　深層学習入門

トポロジカルソートが、層の集合上で、Mocha によって実行される。

11.4.2　層の種類
- データ層
    - この層はソースから情報を読み取り、上位の層に提供する。
- 計算層
    - この層は下位の層からの入力ストリームを受け取り、計算を行い、生成された結果を上位の層に提供する。
- 損失層
    - この層は下位の層から処理結果（および本物の名前 / ラベル）を受け取り、スカラーの損失値を計算する。
    - すべての層からの損失値とネットワーク内の正則化項が、ネットワークの最終損失関数を特徴付けるために取り込まれる。
    - 誤差逆伝播の際のネットワークパラメータは損失関数のサポートにより訓練される。
- 統計層
    - これらの層は下位の層から情報を受け取り、分類精度のような価値のある見識を生成する。
    - 様々な反復を通して見識は収集される。
    - reset_statistics は統計的な集積情報を完全にリセットするのに使用できる。
- ユーティリティ層

11.4.3　ニューロン（活性化関数）

本物のニューラルネット（脳）について理解してみよう。神経科学は脳の働きについての学問であり、脳の中でどのように機能しているかの良いエビデンスを与えてくれる。ニューロンは脳の中の実際の情報記憶装置である。ニューロン同士の結合の強度について理解することも非常に重要である。すなわち、1個のニューロンが自分に結合している他のニューロンにどの程度強く影響を及ぼすことができるかということである。

学習やタスクの反復と新しい刺激や環境への暴露は、しばしば脳内での活動を引き起こす。脳は、実際には受信中の新しいデータに対して活動するニューロンの集合である。

ニューロンと、それゆえ脳は、様々な刺激や環境に対して非常に様々な振る舞いをする。ある場面では、ニューロンは他に比べてより反応したり、興奮したりすることがある。

人工ニューラルネットワークについて知るうえで、以下の様なこれについての多少の理解は重要である。

- ニューロンはどんな層にも結合することができる。
- そのため、どの層のニューロンも、恒等ニューロンでない限り、順伝搬中の出力と逆伝播中の勾配に影響を与える。
- 初期設定では、層は恒等ニューロンを持つ。

ネットワークを構成するのに使用できる様々なニューロンの型を一通り見ていこう。

- クラス Neurons.Identity
    - これは入力を変えない活性化関数である。
- クラス Neurons.ReLU
    - 正規化線形関数。順伝播中に、ある極限 ϵ (通常は 0) より下の値をすべて抑制する。
    - 各点ごとに $y=max(\epsilon, x)$ を計算することで与えられる。
- クラス Neurons.LreLU
    - 漏れ正規化線形関数。漏れ正規化線形関数は「ReLU が死ぬ」問題を解決できる。
    - 十分に大きな勾配が、ニューロンが新しい情報に対して二度と活性化しないほど重みを変更してしまうようなことがあれば、ReLU は「死ぬ」ことがある。
- クラス Neurons.Sigmoid
    - シグモイド関数は滑らかなステップ関数である。
    - シグモイド関数は、絶対値の大きな負の情報に関してはほとんど 0 に近い値を出力し、巨大な正の入力に対してはほとんど 1 に近い値を出力する。
    - 各点ごとの方程式は $y=1/(1+e^{-x})$ で与えられる。
- クラス Neurons.Tanh
    - Tanh はシグモイド関数の変種である。
    - Tanh は区間 1 の出力ではなく、±1 の範囲に値を取る。
    - 各点ごとの方程式は $y=(1-e-2x)/(1+e-2x)$ で与えられる。

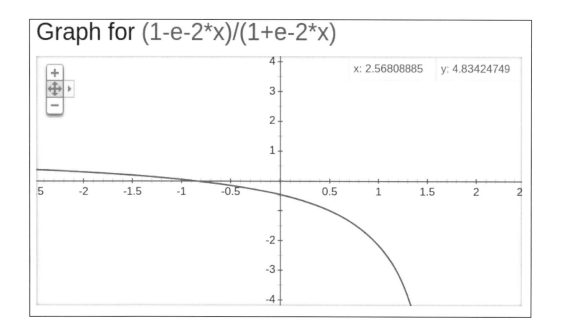

第 11 章　深層学習入門

11.4.4　人工ニューラルネットワーク用正則化項の理解

　前出の節で正則化項について学習した。正則化項は、モデルの複雑さを押さえるために、追加の罰則項や、ネットワークパラメータへの束縛を含む。人気のある深層学習のフレームワークである caffe では、これは減衰 (decay) として知られている。

　重み減衰 (weight decay) と正則化 (regularization) は、誤差逆伝播法においては同様のものである。順伝搬中における理論的な違いは、重み減衰について言えば、目的関数の一部を構成しているとは考えられてはいないということである。

　デフォルトでは、Mocha は、正則化項についての順方向の計算を同様に省略することで、計算量を減らすという目的を達成している。ここでは、「重み減衰」より「正則化」という用語を用いることにする。というのは、その方が理解しやすいからである。

- クラス NoRegu：正則化無し
- クラス L2Regu：L2 正則化項
- クラス L1Regu：L1 正則化項

11.4.5　ノルム拘束

　ノルムの制限はモデルの複雑さを制限するうえで、より即効性のある方法である。n サイクルごとに基準やパラメータベクトルのノルムが与えられた閾値を超過したら、明示的にパラメータを縮小する。

- クラス NoCons：拘束なし
- クラス L2Cons：パラメータベクトルのユークリッドノルムを制限する。閾値処理と縮小はどのパラメータに対しても適用される。特に、閾値処理は、畳み込み層のフィルターパラメータに対しては、個々のフィルターごとに適用される。

11.4.6　ディープニューラルネットワークでのソルバーの使用

　Mocha は広範に使用できる確率的 (劣) 勾配法に基づくソルバーを持っている。これらのソルバーはディープニューラルネットワークの実装に用いることができる。

　ソルバーは必要な設定を記載したソルバーパラメータの辞書を指定することで作成される。

- 停止条件のような一般的な設定
- 特に特殊計算用途のパラメータ

　さらに、進捗状況を出力したりスナップショットを保存したりするために、訓練の反復の合間にいくつかの短い休憩を入れるようにすることが一般的に推奨される。これらは Mocha ではコーヒーブレイクと呼ばれている。

－ 262 －

11.4 Julia での実装

ソルバーのアルゴリズム：

- クラス `SGD`：モーメンタム付きの確率的勾配降下法
  - `lr_policy`：学習率ポリシー
  - `mom_policy`：モーメンタムポリシー
- クラス `Nesterov`：確率的ネステロフの加速勾配法
  - `lr_policy`：学習率ポリシー
  - `mom_policy`：モーメンタムポリシー
- クラス `Adam`：確率的最適化の一方法
  - `lr_policy`：学習率ポリシー
  - `beta1`：一次モーメント推定のための指数減衰因子。*0<=beta1<1*、デフォルトは *0.9*
  - `beta2`：二次モーメント推定のための指数減衰因子、*0<=beta1<1*、デフォルトは *0.999*
  - `epsilon`：数値調整のため、パラメータ更新のスケーリングに影響を与える、デフォルトは *1e-8*

11.4.7 コーヒーブレイク

訓練は、いくつものループからなる非常に計算負荷の高い反復になり得る。進捗状況を出力したりスナップショットを保存したりするために、訓練の反復の合間にいくつかの短い休憩を入れるようにすることが一般的に推奨される。これらは、Mocha ではコーヒーブレイクと呼ばれている。これは以下のように実行する。

```
# 1000 反復ごとに訓練進行状況を表示する
add_coffee_break(solver, TrainingSummary(), every_n_iter=1000)

# 5000 反復ごとにスナップショットを保存する
add_coffee_break(solver, Snapshot(exp_dir), every_n_iter=5000)
```

このコードは訓練の要約を 1,000 反復ごとに出力し、5,000 反復ごとにスナップショットを保存する。

11.4.8 訓練済みの Imagenet CNN による画像分類

MNIST は手書きの算用数字認識のためのデータ集合である。以下のものが含まれている。

- 60,000 個の訓練例
- 10,000 個のテスト例
- 28 x 28 の単一チャネルのグレースケール画像

第 11 章　深層学習入門

get-mnist.sh という名前のスクリプトを用いてデータ集合をダウンロードできる。

このスクリプトは、バイナリのデータ集合を Mocha の読むことのできる HDF5 ファイルに変換するために mnist.convert.jl を呼ぶ。

data/train.hdf5 および data/test.hdf5 が変換の終了時に生成される。

ここではより速い畳み込みを行うために、Mocha のネイティブ拡張を以下で利用することにしよう。

```
ENV["MOCHA_USE_NATIVE_EXT"] = "true"

using Mocha

backend = CPUBackend()
init(backend)
```

これは Mocha に GPU (CUDA) ではなくネイティブバックエンドを用いるように設定する。

ここで、ネットワーク構造の定義に進む。HDF5 ファイルを読み込むデータ層の定義から開始する。データ層はネットワークの入力となる。

source は、以下のように実際のデータファイルのリストを含んでいる。

```
data_layer = HDF5DataLayer(name="train-data",
source="data/train.txt", batch_size=64, shuffle=true)
```

ミニバッチはデータを処理するために作成される。バッチサイズが増えるにつれ、分散は減少するが計算性能に影響を与える。

シャッフリングは訓練中の順序の影響を減少させる。

ここで、以下のように畳み込み層の定義に進む。

```
conv_layer = ConvolutionLayer(name="conv1", n_filter=20,
kernel=(5,5), bottoms=[:data], tops=[:conv1])
```

- name：識別に必要な層の名前
- n_filter：畳み込みフィルターの数
- kernel：フィルターのサイズ
- bottoms：どこから入力を受け取るか（定義した HDF5 データ層）を定義する配列
- tops：畳み込み層の出力

より多くの畳み込み層を以下のように定義する。

```
pool_layer = PoolingLayer(name="pool1", kernel=(2,2),
```

- 264 -

```
      stride=(2,2), bottoms=[:conv1], tops=[:pool1])
conv2_layer = ConvolutionLayer(name="conv2", n_filter=50,
      kernel=(5,5), bottoms=[:pool1], tops=[:conv2])
pool2_layer = PoolingLayer(name="pool2", kernel=(2,2),
      stride=(2,2), bottoms=[:conv2], tops=[:pool2])
```

　畳み込み層とプーリング層の後に 2 つの全結合層が存在する。
　この層を構築するための計算は、入力と層の重みの内積である。それゆえ、これらの層は
InnerProductLayer とも呼ばれる。
　層の重みも学習される。そのため以下のようにこの 2 つの層にも名前を与えることにする。

```
fc1_layer  = InnerProductLayer(name="ip1", output_dim=500,
    neuron=Neurons.ReLU(), bottoms=[:pool2], tops=[:ip1])
fc2_layer  = InnerProductLayer(name="ip2", output_dim=10,
    bottoms=[:ip1], tops=[:ip2])
```

　最後の中間層は 10 の次元を持っている。これはクラス（数字の 0～9）の数を表している。
　これが LeNet の基本構造である。このネットワークを訓練するために、損失層を加えること
により以下のように損失関数を定義しよう。

```
loss_layer = SoftmaxLossLayer(name="loss", bottoms=[:ip2,:label])
```

ようやく以下のようなネットワークを構築できる。

```
common_layers = [conv_layer, pool_layer, conv2_layer, pool2_layer,
    fc1_layer, fc2_layer]

net = Net("MNIST-train", backend, [data_layer, common_layers...,
loss_layer])
```

確率的勾配降下法を用いてニューラルネットワークを訓練するには、以下のように実行する。

```
exp_dir = "snapshots"
method = SGD()

params = make_solver_parameters(method, max_iter=10000,
regu_coef=0.0005,
    mom_policy=MomPolicy.Fixed(0.9),
```

第 11 章　深層学習入門

```
        lr_policy=LRPolicy.Inv(0.01, 0.0001, 0.75),
        load_from=exp_dir)

    solver = Solver(method, params)
```

ここで使われているパラメータは、以下のとおりである。

- `max_iter`：これらはネットワークを訓練するためにソルバーが実行する最大の反復回数である。
- `regu_coef`：正則化係数
- `mom_policy`：モーメンタムポリシー
- `lr_policy`：学習率ポリシー
- `load_from`：ここでファイルやディレクトリから保存されたモデルを読み込める。

以下のようにコーヒーブレイクをいくつか付け加える。

```
    setup_coffee_lounge(solver, save_into="$exp_dir/statistics.hdf5",
    every_n_iter=1000)

    add_coffee_break(solver, TrainingSummary(), every_n_iter=100)

    add_coffee_break(solver, Snapshot(exp_dir), every_n_iter=5000)
```

　進捗状況がわかるように、分割された検証用データ集合での性能を定期的に確認する。手持ちの検証用データ集合は、テストデータ集合として用いることにする。
　評価の実行のため、構造は同じだが異なったデータ層を持つ新しいネットワークを作成し、検証用データ集合から入力する。

```
    data_layer_test = HDF5DataLayer(name="test-data",
    source="data/test.txt", batch_size=100)

    acc_layer = AccuracyLayer(name="test-accuracy",
    bottoms=[:ip2, :label])

    test_net = Net("MNIST-test", backend, [data_layer_test,
    common_layers..., acc_layer])
```

検証用の性能レポートを入手するため、以下のようにコーヒーブレイクを付け加える。

```
    add_coffee_break(solver, ValidationPerformance(test_net),
```

```
    every_n_iter=1000)
```

最後に、トレーニングを以下のように開始する。

```
solve(solver, net)

destroy(net)
destroy(test_net)
shutdown(backend)
```

以下が今回作成した2つのネットワークである。

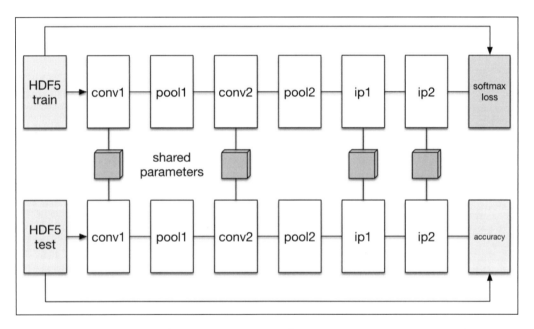

ここで、手持ちのテストデータで生成されたモデルを実行する。以下のような出力を得る。

```
Correct label index:5
Label probability vector:
Float32[5.870685e-6
0.00057068263
1.5419962e-5
8.387835e-7
0.99935246
5.5915066e-6
4.284061e-5
1.2896479e-6
```

第 11 章　深層学習入門

```
4.2869314e-7
4.600691e-6]
```

11.5　まとめ

　本章では深層学習について学び、機械学習とどのように違うのかを理解した。深層学習は、教師なしあるいは教師付きの特徴抽出、およびパターン認識あるいは分類を遂行するのに、多層の非線形情報処理を巧みに利用する機械学習の 1 種である。

　ディープフィードフォワードネットワーク、正則化、そして深層学習のモデルを最適化を学んだ。Julia の Mocha を利用して手書きの算用数字を分類するニューラルネットワークをどのように構築するかも学んだ。

References

・http://docs.julialang.org/en/release-0.4/manual/
・https://github.com/pluskid/Mocha.jl
・http://psych.utoronto.ca/users/reingold/courses/ai/nn.html
・https://www.microsoft.com/en-us/research/wp-content/uploads/2016/02/DeepLearning-NowPublishing-Vol7-SIG-039.pdf
・http://www.deeplearningbook.org/contents/intro.html
・http://deeplearning.net/tutorial/deeplearning.pdf

索引
Index

【A】

AdaBoost ·· 186
Anaconda
── URL ·· 8
Apriori アルゴリズム ····························· 231
ARIMA
── 概要 ·· 208
── 指数平滑法 ································· 212
── 中断された時系列 ARIMA ··········· 212
── パラメータ推定 ··························· 211
── プロセス ···································· 208
── モデルの評価 ····························· 212
ARIMA の方法論
── 概要 ·· 209
── 季節モデル ································· 211
── 推定 ·· 209
── 定数 ·· 210
── 同定 ·· 209
── 同定フェーズ ····························· 210
── 予測 ·· 209

【D】

DataArray ·· 25
DataFrames.jl
── インストール ····························· 29
── 使用法 ·· 29
── データのファイルへの書き込み ······· 33
DataFrame（データフレーム）
── DataArray データ型 ···················· 25
── DataFrame データ型 ···················· 26
── formula ······································ 48
── Gadfly を使ったプロット作成 ········· 116
── NA データ型 ······························ 23
── web スクレイピング ····················· 51
── 概要 ·· 22
── 結合 ·· 33
── データ集合のソート ····················· 47
── データの再成形 ··························· 40
── データの操作 ····························· 33
── データのプール ··························· 49
── 分割-適用-統合戦略 ····················· 39
DBSCAN
── アルゴリズム ····························· 174
── 概要 ·· 174
── 短所 ·· 174
── 長所 ·· 174
── 密度 ·· 174
── 例 ··· 175
Distributions.jl
── sampleable オブジェクト ··············· 85
── インストール ····························· 82

── ヒエラルキー ····························· 85

【G】

Gadfly
── DataFrame のプロット作成 ············ 116
── plot 関数を用いたインタラクティブな操作
 ·· 113
── Q-Q 関数を用いたプロットの作成 ······ 121
── step 関数を用いたプロットの作成 ······ 120
── ticks ··· 122
── インストール ····························· 112
── ガイド ·· 138
── 関数のビジュアル化 ····················· 119
── ジオメトリを用いたプロットの作成 ······· 123
── 式のビジュアル化 ························· 119
── スケール ···································· 134
── 統計量を用いたプロットの作成 ········· 120
── 動作 ·· 138
── 複数のレイヤを持つ画像の作成 ········· 120
── 例 ··· 114
Geometry（ジオメトリ）
── Histogram2d ······························ 127
── サブプロットなグリッド ················· 129
── 垂直線 ·· 131
── 水平線 ·· 131
── バイオリンプロット ····················· 133
── 箱ひげ図 ···································· 123
── ビースウォームプロット ················· 134
── ヒストグラム ····························· 125
── 平滑線プロット ··························· 128
── 棒グラフ ···································· 126
── 密度プロット ····························· 124
── リボンのプロット ························· 131
Google 画像検索 ·································· 254
Google 翻訳 ·· 254

【H】

Histogram2d ······································· 127

【I】

importall
── using との違い ··························· 103
iris の CSV
── URL ·· 30
Iterative Dichotomiser 3（ID3）··········· 148

【J】

Julia
── Python コード ····························· 18
── URL ·· 3
── インストール（Linux）··················· 4
── インストール（Mac）····················· 5

索引-i

索引

―― インストール（Windows）……… 5
―― 概要 …………………………… 1
―― 環境構築 ……………………… 3
―― 深層学習における実装 ……… 259
―― ソースコード ………………… 6
―― ソースコードの URL ………… 1
―― 多重ディスパッチ …………… 15
―― 長所 …………………………… 3
―― 特徴 …………………………… 3
―― 並列計算 ……………………… 13
―― 歴史 …………………………… 1
Jupyter Notebook
―― 使用法 ………………………… 7

【K】

k-平均法クラスタリング
―― アルゴリズム ……………… 163
―― 概要 ………………………… 163
―― 空クラスタ ………………… 166
―― 限界 ………………………… 166
―― 時空間的複雑性 …………… 165
―― 重心の選択法 ……………… 164
―― 短所 ………………………… 168
―― 長所 ………………………… 168
―― データ集合の外れ値 ……… 166
―― データ点の最近傍重心への関連付け …… 164
―― 二分割 k-平均法 …………… 168
―― 問題点 ……………………… 165

【L】

Linux
―― Julia のインストール ……………… 4

【M】

Mac
―― Julia のインストール ……………… 5
METADATA リポジトリ ……………… 12
MNIST …………………………………… 263
Mocha
―― コーヒーブレイク ………… 263
―― 人工ニューラルネットワーク（ANN）用正則化項 ……………………… 262
―― 層 …………………………… 260
―― ディープニューラルネットワークでのソルバーの使用 ………………… 262
―― ネットワークアーキテクチャ …… 259
―― ノルム拘束 ………………… 262
movielens データ集合
―― URL ………………………… 239

【N】

NA データ型 …………………………… 23

【O】

out-of-bag（oob）エラー
―― 推定 ………………………… 191

【P】

PAC 学習 ………………………………… 186
personal package archive（PPA）……… 4
Pkg.add（）関数 ……………………… 11
Pkg.status（）関数 …………………… 10
Pkg.update（）関数 …………………… 12
Pkg モジュール
―― URL ………………………… 10
―― 概要 ………………………… 10
plot 関数
―― Gadfly によるインタラクティブな操作 …… 113
PyCall ……………………… 3, 17, 18, 104, 177
PyPlot
―― インストール ……………… 104
―― 概要 ………………………… 104
―― コサインを用いたプロット … 106
―― サインを用いたプロット …… 106
―― マルチメディア I/O ………… 104
Python コード
―― Julia において ……………… 18
p 値
―― 概要 ………………………… 100
―― 片側検定 …………………… 101
―― 両側検定 …………………… 101

【Q】

Q-Q 関数 ………………………………… 121

【R】

REPL（対話型実行環境）……………… 6

【S】

sampleable オブジェクト
―― 概要 ………………………… 85
―― 確率分布の表現 …………… 86
Scalable Vector Graphics（SVG）……… 105
step 関数 ………………………………… 120

【T】

ticks …………………………………… 122
TimeArray の時系列型 ……………… 214
TimeSeries 型のメソッド
―― collapse メソッド ………… 224
―― lag メソッド ……………… 222
―― lead メソッド ……………… 222
―― map メソッド ……………… 225
―― merge メソッド …………… 224
―― percentage メソッド ……… 223
―― 適用 ………………………… 221
―― 統合法 ……………………… 224

【U】

unicode プロット
―― インストール ……………… 107
―― 概要 ………………………… 107
―― 散布図の作成 ……………… 107
―― 線プロットの作成 ………… 108

索引-ii

using
—— importal との違い ································ 103

【V】

Vega
—— インストール ····································· 109
—— 散布図の作成 ···································· 109
—— ヒートマップ ···································· 111

【W】

whisker diagram ······································· 123
Windows
—— Julia のインストール ························· 5

【Z】

z スコア
—— 解釈 ·· 100
—— 概要 ·· 66, 100

【あ行】

アイテムベース協調フィルタリング
—— アルゴリズム ··································· 238
—— 概要 ·· 238
アンサンブル学習法
—— アンサンブル学習器の作成法 ··········· 182
—— 応用 ·· 200
—— 概要 ·· 181
—— 組み合わせ法 ··································· 183
—— 訓練データ集合の部分抽出法 ··········· 184
—— 優れている点 ··································· 199
—— 入力特徴量の取り扱い ····················· 187
—— ランダム性の導入 ··························· 188
アンダーフィッティング ···························· 144
暗黙的フィードバック ······························· 233
意思決定プロセス
—— 意思決定 ··· 203
—— 概要 ·· 202
—— 供給源 ·· 202
—— 行動 ·· 203
—— システムのダイナミクス ················· 202
—— 性能指数 ··· 202
—— 相互作用 ··· 203
—— 予測 ·· 203
ウィッシャート分布 ································· 94
映画推薦システム
—— 構築 ·· 239
エネルギー最小化 ···································· 97
エントロピー ··· 67
重みベクトル ··· 57

【か行】

階層的クラスタリング
—— 概要 ·· 170
—— 凝集型階層的クラスタリング ··········· 170
—— 短所 ·· 173
—— 長所 ·· 173
—— 分割型階層的クラスタリング ··········· 170
ガイド ·· 138

カイ二乗分布 ··· 89
カイ分布 ·· 89
カウント関数 ··· 72
過学習 ·· 144
確率分布関数（pdf）································· 97
確率分布の表現 ··· 86
確率論
—— 概要 ·· 250
—— 長所 ·· 251
隠れ層 ·· 256
画像分類
—— 訓練済みの Imagenet CNN の使用 ·········· 263
完全クラスタリング
—— 部分クラスタリングとの違い ············ 163
機械学習
—— アンダーフィッティング ················· 144
—— 概要 ·· 139
—— 過学習 ·· 144
—— 使用例 ·· 140
—— 処理工程 ··· 142
—— 深層学習との違い ··························· 252
—— タイプ ·· 143
—— バイアス-バリアンスのトレードオフ ······ 143
—— 用語 ·· 140
—— 倫理 ·· 141
季節性の分析
—— 概要 ·· 207
—— 自己相関 ··· 207
—— 偏自己相関 ······································ 208
—— 連続依存性の除去 ··························· 208
規則性 ·· 206
基本学習器 ··· 182
逆ウィッシャート分布 ······························· 94
強化学習 ·· 143
教師付き学習 ··· 143
—— ナイーブベイズを使用 ····················· 152
教師なし学習 ··· 143
凝集型階層的クラスタリング
—— 概要 ·· 170
—— 近接度の計算法 ······························· 171
協調フィルタリング
—— アイテムベース協調フィルタリング ······ 238
—— 概要 ·· 234
—— 短所 ·· 235
—— 長所 ·· 235
—— 手順 ·· 235
—— ベースライン予測法 ························ 236
—— メモリベースの協調フィルタリング ······ 235
—— モデルベースの協調フィルタリング ······ 235
—— ユーザベース協調フィルタリング ········ 236
共分散 ·· 71
行列 ··· 250
行列変量分布
—— ウィッシャート分布 ························ 94
—— 概要 ·· 94
—— 逆ウィッシャート分布 ····················· 94
距離尺度
—— コサイン距離 ··································· 164

—— 二乗ユークリッド（$L2^2$）距離 ·············· 164
—— ブレイグマン・ダイバージェンス ············ 164
—— マンハッタン（L1）距離 ·················· 164
近接度の計算法
—— Average ···································· 171
—— MAX ······································· 171
—— MIN ·· 171
組み合わせ法
—— 概要 ·· 183
—— 静的組み合わせ器（static combiners）······· 183
—— 適応的組み合わせ器（adaptive combiners）
·· 183
クラスタ
—— 作成法 ······································ 160
—— 検証 ·· 175
クラスタリング
—— 応用 ·· 160
—— 階層的クラスタリング ······················ 162
—— 概要 ·· 160
—— 完全クラスタリング ························ 163
—— 種類 ·· 162
—— 重複クラスタ ······························ 163
—— 排他的クラスタ ···························· 162
—— ファジィクラスタリング ···················· 163
—— 部分クラスタリング ························ 163
訓練済みの Imagenet CNN
—— 画像分類 ···································· 263
傾向分析
—— 概要 ·· 206
—— 関数の当てはめ ···························· 207
—— 平滑化 ······································ 206
結合
—— 外部結合（outer join）······················ 37
—— 概要 ··· 33
—— 逆結合（anti join）·························· 37
—— 交差結合（cross join）······················ 37
—— 半結合（semi join）························· 37
—— 内部結合（inner join）······················ 37
—— 左結合（left join）·························· 37
—— 右結合（right join）························· 37
決定木
—— アルゴリズム ······························· 145
—— 応用 ·· 146
—— 概要 ·· 144
—— 学習アルゴリズム ·························· 147
—— 決定木学習 ································· 146
—— 構築 ·· 145
—— 短所 ·· 147
—— 長所 ·· 146
—— ノードの純度測定 ·························· 148
—— 例 ··· 149
言語相互運用性 ···································· 17
コーシー分布 ····································· 89
コーヒーブレイク ································· 263
交互最小二乗法（ALS-WR）··············· 239, 242

【さ行】

最大事後確率（MAP）··················· 82, 97

最尤推定（MLE）
—— 概要 ··· 95
—— 欠点 ··· 95
—— 十分統計量 ·································· 97
—— 特性 ··· 95
—— 特徴 ··· 95
サブプロットなグリッド ························· 129
散布図 ·· 107
サンプリング
—— 重みベクトル ······························· 57
—— 概要 ··· 56
—— 母集団 ······································ 56
散乱行列 ·· 71
時間制約
—— findwhen メソッド ······················· 220
—— find メソッド ···························· 220
—— from メソッド ···························· 219
—— to メソッド ····························· 219
—— when メソッド ·························· 218
—— 数学演算子 ································· 221
—— 比較演算子 ································· 221
—— 理論演算子 ································· 221
時系列
—— ARIMA ··································· 208
—— TimeArray の時系列型 ··················· 214
—— 一般的側面 ································· 206
—— 応用 ·· 203
—— 概要 ·· 203
—— 季節性の分析 ······························ 207
—— 季節の影響（It）··························· 203
—— 傾向（Tt）································· 203
—— 傾向分析 ···································· 206
—— 系統的パターン ···························· 205
—— 残差（Et）································· 203
—— 実装 ·· 214
—— 周期（Ct）································· 203
—— 種類 ·· 204
—— 特徴 ·· 204
—— 標準線形回帰との違い ···················· 204
—— 目的 ·· 204
—— ランダムノイズ ···························· 205
自己相関関数（ACF）···················· 207, 211
自己相関のコレログラム
—— 概要 ·· 207
—— 試験 ·· 207
指数平滑法
—— 概要 ·· 212
—— 単純指数平滑法 ···························· 212
—— 適合欠如（誤差）の指数 ·················· 213
実行時（JIT）コンパイラ ························· 2
ジニ不純度 ······································ 191
四分位数 ·· 68
弱学習器 ··· 186
重心
—— 選択法 ······································ 164
十分統計量 ·· 97
情報理論 ··· 250
神経科学 ··· 260

人工知能（AI） ……………………… 247
深層学習
　—— Julia での実装 ……………… 259
　—— Mocha（Julia） …………… 259
　—— 概要 ………………………… 252
　—— 機械学習との違い ………… 252
　—— 最適化 ……………………… 258
　—— ディープフィードフォワードネットワーク
　　　　 …………………………… 254

信頼区間
　—— 解釈 ………………………… 98
　—— 概要 ………………………… 98
　—— 使用法 ……………………… 99
推薦（レコメンデーション）システム ……… 153, 227
推測統計学 ………………………… 81
スカラー …………………………… 249
スカラー統計量
　—— 概要 ………………………… 62
　—— 標準偏差 …………………… 62
　—— 分散 ………………………… 62
スケール
　—— x_continuous ……………… 134
　—— x_discrete ………………… 135
　—— y_continuous ……………… 134
　—— y_discrete ………………… 135
　—— 概要 ………………………… 134
　—— 連続的カラースケール …… 137
スパムフィルター ………………… 153
正規分布
　—— 概要 ………………………… 82
　—— パラメータ推定 …………… 84
正則化 ……………………………… 257
正則化項
　—— 概要 ………………………… 183
　—— 訓練可能法 ………………… 183
　—— 人工ニューラルネットワーク（ANN）用静的組
　　　 み合わせ器（static combiners） ……… 262
　—— 非訓練可能法 ……………… 183
正の歪度 …………………………… 95
切断分布
　—— 概要 ………………………… 90
　—— 切断正規分布 ……………… 90
線形代数
　—— 概要 ………………………… 249
　—— 行列 ………………………… 250
　—— スカラー …………………… 249
　—— テンソル …………………… 250
　—— ベクトル …………………… 250
線プロット ………………………… 108
層
　—— 計算層 ……………………… 260
　—— 損失層 ……………………… 260
　—— データ層 …………………… 260
　—— 統計層 ……………………… 260
　—— ユーティリティ層 ………… 260
総当たり法 ………………………… 231
相関分析 …………………………… 78
相関ルール

—— 測定 …………………………… 230
相関ルールマイニング
　—— 概要 ………………………… 229
　—— 商品集合の作成法 ………… 231
　—— ルール作成法 ……………… 231
ソルバー
　—— ディープニューラルネットワークにおいて
　　　 …………………………… 262

【た行】

多重ディスパッチ
　—— 曖昧さ ……………………… 17
　—— 概要 ………………………… 15
　—— メソッド …………………… 15
多層パーセプトロン（MLPs） …… 254
多変量分布
　—— 概要 ………………………… 91
　—— 多項分布 …………………… 91
　—— 多変量正規分布 …………… 92
　—— ディリクレ分布 …………… 93
単変量分布
　—— 概要 ………………………… 86
　—— 確率の評価 ………………… 87
　—— 統計関数 …………………… 87
　—— パラメータの抽出 ………… 87
　—— 標本抽出 …………………… 87
　—— 離散型単変量分布 ………… 87
中心に基づく密度
　—— データ点を分類する方法 … 174
中断された時系列 ARIMA ……… 212
重複クラスタ ……………………… 163
データ辞書
　—— 作成 ………………………… 58
データ探索 ………………………… 55
データ点の分類
　—— 境界点 ……………………… 174
　—— コア点 ……………………… 174
　—— ノイズ点 …………………… 174
データマンジング
　—— 概要 ………………………… 21
　—— プロセス …………………… 22
ディープニューラルネットワーク
　—— ソルバーの使用 …………… 262
ディープフィードフォワードネットワーク
　—— 概要 ………………………… 254
　—— ニューラルネットワーク内の隠れ層 … 256
低水準仮想マシン（LLVM） ……… 2
ディスパッチ ……………………… 15
ディリクレ分布 …………………… 93
適応的組み合わせ器（adaptive combiners） ……… 183
テンソル …………………………… 250
登録されていないパッケージ
　—— Pkg.update() ……………… 12
　—— 概要 ………………………… 11

【な行】

ナイーブベイズ
　—— 教師付き学習での使用 …… 152

索引

—— 使用例	152
—— スパムフィルター	153
—— 短所	152
—— 長所	152
—— 例	156
ナイーブベイズテキスト分類	153
内容ベースフィルタリング	
—— 概要	231
—— 推薦事項の作成	232, 233
—— 短所	234
—— 長所	233
二項分布	88
二乗誤差の最小和（MSSE）	164, 165
ニューラルネットワーク	
—— 隠れ層	256
—— 動機付け	256
ニューロン	260
入力特徴量	
—— 取り扱い	187

【は行】

バイアス–バリアンスのトレードオフ	143
バイオリンプロット	133
排他的クラスタ	162
バギング	
—— アンダーフィッティング	185
—— 概要	184
—— 過学習	185
箱ヒゲ図	123
パターン	206
パッケージ管理	
—— METADATA リポジトリ	12
—— Pkg.add()	11
—— Pkg.status()	10
—— 新しいパッケージの作成	13
—— 概要	10
—— 登録されていないパッケージ	11
—— パッケージの開発	12
ビースウォームプロット	134
ヒートマップ	111
ヒストグラム	74
標準線形回帰	
—— 時系列との違い	204
標準偏差	62
標本分布	82
ブースティング	
—— AdaBoost	186
—— アルゴリズム	186
—— 概要	185
—— バイアスとバリアンスの分解	187
—— 方法	186
ファジィクラスタリング	163
フィードフォワードニューラルネットワーク	254
負の歪度	95
部分クラスタリング	
—— 完全クラスタリングとの違い	163
部分システム	202
部分抽出	184

分割–適用–統合戦略	39
分散	62
分布の当てはめ	
—— 概要	94
—— 最大事後確率（MAP）	97
—— 最尤推定（MLE）	95
分布の選択	
—— 概要	94
—— 正の歪度	95
—— 対称な分布	95
—— 負の歪度	95
ベースライン予測法	236
平滑化	206
平滑線プロット	128
ベイズフィルター	
—— 短所	156
ベイズ法	
—— bag-of-words	155
—— エビデンス	155
—— 概要	153
—— クラス条件付き確率	154
—— 事後確率	153
—— 事前確率	155
並列計算	
—— Julia を使って	13
ベクトル	250
ベルヌーイ分布	88
偏差	
—— 計算	71
偏自己相関関数（PACF）	211
偏自己相関能力	208
偏自己相関のコレログラム	210
変動	
—— z スコア	66
—— エントロピー	67
—— 計量値	65
—— 四分位数	68
—— データ集合の要約	70
—— モード（最頻値）	70
棒グラフ	126

【ま行】

マーケットバスケット分析	229
マルチメディア I/O	104
明示的フィードバック	233

【や行】

ユーザベース協調フィルタリング	
—— 概要	236
—— 欠点	237
ユーティリティ行列	229
要約統計量	
—— DataFrame の計算	60
—— 概要	59
—— 配列の計算	60
予測	
—— 意思決定プロセス	202
—— 概要	201

索引- vi

―― 必要条件 ････････････････････････････････ 201

【ら行】

ランキング ･･･････････････････････････････････････ 71
ランダム性
―― 導入 ･･････････････････････････････････ 188
ランダムフォレスト
―― out-of-bag（oob）エラーの推定 ････････ 191
―― 概要 ･･････････････････････････････････ 188
―― 学習 ･･････････････････････････････････ 193
―― 近接度 ････････････････････････････････ 191
―― 実装 ･･････････････････････････････････ 192
―― ジニ不純物 ････････････････････････････ 191
―― 動作 ･･････････････････････････････････ 191
―― 特徴量 ････････････････････････････････ 190
―― 予測 ･･････････････････････････････････ 193
離散型単変量分布
―― 概要 ･･････････････････････････････････ 87
―― 二項分布 ･･････････････････････････････ 88
―― ベルヌーイ分布 ････････････････････････ 88
―― 連続型分布 ････････････････････････････ 88
レコメンデーション（推薦）システム ･･････････ 227
―― 概要 ･･････････････････････････････････ 227
―― ユーティリティ行列 ････････････････････ 229
列型の推定 ･････････････････････････････････････ 58
連続型分布
―― カイ二乗分布 ･･････････････････････････ 89
―― カイ分布 ･･････････････････････････････ 89
―― 概要 ･･････････････････････････････････ 88
―― コーシー分布 ･･････････････････････････ 89
連続的カラースケール ･･･････････････････････････ 137
路上安全データ
―― URL ･･････････････････････････････････ 34

Julia データサイエンス
―― Julia を使って自分でゼロから作るデータサイエンス世界の探索

発 行 日	———	2017 年 10 月 1 日　初版第一刷発行
原　　著	———	Anshul Joshi
翻　　訳	———	石井　一夫、岩中　公紀、太田　博三、大前　奈月、兼松　正人、古徳　純一、菅野　　剛、高尾　克也、中村　和敬
装　　丁	———	坂　重輝（有限会社グランドグルーヴ）
編　　集	———	高橋　晴美
発 行 者	———	吉田　隆
発 行 所	———	株式会社エヌ・ティー・エス
		東京都千代田区北の丸公園 2-1　科学技術館 2 階　〒102-0091
		TEL 03（5224）5430
		http://www.nts-book.co.jp/
印刷・製本	———	新日本印刷株式会社

ISBN 978-4-86043-501-1 C3004

© 2017　石井一夫、岩中公紀、太田博三、大前奈月、兼松正人、古徳純一、菅野　剛、高尾克也、中村和敬
乱丁・落丁はお取り替えいたします。無断複写・転載を禁じます。
定価はカバーに表示してあります。
本書の内容に関し追加・訂正情報が生じた場合は、当社ホームページにて掲載いたします。
ホームページを閲覧する環境のない方は当社営業部（03-5224-5430）へお問い合わせください。